いちばん詳しくて、
わかりやすい！

パワーストーンの教科書

親愛なる石たち

結城モイラ

はじめに

　これは当然のことですが、この本を手に取られた方は、パワーストーンに関心があり、パワーストーンのことをもっと知りたいという方でしょう。ただすでにかなりの知識をお持ちの方もいらっしゃれば、丸玉のブレスレットは持っているけれど、パワーストーンの知識はほとんどないという方もいらっしゃると思います。

　でも私はまず、ひとりひとりの皆様に、「ご縁ですね」と申し上げたいと思います。そう、あなたがこの本を手に取られたのは、決して偶然ではなく、この本はあなたとの出会いを待っていたからです。こんな言い方をすると、「ええっ？！」と疑問の声を発せられる方が多いかもしれません。でも、ちょっと考えてみてくださいね。あなたの心のどこかで、「そうかも」と頷いているご自分がいらっしゃることに気づかれるはずですよ。

　実は、パワーストーンとの出会いも同じ。石たちはあなたとの出会いをどこかでじっと待っているのです。あなたがその石をお店や通販で買ったとしても、お友達や恋人からプレゼントされたとしても、石とあなたとの出会いは偶然ではなく、出会うべくして出会った関係なのですよね。

　では、ここで少し考えてみましょう。石たちがあなたを待っているということは、その前提はいったい何なのでしょうか？　石たちも私たちと同じように生きているということが前提でなければおかしいですよね。はたしてあなたは、そういう観点から石たちを見つめたことがおありでしょうか？

一般的には、「パワーストーン」というと「願いを叶える石」、「邪気を祓う石」といった決め込みだけで見られることが多く、パワーストーンの本当の姿を見ようとはしてこなかったと思います。

　でも、こうした不可思議な領域に足を踏み入れることは「禁断の扉」を開くという側面もあり、科学万能を信奉する方々には受け入れらない世界かと思います。水と油のように最初から交わりにくい議論に分け入っても、結局のところ、不毛な水かけ論になるだけなんですね。ですから、私は「是」か「非」かのご判断は読者の皆様に委ねたいと思います。

　ただ、これから本文でも申し上げますが、私たちが何かに向かって自然に手を合わせる時の最も自然で素朴な「信じる」という心と体の行為を受け入れられるかどうかが、パワーストーンを身近な友人として、迎えられるかどうかにつながると思います。

　そのようなわけで、この本がいくらかでも皆様のお役に立てるとしたら、「パワーストーン」と呼ばれる石が実は単なる石ではなく、友人のように心を通わせることができる「生きている石」だということ。そして、それを理解していただけるかもしれないということを私はひそかに期待しています。

結城モイラ

CONTENTS

はじめに ……………………………………… 2

Chapter 1
パワーストーンへの入り口
科学と非科学 …………………………………… 10
親愛なる石たち ………………………………… 12
路傍の石があなたの親愛なる石へ …………… 14
歴史の中の石たち ……………………………… 16

Chapter 2
パワーストーンの基礎知識
石の生い立ち …………………………………… 22
石を表す言葉の整理 …………………………… 26
石は硬いか軟らかいか ………………………… 30
石の色とエネルギー …………………………… 34
石の形とエネルギー …………………………… 38
パワーストーンの基礎的なQ&A ……………… 42

Chapter 3
パワーストーンの活用
石は自然にやってくる ………………………… 44
12星座で石を選ぶ ……………………………… 46
目的別で石を選ぶ ……………………………… 50
目的別のパワーストーン
最強の組み合わせ ……………………………… 58
まずは浄化から ………………………………… 64

チャクラによるパワーストーンの活用
……………………………………………………… 68
いろいろな活用法 ……………………………… 72

Chapter 4
パワーストーンのデータベース

✦ チャクラ 0

オブシディアン ………………………………… 78
キャストライト ………………………………… 79
ジェット ………………………………………… 80
シャーマナイト（ブラックカルサイト）
……………………………………………………… 81
シュンガイト（シュンギット） ……………… 82
スタウロライト ………………………………… 83
スティブナイト ………………………………… 84
スモーキークォーツ …………………………… 85
スレイマンアゲート …………………………… 86
テクタイト ……………………………………… 87
デザートローズ ………………………………… 88
ヌーマイト ……………………………………… 89
ピクチャーサンドストーン／レッドサンドストーン（セドナストーン） ……………… 90
ブラックオニクス ……………………………… 91
フリント ………………………………………… 92
ヘマタイト ……………………………………… 93
メテオライト …………………………………… 94
モリオン（ケアンゴーム） …………………… 95
ラヴァ …………………………………………… 96

✦チャクラ1

- アゲート ……………………………………… 97
  - グリーンアゲート／ファイヤーアゲート／モスアゲート／レッドアゲート ……………………… 98
- アンデシン …………………………………… 99
- アンモライト ………………………………… 100
- ガーネット …………………………………… 101
  - アルマンディン／アンドラダイト／ウバロバイト／グロッシュラーライト／スペサルティン／パイロープ ……………………………………………… 102
- キュープライト ……………………………… 103
- コーラル ……………………………………… 104
- ジャスパー …………………………………… 105
- シンナバー …………………………………… 106
- スピネル ……………………………………… 107
- デンドライト ………………………………… 108
- ブラッドストーン …………………………… 109
- ペトリファイドウッド ……………………… 110
- モッカイト …………………………………… 111
- ユーディアライト …………………………… 112

✦チャクラ2

- アンバー ……………………………………… 113
- カーネリアン ………………………………… 114
- サンストーン ………………………………… 115
- シトリン ……………………………………… 116
- タンジェリンクォーツ ……………………… 117
- トパーズ ……………………………………… 118
  - インペリアルトパーズ／ブルートパーズ … 119

✦チャクラ3

- アラゴナイト ………………………………… 120
- インパクトガラス …………………………… 121
- オウロヴェルデクォーツ …………………… 122
- サルファー …………………………………… 123
- タイガーアイ ………………………………… 124
  - ピーターサイト（テンペストストーン）／ブルズアイ（レッドタイガーアイ）／ホークスアイ（ブルータイガーアイ） ……………………………… 125
- チャルコパイライト ………………………… 126
- パイライト …………………………………… 127
- ムーンストーン ……………………………… 128
- ルチルクォーツ ……………………………… 129
  - キャッツアイオレンジルチルクォーツ／シルバールチルクォーツ ……………………………… 130
- レモンクォーツ ……………………………… 131

✦チャクラ4

- アクチノライト ……………………………… 132
- アベンチュリン（クォーツ） ……………… 133
- アマゾナイト ………………………………… 134
- エピドート …………………………………… 135
- エメラルド …………………………………… 136
- ガーデンクォーツ …………………………… 137
- クリソコラ …………………………………… 138
- クリソプレーズ ……………………………… 139
- クリソベリル ………………………………… 140
- クンツァイト（スポジュミン） …………… 141
- コスモクロア（ユレーアイト） …………… 142

サーペンチン	143
ジェダイト	144
ストロベリークォーツ	145
スフェーン（チタナイト）	146
スミソナイト	147
セラフィナイト（クリノクロア）	148
ダイオプサイト	149
ダイオプテーズ	150
タンザナイト（ゾイサイト）	151
トルマリン	152
イエロー系／グリーン系／ピンク系／ピンク＆グリーン系／ブラック系／ブルー系	153
ネフライト	154
プレナイト	155
フローライト	156
グリーンフローライト／パープルフローライト／ブルーフローライト	157
ペリドット（オリビン）	158
マスコバイト（モスコバイト）	159
マラカイト	160
モルダバイト	161
ユナカイト	162
ルビー	163
ローズクォーツ	164
ロードクロサイト（インカローズ）	165
ロードナイト	166

✦ **チャクラ5**

アクアマリン	167
アパタイト	168
アンハイドライト	169
カイヤナイト	170
カバンサイト	171
カルセドニー	172
シーブルーカルセドニー／ブルーカルセドニー／ピンクカルセドニー	173
クォンタムクワトロシリカ	174
セレスタイト	175
ソーダライト	176
ターコイズ	177
デュモルチェライト	178
ブルーレースアゲート	179
ペリステライト	180
ラリマー（ブルーペクトライト）	181

✦ **チャクラ6**

アイオライト	182
アズライト	183
サファイア	184
シャッタカイト	185
プレセリブルーストーン（ドレライト）	186
ラピスラズリ	187
ラブラドライト	188

✦ チャクラ7
- アメシスト ……………………… 189
  - エレスチャルアメシスト／プラシオライト（グリーンド・アメシスト）／ラベンダーアメシスト … 190
- アメトリン ……………………… 191
- スギライト ……………………… 192
- チャロアイト …………………… 193
- ハイパーシーン ………………… 194
- フォスフォシデライト ………… 195
- レピドライト …………………… 196

✦ チャクラ8
- アイスクリスタル ……………… 197
- アゼツライト …………………… 198
- アポフィライト ………………… 199
- オーラクォーツ ………………… 200
- オパール ………………………… 201
  - イエローオパール／ピンクオパール／ブラックマトリックスオパール／プレシャスオパール …… 202
- ガネッシュヒマールクォーツ … 203
- カルサイト ……………………… 204
  - オプティカルカルサイト（アイランドスパー）／オレンジカルサイト／グリーンカルサイト／バイオレットカルサイト（コバルト）／ピンクカルサイト（マンガン）／ブルーカルサイト …………… 205
- クォーツァイト ………………… 206
  - グリーンクォーツァイト／ブルークォーツァイト／ホワイトクォーツァイト ………………… 207
- スキャポライト ………………… 208
  - ブラックスキャポライト／マリアライト …………………………………… 209
- ゼオライト ……………………… 210
- セレナイト（ジプサム）……… 211
- ダイアモンド …………………… 212
- ダンビュライト ………………… 213
- ハーライト（ロックソルト）… 214
- パール …………………………… 215
  - 淡水パール／マザーオブパール … 216
- ハウライト ……………………… 217
- ファントムクォーツ …………… 218
- フェナカイト（フェナサイト）… 219
- プラチナクォーツ（ブルッカイトインクォーツ）…………………………… 220
- ペタライト ……………………… 221
- ベリル …………………………… 222
- マグネサイト …………………… 223
- ミルキークォーツ ……………… 224
- メタモルフォーゼスクォーツ … 225
- レインボークォーツ …………… 226
- レピドクロサイトインクォーツ … 227
- ロッククリスタル（クォーツ）… 228

✦ その他の水晶
- アイリス（レインボウ）／ウィンドウ … 229
- エレスチャル／カテドラル／キャンドル ………………………………………… 230
- クラスター／ジャパニーズローツイン／セプター …………………………… 231

セルフヒールド／タイムリンク／ダブルターミネーテッド（DT） ……… 232
トライゴーニック／ファーデン／ライトニング（サンダーストーン） ……… 233
レーザー／レコードキーパー／レムリアンシード ……… 234

Chapter 5
パワーストーンを使ったセルフケア

世界の国々での石を使ったケア ……… 236
かっさマッサージのやり方 ……… 238
かっさのあとのケア＆注意点 ……… 240
美と健康に良い石たち ……… 241
手作りアクセサリー＆小物 ……… 242
おわりに ……… 246
石の索引 ……… 248
全国のおすすめパワーストーンショップ ……… 252

イラスト	ミヤモトヨシコ
撮影	川村容一
デザイン・DTP	小山牧子
編集協力	オメガ社

Chapter 1

パワーストーンへの入り口

科学と非科学

　数年前、植物や虫たちの生態に詳しい自然科学の先生の講演を拝聴する機会がありました。大変おもしろく、目からウロコの連続でした。先生は、自然を知れば知るほどその奥深さと不思議さに圧倒される、私たちが理解している世界は自然の営みのほんのわずかです、とおっしゃいました。

　そこで私は、講演会終了後に、次のような質問をさせていただきました。「それほど自然は奥深く不思議がいっぱいということですと、そこには人知の及ばない営みがあるということでしょうか？」。すると先生は即座に「私の立場は人知の及ばない部分を少しずつ解明していくこ

とです」と言われました。

　自然科学の研究者にふさわしい明快なお答えです。私は「なるほど」と納得しながらも、「それは違うのではないかしら……」と、ひそかに心の中で言っておりました。先生の講演を聴き、私が心打たれたのは、自然はなんと奥深く神秘的なのだろうということです。でも同時に、そこには人知の及ばない宇宙の法則のようなものが働いているのだという強い印象を受けたからでした。

✦「未知の領域」の捉え方 ✦

　実は、自然とその営みを理解するには、このあたりの受け止め方が別れ道。実証を全てとする科学万能の考え方に固執するか、この地球を含めた宇宙には人間の英知をもってしても到底及ばない世界があるという考え方を受け入れるかといった両極があるわけです。

　とは言え、科学的なものの考え方を私は否定しているわけではありません。未知の領域を科学的手法によって解明していくことは、それはそれで人間に与えられた素晴らしい能力です。でも、私の考えでは人間が解明できる世界は宇宙全体のほんの一部分に過ぎないもの。それ以外の領域はそのまま永遠に未知なる世界

として残るのだろうということです。世界的に高名な科学者でさえ、最終的には神を信じるようになったという話をよく聞きますね。ここにも私が申し上げようとしていることのヒントが隠されていると思います。

✦ 心に2つの窓を…… ✦

このように申しあげると、「やっぱり科学的思考より、神秘的思考の方が大切だと言っているのかしら」と思われるかも知れませんね。でも私は、私の占いサイトにいらっしゃる方々に、「占いに頼りきらないでくださいね」とよくお願いしています。自分の考えを持たず、占いばかりに頼る生き方をされる方がいらっしゃるからです。また、私のホームページには「Moira's Message」というコラムがありますが、ここでも、「心に2つの窓を……」というタイトルのメッセージを掲載しています。読者の方々から、目には見えないスピリチュアルな世界のことに対する疑問や質問をよくいただくからです。そのお答えとして、「科学的なものの考え方と科学では説明のつかない世界の理解……その両者を素直な気持ちで受け入れることができる、心のバランスが大切ですよ」というアドバイスをさ

せていただいています。

今日の私たちは実証的論理性を備えた科学的なものの考え方に支配されていますが、現実の世界はというと、科学で検証できているものは全体のほんの一部。科学的なものの見方だけに偏ってしまうと、「実証できないものは無いもの」という狭い考え方に陥ってしまいます。だからといって、見えない世界のことをわけもわからず信じすぎてしまうのも危険です。つまり、この両者を二者択一ではなく、身近なことから無限の宇宙のことまで、ほど良いバランス感覚で受け入れることが大切ではないかと、私は考えているのです。

［親愛なる石たち］

　「パワーストーン」や「ジュエリー」に関する文章の仕事を依頼されると、私は以前から「親愛なる石たち」というタイトルを必ず使ってきました。私がプロデュースして商品化されたパワーストーンのアクセサリーには、「Dear Stone」（親愛なる石たちへ）というブランド名をつけました。私にとって石たちは、大切な友人のような存在だからです。

✦ 愛と尊敬の念で接する ✦

　現在、私は北海道の自然に囲まれて生活していますが、毎日のように、周りの自然や石たちと、心の中で会話しています。極端にいうと、石にも命があって、知能があって、個性があって、ちょっと変ですが人格があってというように、人間と同じような存在だと思っています。「親愛なる石たち」という呼び方には、私の石たちに対する、この上ない愛と尊敬の念が込められているといっても過言ではないのです。

　このようなお話しをしてしまうと、「ちょっとついていけない」という声が聞こえてきそうですね。でも勇気をもってさらに言いますと、ここまで想い込まないと石たちとは話をすることも、気持ちを通じ合わせることもできないので

す。ましてや何らかのパワーをお願いする「パワーストーン」ともなれば、なおさら心通じる間柄でなければと、私は思っています。

　もちろん、「命があって、知能があって、個性があって……」というのはひとつの比喩です。でも、現代科学の理解を超えた世界では、もしかすると石たちは私が推測する以上に知能の高い生命体なのかもしれません。現時点では、科学的弁証法ではこれを肯定することも否定することもできないのですから、石たちとの関係は人それぞれの「感じる世界」、「信じる世界」、「思い込む世界」の中に生きていると言えるでしょう。

✦ 石たちを信じること ✦

でも、こうしたお話しの段階ではあなた自身、まだ石たちに対する不確かな想い、揺れる想いが消えないでしょう。ですから、ここはあと一息、ポーンと向こうの丘に飛び移る感覚で石たちを信じてください。これが「パワーストーン」の本質を理解するには絶対必要なことだと思います。「信じる」というと、それは大げさに聞こえるかも知れませんが、実は誰もが普通の暮らしの中で無意識に行っていることを素直に認めるだけなのですよね。

それは、ちょうど神社やお寺に参拝し、手を合わせるときの心のありように似ています。神仏に手を合わせ、「願いごと」や「お礼」の気持ちをお伝えするときに、疑いの気持ちを持ちながら手を合わせる方は、ごく少ないでしょう。自分の願いやお礼の言葉を純粋無垢な気持ちで、一心不乱にお伝えするはずです。「信じる」という心のケジメを無意識に行っているわけですね。

石たちと接するときもぜひ、神社やお寺に参拝するときのような、無垢な気持ちで接してくださいね。そうすることで、石たちは、愛や勇気、安らぎや健康、金運をと、あなたが必要としている様々なパワーを与えてくれるでしょう。こうした不思議なパワーは古代の人々から言い伝えられ、脈々と受け継がれて、今日の私たちの生活の中にも活かされているのです。

路傍の石が あなたの親愛なる石へ

　では、石たちのパワーを享受するには、石たちが身近にありさえすれば、それで良いのでしょうか。いえ、そうではありません。あなたが石たちを身近に置くという「意識」または「意志」が必要なのです。ただ身近にあるだけなら、石はまさに「路傍の石」であり、あなたとは関係のない存在なのです。

◆ そこに「あるだけ」では無効力 ◆

　このことを逆説的にお話ししますと、マクロ的にはこの地球という星には、石たちがそれこそ無数にあります。地域によっては、いわゆるパワーストーンと呼ばれる石だらけの土地の上で、日々の生活を営んでいる人たちもいます。もっと現実的な例では、パワーストーンをビジネスにしていて、ときには、体が埋もれてしまいそうなほど、たくさんの石に囲まれている方々もいらっしゃいます。

　でも、地球はその無数の石たちに癒され平和でしょうか？　石の産地の人々は他の土地の人々より幸せでしょうか？　パワーストーンを日々取り扱っている会社の方々は一般の会社の方々より、ずっと運が強いのでしょうか？　私はそのような報告もそれらしい実態も見聞きしたことがありません。つまり石たちは、ただそこに「あるだけ」では、何のパワーも発揮してくれないのです。

◆ 石とのコミュニケーション ◆

　あなたが石たちに何の興味も持たなければ、石たちはただの石であり、あなたのもとにもやってきません。だからと言って考えすぎないでくださいね。石たちからパワーをもらうには、常に石たちの存在を意識し続けなければならないというわけではありません。

　あなたがどこかの町のパワーストーンショップ、あるいはインターネットや通販カタログなどで気に入った石に出会い、それを購入したとしましょう。ところが、日が経つにつれて、それが部屋に置いてあることさえ忘れてしまったとします。これは、外側から見れば、あなたがその石を見捨てたかのような状態です。ところが、これをあなたと石の「バイブレーション」という内側の世界から見てみると、違うのです。あなたは決して石を見捨てているわけではありません。そこには、いわば「無意識の意識」が息づいていて、あなたと石の波動の共振がしっかり継続しているのです。

　実際、私は数多くの石たちを身近に置き、手首にはお気に入りの石のブレス

chapter.1 ✦ パワーストーンへの入り口

レットをつけていますが、そのすべての石たちをひとときも忘れずに、意識し続けているわけではありません。ものによっては、年に数回しか手に取らない石たちもあります。つまり、石たちと人間とのコミュニケーションは、人間同士のコミュニケーションとはちょっと違う種類のもの。時間や距離といった、人間の物差しでは測れない、別次元の潜在意識下のコミュニケーションであると理解してくださいね。

歴史の中の石たち

　私たちの生活の中で、「パワーストーン」という言葉をよく耳にするようになったのは、1990年代頃からのこと。一般の人々が、手首に数珠のような自然石のブレスレットをするようになったのも、それほど古いことではありません。そのことから「パワーストーン」というのは近年になって作られた単なる流行なのかしらと思っていらっしゃる方も多いのではないでしょうか。

　私の子ども時代には「パワーストーン」なんて聞いたこともなく、母たちの手首につけられているのを見たこともありませんでした。似たようなものといえば、仏様を拝むときの「お数珠」くらいかしら。ですから、若い方には「パワーストーン」は近年の流行と思われてもしかたがありませんよね。

　でも、これをパワーストーンという名称ではなく「石」ととらえると歴史は一挙に100年、いえ1,000年単位で遡ります。場合によっては10万年単位で昔へ昔へと遡っていきます。ご存じのとおり、この地球の誕生は今から46億年前。いわゆる「世界史」としてイメージされる年数は紀元前をふくめても今から5,000年前くらいですね。地球の歴史を1年365日に当てはめてみると、人類の誕生はなんと大晦日になってからという計算になるそうです。

　ここで何を申し上げたいのかといえば、石たちは地球の誕生とともにこの地球にあったということ。石は人類が誕生するずっとずっと昔から、この地球の住人だったのです。

　つまり、人間と石との関係は人類の誕生とともにあったと言えるわけですね。実際の史跡からも、人類が石と密接な関係を持っていたことがうかがえます。

✦ 古代からの石信仰 ✦

　紀元前を何万年も遡る有史以前の長い

chapter.1 ✦ パワーストーンへの入り口

富井義夫／イメージナビ

期間には「旧石器時代」「新石器時代」と言われる人類が石と深く関わっていた時代があります。石で道具などをつくり、石や鉱物を砕いた粉などで洞窟内の壁面に見事な絵を残しています。有名な洞窟画としては、フランスのラスコー洞窟、ラ・マルシュ洞窟、スペインのアルタミラ洞窟などがありますね。

一方、巨石を組み合わせた遺跡もいろいろな所に残っています。イギリスのストーンヘンジ、フランスのカルナック巨石が有名です。また、ネイティブ・アメリカンの祖先たちが残したとされる「メディシン・ホイール」、中米コスタリカには花崗岩を精密に削って作ったと思われる大きな石の球。また、日本では神社に祭られた巨石や天に向かって直立する石を中央に配したストーン・サークルなどがあります。いずれも何らかのスピリチュアルな儀式と関係があるものとさ

Steve Vidler／イメージナビ

17

れ、石に宿るパワーを昔の人々が信じていたことがうかがわれます。

巨石とは異なる小さな石の話も有名です。紀元前のバビロニアやアッシリア、エルサレム、エジプトなどでは今日でもポピュラーな宝石類を中心とした石たちが珍重されていました。アメシスト、ガーネット、エメラルド、サファイア、ラピスラズリ、カーネリアン、ターコイズ、ベリル、タイガーアイといった石たちです。「旧約聖書」のエゼキエル書には、エデンの園が現在言われている数々のパワーストーンで満ちあふれていたという記述があります。聖職者の胸当てにも色とりどりの石が飾られていたことはよく知られていますね。

✦ お守りとしての石 ✦

また、石にはいろいろ語り継がれた物語があります。たとえば、「エメラルド」は、古代エジプトの女王クレオパトラが愛して止まなかった宝石として知られていますね。クレオパトラは趣味が高じて、なんと自分専用のエメラルド鉱山まで所

©Marina,Andrey_Arkusha-fotolia.com

chapter.1 ✦ パワーストーンへの入り口

伊東町子／イメージナビ

有し、坑夫たちにエメラルドを採掘させていたとか。

　ちなみに、クレオパトラと言えば、目の縁に施した青いアイシャドウを思い浮かべるでしょう？　あれは、マラカイトという石を砕いて粉末にしたものを化粧品として使っていたそうです。一説には、お化粧であるだけでなく、眼の病気を防ぐ薬効説、魔除け説、あるいは洞察力や想像力を養うといったパワーストーン説などがあります。

　古代人や昔の人々は、なぜ石たちをそんなにも珍重していたのでしょう。実は「護符」、すなわち「お守り」として身につけていたのです。石そのものを袋に入れて身につけることから始まり、やがて、石を成形し磨き込み、剣や弓といった戦いの道具にはめ込み、勝利を願ったり、無事を願ったりするようになりました。そしてさらに、指輪、ネックレス、王冠といったアクセサリーへと姿と用途を変えていったのです。ですから、今日の私たちがデザインや石の好みだけで身につける「ジュエリー」というものも、本来は「護符」、「お守り」としてのルーツがあるのです。

✦ 石と書物 ✦

　石や鉱物、宝石に関する書物も多くあります。紀元前300年代にはアリストテレスが関与したとされる『鉱物書』がすでに出ており、古代ギリシャにおいては『リティカ』と呼ばれる「石の本」が、古代ローマにおいてはプリニウスによる37巻におよぶ『博物誌』があり、その中で岩石や宝石のことが扱われています。中世ヨーロッパになると、鉱物学的な側面よりも石の神秘性、魔術性にフォーカ

スした本が次々と出され、中でも石の医薬的効能について書かれたマルボドゥスの『石について』が有名です。その後も石や宝石に関する本は数多く出され、人々がいかに石や宝石に関心が高かったかを物語っています。また、見落としてはならないのは聖書です。何と、石や宝石に関する記述が2,000カ所もあると言われています。聖書はかなりのボリュームがある書物ですが、2,000は多いですよね。神の教えと深い関わりがあることが分かります。

　こうして歴史をたどりながら人間と石たちの関係について大きく見渡してみると、人は石たちとともに生活を築き、石たちを愛で、石たちからパワーを授かってきたことがよくわかるでしょう？でも私はこうした歴史的証拠をもって、「だから石にはパワーがあるのよね」とは言いたくはないのです。むしろこうした証拠など本当は必要なく、古代人や昔の人々が石と出会い、そこで初めて石に惹かれ、感動し、何らかのパワーを授かっていたように、現代に生きるあなたも、知識はひとまず横へ置いて、無垢な一人の人間として新たに出会った石とお友達になっていただきたいと思うのです。

Chapter 2

パワーストーンの基礎知識

石の生い立ち

　前章で、私はその時々で「パワーストーン」「石たち」「鉱物」という言葉を使いました。そのため「石とパワーストーンは同じなの？」「鉱物とパワーストーンは違うの？」といった疑問を持たれた方もいらっしゃるでしょう。本章では、その辺の問題から石の勉強に入りましょう。個々の石の勉強に入る前に、石たちの横顔、すなわち石たちの属性を整理しておきましょう。

　まず、「石」と言えば、それは手で持てる、あるいは手でにぎれるほどの大きさの石を思い浮かべますね。河原や浜辺、あるいは道ばたに落ちている比較的丸い感じの石です。では、この石の元は何だったのでしょうか？　それは石よりも大きな岩、岩石です。岩石が雨や風や水流などの自然の影響を受けて、長い長い時を経て石になったわけです。ちなみに、石でも小さな物は「小石」とか「砂利」と言い、さらに小さな粒は「砂」になります。要は、大きさによる呼び名の違いですね。

　ところが、石をよく見るといろいろな模様や色のものがあります。きっと石の元となっている岩石の違いに由来するのだろうと想像がつきます。では、岩石にはどのような種類があるのでしょう。一

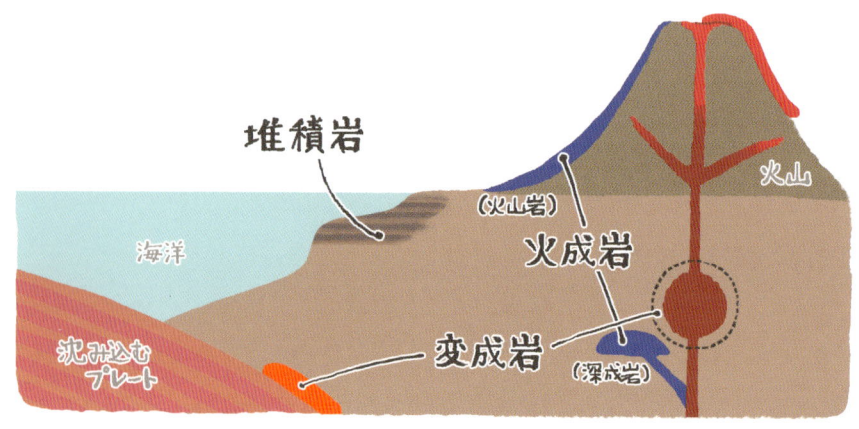

chapter.2 ✦ パワーストーンの基礎知識

般的に言われている種類としては「火成岩」「堆積岩」「変成岩」の3種類です。ただし、自然に生成されたものですから、それぞれの岩石の境界ははっきりと分かれているわけではなく、これはあくまでも人為的な分類によるもの。でも、石たちの生い立ちを理解するうえでも、この3種の岩石がどのような経過をたどって生成されたのかを勉強しておきましょう。

✦ 火成岩 ✦

まずは、「火成岩」。これは地球の地下深くでドロドロ煮えたぎっているマグマ（約800℃～1200℃）が、地下10kmほどの深さの地殻の隙間に入り込んできたり、地表に噴出してきたりしたものが、冷めて固まったものです。さらに細かく分類すると、地下でゆっくり固まったものは「深成岩」と言い、地表で急速に固まったものは「火山岩」と言います。また、こうした岩石の生成過程によっては、ある一定の元素や鉱物が広くまとまっている場所があり、それを「鉱床（こうしょう）」と呼んでいます。

鉱床にも、冷却時の温度などの違いによって生成される鉱物類が異なることから、鉱床の呼び方も異なっています。一般的には100℃～1000℃ほどの温度差の中で分類されます。高温から順にあげますと「正マグマ鉱床」、「ペグマタイト鉱床」、「気成鉱床」、「熱水鉱床」などがあります。ご興味のある方は、鉱物の専門書を参考になさってくださいね。

✦ 堆積岩 ✦

　では、「堆積岩」とはどんな岩石なのでしょう。「堆積」という文字から想像がつくと思いますが、何かが積もってできた岩石のことですね。その何かの筆頭にあげられるものは岩石の微粒子。岩石の微粒子は岩石が長い長い時間の経過の中で物理的または化学的な作用によって粒状化あるいは溶解したものです。ほかには生物の遺骸などの粒子も堆積岩の元になっています。これらがわずかずつ地表や川、湖、海などの底に沈殿・堆積し、やがて固化し岩石となったものが堆積岩です。同じように、堆積岩は主に地球の表面を覆う地層を形成しています。

　この堆積岩も火成岩と同じように鉱床を形成しています。ただし、火成岩鉱床はマグマを由来とするものでしたが、堆積岩の鉱床はマグマとは関係がありません。含まれる堆積物によって、「成層鉱床」、「風化残留鉱床」、「漂砂鉱床」、「有機鉱床」などに分類されています。

　成層鉱床は雨や雪など自然の水に溶け込んだ物質が川や地下水の流れに乗って湖や海に運ばれ、湖底や海底で固化した鉱床。風化残留鉱床は風化作用を経ても粒子として残った成分から形成された鉱床です。漂砂鉱床は風や水の流れによる物理的な侵食によって、岩石に含まれていた鉱物類が離れた場所に移動し、そこに一定の堆積をして形成された鉱床。金やプラチナなどの採取現場の映像を思い浮かべてくださいね。有機鉱床は生物の遺骸が元になった鉱床で、おなじみのアンバー（琥珀）やジェットなどがここから産出されます。実は石油もこの有機鉱床の産物なんですね。

✦ 変成岩 ✦

　最後は「変成岩」です。これはちょっと興味深い世界ですよ。すでに説明した「火成岩」や「堆積岩」は、実はそれが最終ゴールではないのです。彼らはその後も長い長い時を経ながら地表や地中を

移動します。ついには地中深いところにまで到達し、あの高熱のマグマの作用を受けたり、地球内部の地殻の変動等による高い圧力を受け、「石A」だった石は「石B」や「石C」に姿や性格を変えて石の旅を続けていくのです。あたかも虫がサナギになり羽化して蝶になるように、まさに生き物のように生まれ変わっていくのです。さらにその先を考えてみてください。ほとんど永遠の繰り返しが続くのです。人間における輪廻転生にも通じる宇宙の法則だと思いませんか？

地質学や鉱物学の分野ではこれを冷静に「変成作用」と言う言葉に閉じ込め、だから「変成岩」と言うんだよと教えてくださるわけです。頭が冷静になったついでに、変成岩の一般知識を整理しておきましょう。地中での変成作用の違いによって、「接触変成岩」と「広域変成岩」に分けられます。

接触変成岩とは、マグマ由来で生成された火成岩が再び地中にもぐり込み、マグマと接触した結果、それまでの火成岩とは異なった新しい岩石に生まれ変わったものです。マグネシウムやアルミニウムを多量に含んでいる堆積岩にマグマが接触すると、マグネシウムやアルミニウムを主成分とするアイオライトやアンダリュサイトなどが生成されます。

この変成作用によって、元の岩がどう変わるのかと言えば、石灰岩（原石）からは大理石（変成岩）やスカルン（変成岩）、砂岩、泥岩（原石）からはホルンフェルス（変成岩）、チャート（原石）からは珪岩（変成岩）などが生成されます。

では、広域変成岩とは、どんなものでしょう。その原理は、今お話しした接触変成と同じです。ただ、極めて広い範囲で同時期に高温高圧の変成作用を受けた場合の変成岩を、広域変成岩と言います。生成される岩石の特徴としては、結晶が縞状に並んでいたり、岩石の構造が一定方向に向いていたりするものが多く、その代表的な岩石は「千枚岩」です。

石を表す言葉の整理

「石」と「岩石」の関係は前項でよくご理解いただけたはずですが、実は、石を表す言葉にはいろいろあって、はじめのうちは混乱するかもしれません。例えば、「石」と「鉱物」の違いは？「石」と「宝石」の違いは？ さらに、「天然石」、「貴石」、「半貴石」、「ジェム」、「ジュエル」、はたまた「カラーストーン」、「パワーストーン」、「ヒーリングストーン」など……。良い機会ですから、これらの名称にはどういう相関関係があり、それぞれの言葉の定義はどうなっているのかを整理してみましょう。

「石」と「鉱物」

まずは、「石」と「鉱物」の違いを明らかにしておきましょう。「鉱物」は次のように定義されています。鉱物とは「天然に生成され、一定の化学組成をもった無機質結晶質の物質である」と。ここのポイントは「一定の化学組成をもった」ということです。この条件を「石」に当てはめてみますと、石にはいろいろな模様があったりして、一定の化学組成ではなさそうです。ましてや、石の集合体である「岩石」はなおさら一定の化学組成ではおさまらない多種類の鉱物の集合体です。したがって、「石は単一の鉱物ではなく、複数の鉱物の集合体である」と覚えておきましょう。ちなみに、鉱物は時代の進展とともに新発見があり、国際鉱物学連合の「新鉱物・命名・分類委員会（CNMNC）」に申請し、承認されたものは、今日では4,000種類以上と言われています。

「石」と「宝石」

では、「石」と「宝石」の関係を明らかにしておきましょう。極端な話、道端にころがっている石は誰も宝石とは思いませんね。実は宝石と言える石の条件が

chapter.2 ✦ パワーストーンの基礎知識

決められています。まず「見るからに美しいこと」、「めったに見つけられない稀少性があること」、「簡単に崩れることのない硬さがあること」の3条件が備わっていることだと定義されています。4,000種類以上の鉱物のうち宝石として認知されている石は約70種類、実際に市場で取引されている石はその3分の1弱の20種類ほどとされています。人気の高い10大宝石と言われるものは、ダイアモンド、エメラルド、キャッツアイ、ルビー、サファイア、アレキサンドライト、スタールビー、ジェダイト、スターサファイア、ブラック・オパールです。

ところが、この「宝石」にも「貴石」と「半貴石」という分類があります。英語でも「貴石」は「貴重な」という意味を持つ「precious」という言葉が用いられ「precious stone」と言われており、「半貴石」はその言葉の通り「semiprecious stone」と表現されています。では、「貴石」と「半貴石」の違いは何でしょうか？

「貴石」は前述の3条件、つまり「美しさ」、「稀少性」、「高硬度」がすべて揃った宝石を指し、ダイアモンド、サファイア、ルビー、エメラルド、アレキサンドライトなどがそれに当たります。したがって、「貴石」とは、宝石の中の宝石ということですね。

では、「半貴石」というのはどんな宝石でしょうか。これは、前述の3条件のいずれかが欠けるもの、「美しく硬度も

十分だが、比較的手に入りやすい」という石が「半貴石」に当たります。アメシスト、アクアマリン、シトリン、トパーズなどです。

ただし、ここで覚えておかなければならないのは、宝石の組成は鉱物（無機質結晶物）というのがひとつの常識です

が、「アンバー」や「コーラル」「パール」「ジェット」といった有機起源のものも宝石として扱われていることです。

✦「ジュエル」と「ジェム」✦

さて、ここでもうひとつ言葉の概念を整理しておきましょう。それは、カタカナ語である「ジュエル（jewel）」と「ジェム（gem）」の違いです。「ジュエル」は通常ダイアモンドやルビーなどの「precious stone（貴石）」を指して使われ、「ジェム」はジェダイトやガーネットなどの「semiprecious stone（半貴石）」

に使われます。ちなみに、「ジュエリー（jewelry）」というカタカナ語も頻繁に使われますが、これは「貴石」「半貴石」という概念から少し遊離して「宝石類」とか「装身具」というような広範な意味で使われています。

✦「パワーストーン」とは？✦

さあ、これでかなり用語の整理ができてきました。でも、問題はこの本の主題である「パワーストーン」という言葉の概念です。

地球上にある鉱物は4,000種類以上と先ほど申し上げましたが、その中のどの鉱物がパワーストーンで、どの鉱物がパワーストーンでないのかといったルールはありません。したがって、すべての鉱物をパワーストーンと呼んでも間違いではないのですが、鑑賞したり、身につけたりといった利用面から考えると、宝石の条件に近い石たちとなるでしょう。私の経験と感覚では、パワーストーンとして親しくお付き合いしたい石たちは、せいぜい100種類程度と思っています。でも年々、より多くの種類の石たちをパワーストーンと見なす傾向が強くなって、書籍やインターネットでは300種類を超える石たちが紹介されているようで

す。ちなみに本書では204種類のパワーストーンを紹介しています。

　ところで、「パワーストーン」という言い方は、実は和製英語なんですね。「Power Stone」という英語を調べても、これに該当する単語を検索することはできません。日本で言う「パワーストーン」と同じような意味合いとして欧米で使われている言葉は、「クリスタルヒーリング」とか「ストーンヒーリング」が一般的です。

　語感からすると、「パワーストーン」は「パワーが宿る石」といった解釈ができますね。それに対し、欧米の「クリスタルヒーリング」「ストーンヒーリング」からは「パワーが宿る」というニュアンスはなく「石を用いた癒し」といった石の利用方法または利用術の意味合いが強く感じられます。和製英語であるとは言っても、「パワーストーン」は実に言い得て妙といった、賞賛すべき名称だと思います。ただし、「パワーが宿る石」というと、パワーストーンを身につけさえすれば、願いが叶うものだと思うのは早計ですよ。前章でも申し上げたとおり、あなたと石とのコミュニケーションがあってはじめて石はパワーを発揮してくれるのです。

石は硬いか軟らかいか

　先ほど、「宝石」と言える石の条件は「見るからに美しいこと」「めったに見つけられない稀少性があること」「簡単に崩れることのない硬さがあること」だとお話ししました。この3条件のうち「硬さ」について勉強しておきましょう。

　「石のように硬い」という表現があるように、普通、石は硬いというイメージがあります。でも、実際に硬いものばかりなのでしょうか。よくよく調べてみると人の爪でも傷つくような軟らかい石もあります。その石の代表は「石膏」です。

　石膏はそれを粉末にしたものを水に溶いて型に流し込めば、短時間で固まって石膏像ができることでよく知られている鉱物です。確かに人の爪でも傷つきそうな鉱物ですね。では、逆に硬い鉱物というと何でしょう。鉄のような硬いものでも簡単にカットできるノコギリがありますよね。実はこのノコギリの刃にはダイアモンドが使われています。もちろんこの場合のダイアモンドは工業用で人工の物ですが、自然のダイアモンドと鉱物的組成は同じです。

✦ モース硬度計 ✦

このように鉱物である石たちにはさまざまな硬さのものがあり、その硬さはそれぞれの石の組成を反映しており、石の用途を考える上でとても重要な基準となります。石は大昔から人類が活用してきたものなのですから、それぞれの石の硬さは何らかの基準で把握されていたはずですよね。今からざっと200年前の1812年のことです。ドイツのグラーツにあるフライベルク鉱山大学（現・フライベルク工科大学）の教授で、地質学者、鉱物学者であったフリードリッヒ・モースが、鉱物の硬さを計る「モースの硬度計」というものを考案しました。

どういうものかと言うと、それは大変ユニークで、かつ実用的な硬度計です。普通なら石を挟んで計測するような計器を想像するでしょう？　このモース先生はまず、自然界で一番硬い鉱物をダイアモンドと定め、ダイアモンドをモース硬度10としました。これに続く硬さをもつ石を硬い順に「9」から「1」までの数字にあてはめました。では9から1までの数字にあてはめる硬さはどのように決めたのでしょう。これがユニークなゆえんです。なんと「A」と「B」の鉱物同士をこすり合わせて傷がついた方が軟らかいという硬さの差に注目。いろいろな鉱物同士をこすり合わせて硬さの順番をつけていったのです。

ただし、「モース硬度」というのは、こすり傷がつくかつかないかという結果を基準にした「硬度」のことですから、例えば、ハンマーのような硬いもので叩いて割れたか割れなかったかを基準にしたものではありません。この世で一番硬いと言われるダイアモンドでさえ、ハンマーで叩けば割れてしまいますから。

ですから、「モース硬度計」として商品化されているものも、実は左ページの写真のように実際の鉱物が鉱物見本のように並んでいるだけ。決して計器のようなものではなく、これらの鉱物サンプルで他の鉱物に傷がつくかつかないかをみるというものです。鉱物採取などで山に入ったりする場合は、むしろこのようなやや原始的とも言える硬度計の方が手軽で便利だとも言われています。

では、「10」から「1」までの10段階の硬度にはどのような鉱物が当てはめられているのでしょう。この当てはめられた鉱物は「標準物質」と呼ばれていますが、**表1**のとおり、硬度10は今お話ししたダイアモンドで、4,000種類

以上ある鉱物の中でも最も硬いとされる鉱物です。美しさの点においても、稀少性においても宝石の女王たる条件がそろっていますね。次の硬度9はコランダムです。ダイアモンドからは傷をつけられますが、トパーズには逆に傷をつけることができる硬さを持っています。硬度8はトパーズです。コランダムより硬くはありませんが、石英をこすれば傷をつける硬さがあります。硬度7は石英、硬度6は正長石、硬度5は燐灰石、硬度4は蛍石、硬度3は方解石、硬度2は石膏、硬度1は滑石となっています。最後の滑石はぬめっとした手触りの鉱物で、その軟らかさから粉にして再生したものは黒板などに文字や絵を書くチョークとして利用されています。当然、身につける宝石とはなり得ませんね。

ところが、10から1までのモース硬度には若干の問題があります。10段階のスケールが均等な硬さの配分になっているかというと、10と9、2と1の間が9から2までの中間の硬度差より大幅に差が開いているのです。そのため伝統的なモース硬度計を改め、15段階の「新モース硬度計」というものも考案され実用化されています。**表2**のとおり、新モース硬度では宝石類の硬度をより細分化できるよう、硬度8から10までの3段階を2倍以上の7段階にまで増やしています。この硬度ではダイアモンドは15です。

では、最後にちょっとクイズを出しますね。硬度10のダイアモンドはこの世の

表1

モース硬度	標準物質
1	タルク（滑石）
2	ジプサム（石膏）
3	カルサイト（方解石）
4	フローライト（蛍石）
5	アパタイト（燐灰石）
6	オーソクレース（正長石）
7	クォーツ（石英）
8	トパーズ（黄玉）
9	コランダム（鋼玉）
10	ダイアモンド（金剛石）

中で最も硬い鉱物ですが、ではいったいダイアモンドはどんな物でカットするのでしょうか？　ダイアモンドは劈開（へきかい）といって特定の方向には割れやすい性質を持っています。ですからカットではなく割ることは可能です。でもダイアモンドのあのきらめきは、カットによって生み出されているわけですよね。実は、ダイアモンドの結晶は方向によって硬度に差があることから、粒状ダイアモンドを塗布した研磨機に当てることで、少しずつカットできるのだそうです。今日ではレーザーやその他の道具も使われていますが、「ダイヤはダイヤで削る」が正解なんですね。

表2

新モース硬度	旧モース硬度	鉱物
1	1	タルク（滑石）
2	2	ジプサム（石膏）
3	3	カルサイト（方解石）
4	4	フローライト（蛍石）
5	5	アパタイト（燐灰石）
6	6	オーソクレース（正長石）
7		溶解石英
8	7	クォーツ・水晶（石英）
9	8	トパーズ（黄玉）
10		ガーネット（ざくろ石）
11		溶解ジルコニア
12	9	溶解アルミナ
13		炭化ケイ素
14		炭化ホウ素
15	10	ダイアモンド

石の色とエネルギー

　河原などにころがっている小石でも、よく見るときれいな色をした石がたくさんあります。私も子供の頃そうした石をよく拾ってきたものです。ましてや宝石やパワーストーンとなれば、石ってどうしてこんなに美しいのだろうとため息がでるほどです。「石の生い立ち」でお話したように、私たちが手にする石たちは、何千年、何万年、何百万年という長い時の流れの中で、地中や地表で生まれ、それがまたいつの日か地中に戻り、そこでまた新たな石に生まれ変わり…といった遥かな旅をしています。そして、その中でもほんの一部の限られた石たちが、私たちの目に触れるのです。

✦「きれい！」の要素は「色」✦

　では、そうした前提で石やパワーストーン、宝石を観察してみましょう。先ほど申し上げたとおり、私たちが石に惹かれる最初の要素は、「きれい！」という感動をともなった印象です。では、「きれい！」の要素は何でしょう。光の反射も重要な要素ですが、基本は「色」ですね。
　「惹かれる」要素が「色」であるならば、「色」が私たちに作用し、私たちの心を動かしていることは確かです。では、石と私たちの間で起こっている「作用」を媒介しているものは何でしょう。それは色が発する「波長」です。「波長」はエネルギーですから、私たちが石に惹かれるのは、石のエネルギーに反応している証拠ともいえますね。すなわち、石が私たちの意識下に話しかけ、無意識のうちに私たちがそれを受けとめ、「きれい！」という感嘆詞を発したわけです。私たちと石たちとのコミュニケーションのはじまりです。
　それでは私たちが「色」と呼んでいるものは何なのでしょうか。それは人間の網膜が認識できる「光」、すなわち「可視光線」です。例えば黄色く見える色は黄色の光だけが反射され、他の色は物体に吸収されている状態です。
　では、色の違いはどんなエネルギーを私たちに届けてくれるのでしょう。色による影響は、学問的な領域では「色彩心理学」というものもあるほど広く認知されています。「カラーセラピー」といったヒーリングの分野でも利用されていますね。
　したがって、パワーストーンの基礎知識として、色がもたらす様々な影響を知っておくことは、後述の「パワーストーンの活用」のところでもきっと役立ちます。一緒に勉強しておきましょう。

chapter.2 ✦ パワーストーンの基礎知識

✦ 黒色

　黒という色は、紫から赤までのすべての可視光線が物体に吸収され、反射される光がない状態を指します。
　そんな黒い色が伝えてくれる印象は、重厚さ、安定感、力強さ、高級感といったもので、地に足がついた現実的生き方を示唆しています。また、時には神秘的な世界への誘いをも暗示しており、大地からのエネルギーを吸収する助けともなります。
　一方、黒は不安、恐怖、圧迫、威圧、絶望といったネガティブなエネルギーも含有しています。自分自身のパワーが減退していると感じるときは、できるだけ避けるほうが無難な色だと言えますね。

代表的なパワーストーン
ブラックオニクス、シュンガイト

✦ 赤色

　赤色が発するエネルギーは、情熱、華やかさ、行動力、生命力といったプラス志向の生き方を示唆しています。特に生命力を活性化するエネルギーの波動は自信と飛躍を促し、ひとまわり大きな人間へと成長するための助けになってくれます。
　「今日はやるぞ！」というときには勝負色として、よく「赤色」を身につけますが、赤色の効力を利用した賢い知恵ですね。
　でも赤色には反面、過激、衝動、攻撃といった度を過ぎた行動を誘発するマイナスのエネルギーもあります。もし自分が調子に乗りすぎていると感じるときは、意識的に「赤」を避けるほうがいいですよ。

代表的なパワーストーン
ルビー、ガーネット、ユーディアライト

✦ オレンジ色

　オレンジ色のエネルギーは、明るさ、活気、健康、親しみ、社交性、セクシャリティーという、健康的な人間性を感じさせる波動です。特に注目したいのは、社交性とセクシャリティー。このふたつは、人はひとりでは生きられない生き物で、家族という輪の中に子孫を残し、永遠の絆を育むことを意味しています。
　ただし、オレンジ色には、わがまま、軽薄、目立ちたがり、安っぽさというマイナスイメージも含まれています。その悪影響を受けないために、自分自身を上手にコントロールしながら、バランスのとれた生き方や振る舞いが出来るように心がけましょう。

代表的なパワーストーン
サンストーン、オレンジカルサイト

✦ 黄色

　黄色は、希望、知性、知恵、意思、可愛さ、明るさなどを引き出すエネルギーに満ちています。自分自身が黄色に惹かれるときは、理性的に自分をコントロールしながら、周りの人とうまく付き合っていける状態。人間関係にも恵まれています。
　逆に、人間関係でストレスがたまったときはどうでしょうか。有り難いことに黄色系の石や衣服を身にまとったり、インテリアに黄色をアレンジすると癒されますよ。
　ただその反面、黄色には幼稚、未熟、警戒、軽はずみといったマイナス面もありますので、黄色を多用しすぎるのは、要注意であるとも言えますね。

代表的なパワーストーン
シトリン、タイガーアイ

✦ 緑色

　波長の短い紫から波長の長い赤までの可視光線スペクトルの中でも、緑はちょうど真ん中に位置する色です。まさに「調和」を身上とする安定感のある色だと言えます。安らぎを得られる自然界の色が、緑を基調としていることからも納得できますね。

　また、緑色のエネルギーは、安全、平和、博愛、安らぎ、新生、芽生えといった慈愛溢れる波動に満ちています。この波動に包まれていると、人は癒やされ、より高次の人間へと生まれ変わります。

　一方、緑には未熟、弱さ、無関心、妥協、優柔不断というマイナスエネルギーもありますので、自分を失わないことが大切です。

代表的なパワーストーン
エメラルド、ジェダイト

✦ ピンク色

　ピンクには、女性らしさ、幸せ、愛、若さ、キュートといったロマンティックなエネルギーが満ちています。女性の愛を積極的に後押ししてくれる、女性専科的なエネルギーの源があります。

　淡い恋か、激しい愛か、情熱の度合いとピンク色の濃淡も比例すると言われていますから、石の選択にも工夫が必要ですね。

　ただし、ピンクには非現実的、甘え、幼稚、自分勝手といった未成熟さを強調するネガティブなエネルギーも含んでいます。ですから、愛を叶えたいと願うときは、石まかせではなく、自分自身も真摯な態度でなければいけないのです。

代表的なパワーストーン
ローズクォーツ、クンツァイト

✦ 青色

　海や青空を眺めていると、人は誰でも日常からの開放と安らぎを感じることができます。したがって、気持ちが不安定だったり、落ち着いて物事を考えられないときは青色のエネルギーが効果を発揮します。

　さらに、青色には、誠実、信頼、冷静、知性、協調、新鮮といったプラスのエネルギーが満ちています。また、仕事上の人間関係の改善や、自己表現の技術アップにも青色は役立ちますよ。

　一方、青色には、冷淡、孤独、引きこもりという後ろ向きのエネルギーもあります。青色とのお付き合いには自分自身の前向きな態度が必要と言えるでしょう。

代表的なパワーストーン
アクアマリン、ラリマー

✦ 藍色

　藍色のエネルギーは、直感、洞察、霊感、創造、判断力といった、スピリチュアルな世界に通ずる能力を活性化するパワーがあります。藍色に惹かれ、藍色のエネルギーをもらった人は、急に勘の働きが鋭くなったり、いままでになかった発想で、難しい問題を簡単に解決したり、クリエイティブな仕事を成し遂げたりします。

　ただし、藍色からは沈黙、無力、諦めといったネガティブなエネルギーも出ていますから、油断は禁物。このネガティブな波動を受けないためには、心を空にして待つことが大切です。心の中に邪念や雑念があると、悪影響を受けやすいのです。

代表的なパワーストーン
ラピスラズリ、カイヤナイト

✦ 紫色

　紫色は、神秘、高級、上品、癒やし、霊感といった、より高次のスピリチュアル能力を引き出すエネルギーに満ちています。また紫は古来より高貴な色とされ、特別に扱われてきました。紫の波動を素直に受け入れた人は、霊性に目覚め、守護霊の存在や、宇宙を司る神秘的な法則との一体感を実感するようになります。

　ただその一方で、紫には、慢心、奢り、虚偽といった、霊性とはかけ離れた低次のエネルギーが宿っているのも特徴。このエネルギーに取り込まれた場合は、虚栄心ばかり旺盛な傲慢人間と化してしまいますから、自己コントロールが不可欠ですよ。

代表的なパワーストーン
アメシスト、スギライト

✦ 透明・白色

　「透明」や「白色」というと、色が全く無いことを想像するかもしれませんが、実はその逆です。「透明」や「白色」は可視光線のすべての色が合わさってできているのです。

　絵の具の3原色、黄色（Y）、赤（M）、青（C）を混ぜると黒になりますが、光の3原色、赤（R）、緑（G）、青（B）を合わせると白になります。前者を「減色法」、後者を「加色法」と習ったはずですね。

　したがって「透明」や「白色」には全ての色のエネルギーが閉じ込められていると言えます。でも色が合わさって「透明」や「白色」になったということは、そのプロセスにおいて強力な「浄化作用」が行われていることだと私は理解しています。

　その浄化のお蔭で「透明」や「白色」の波動は、清潔、無垢、信頼、確信、絶対という汚れを寄せ付けない清浄なエネルギーで満たされているのでしょう。それは気高く、紫をしのぐ霊性を持っています。白色、透明と心が一体になったとき、至福の喜びを感じ、煩悩からも解放されるでしょう。

　一方、「透明」および「白色」のエネルギーには、無、不確か、空虚といったマイナス波動もあります。何をしても手応えが感じられないときは、このマイナスエネルギーに支配されている状態です。自分の心の雑念を払い、気分をリセットしてから、この色と親しくなってくださいね。

代表的なパワーストーン
ダイアモンド、クォーツ

石の形とエネルギー

「石の生い立ち」で勉強したように、大きな岩石だった石は長い歳月の中で次第に小さくなり丸みをおびた小石になります。そしてやがて砂や粉、あるいは微粒子となり、それが堆積し地中に潜り込み、再び岩石となって輪廻転生をくりかえします。でも、私たちがパワーストーンや宝石として身に付けたり、身近に置いたりする場合は、自然のままの原石以外は、何らかの人為的な加工が施されています。丸とか四角などの形に整えたものを手にするんですね。この丸や四角といった形への成形あるいはカットは、その石の利用法、つまりブレスレットにするか、ペンダントにするか、リングにするかなどの目的によって決まります。ところが面白いことに、人為的な加工をほどこした形にもかかわらず、そこには不思議なパワーが宿るのです。

実際、映画などでも悪魔祓いをする際に十字架をかざすというシーンがありますね。また西洋の家のドアにある馬蹄形のノッカーも邪気祓いのシンボルです。

ではここで、いろいろな形の基本形である「丸」、「四角」、「三角」、「星」、「ピラミッド」、「ハート」、「クロス」、「卵」、「勾玉」、「三日月」という形が持つエネルギーについて勉強しましょう。

✦ 丸型 ✦

丸は三次元では「球」、二次元では「円」となります。この球や円は、始まりもなければ終わりもない完全な宇宙を象徴する形として、古代よりいろいろな場面で活用されてきました。たとえば、古代ギリシャのアポロンの神殿が円形でした。謎の大陸とされるアトランティスの王都も、同心円状の構造で建設されていたと言われています。また、アイルランドの巨大な墓石には、同心円状の波紋が刻まれています。魔術でしばしば使われる「魔方円（まほうえん）」もそうです。円形の輪が描かれ、その中で術を行う魔術師に悪霊を寄せ付けない結界として用いられてきました。

つまり、丸にはネガティブなパワーの流入をブロックし、プラスのエネルギーの流出を遮断するといった、理想的な護符の役割が備わっているのです。パワーストーンアイテムとして最もポピュラーな数珠タイプのブレスレットや、占いによく使われる水晶玉などは、その代表と言っても良いでしょう。

✦ 四角形 ✦

「丸と四角」と言うように、4辺で構成される四角形は、丸の対極にある形として存在します。丸が宇宙、すなわち天と神を象徴するのに対し、四角は地上と人間を表す図形として認識されています。たとえば、丸と四角の組み合わせが象徴的に用いられている例としては、丸天井の下に四角い御堂をもつ西洋の寺院建築です。

自然界に目を向ければ、この「4」という数字にまつわる事象は数多くあります。人の手足の合計、春夏秋冬の季節の区分、東西南北の方向区分等々、さらに聖書や神話の世界に目を移せば、4大○○という区分表現が頻繁に使われています。例えばミカエル、ガブリエル、ウリエル、ラファエルの4大天使など、枚挙にいとまがありません。

つまり、こうして観察すると4で構成される四角には、大地と自然界を明確に区分する確かな安定感が感じられます。したがって、パワーストーンや宝石が四角形にカットされたものには、まさにこの安定感を促進させるパワーが備わっています。迷ったり、自信をなくしたときには、ぜひ四角にカットされた石と親しくなってくださいね。

✦ 三角形 ✦

1点でも2点でも図形はできませんが、3点あってはじめて平面を持つ図形が成り立ちます。つまり、三角形は多角形の最小単位。カタチあるものの基本は三角形というわけですね。

では、三角形に宿るパワーとはどんなものでしょうか？ まず、▲のような正位置の三角形には、火、山、神、無限といった男性的なエネルギーが宿るとされています。それに対し、▼のような逆三角形には、水、月、冥界といった女性的なエネルギーが宿るとされています。したがって、三角形にカットされたパワーストーンや宝石を身につけると、男性らしさ、女性らしさが活性化されます。それとともに、その人が潜在的に持っていた能力が発揮されるようになるのです。自分の中にひそむ隠れた能力を開花させたい方におすすめです。

✦ 星型 ✦

六芒星は正三角形の正位置と逆位置を重ねたもの。「ヘキサグラム」、「ダビデの星」、「ソロモンの紋章」とも言われます。西欧では頂点から順に時計回りに、土星、木星、金星、月、水星、火星、中央が太陽に対応するとされ、大宇宙を表します。魔を除き、幸運を呼ぶ形です。

一方、5つの頂点を持つ五芒星は一筆書きができる星型。これも洋の東西を問わず魔除けの呪符とされています。日本では陰陽道の安倍晴明が護符として用いたことで有名です。

✦ ピラミッド型 ✦

　底部が正方形で、その四辺に接した4面の三角形が頂点で交わるようにできた四角錐ですね。サイズの異なる正方形が、無数に重なっているという見方もできます。

　この四角錐という形が持つエネルギーの集積機能により、石そのものが持っているパワーが増幅されます。そのためピラミッド型に成形された石とのコミュニケーションが成立すれば、強力な味方となります。特に期待できるのは、健康運と厄除け。生あるものには長寿を、死者には魂の永遠を約束してくれる高次なエネルギーと言えます。したがって病気や事故などの身体に危害を及ぼす厄から、身を守ってくれるものとも考えられます。

　ピラミッド型のパワーストーンを書斎や寝室に置き、心の中で話しかけたり、手のひらに乗せたり手をかざしたりしましょう。石から伝わるエネルギーが肉体を守り、健康を保ってくれるようになります。そしてきっと日々の生活が、明るく生き生きしたものへと変わっていくはずですよ。

✦ ハート型 ✦

　「heart」という英語を辞書で調べてみますと、「心臓」、「こころ」、「情」、「愛情」、「勇気」といったものを指しています。「胸に手を当てて考える」という動作からも、人は「心臓」に「こころ」があると考えており、また、「こころがある人」というように、「こころ」は「良心」や「愛情」とも同義語として認識しています。

　したがって、パワーストーンにおけるハート型とは、心臓という臓器を表したものというより、人の「こころ」にある「良心」や「愛情」を形として表したシンボルといえます。「良心」×「愛情」からは「善良な愛」が生まれます。「善良な愛」は「純粋な愛」でもありますから、ハート型にはきわめて純度の高い愛のエネルギーが宿っていると考えられます。古今東西、ハート型が恋愛成就のお守りとして使われるゆえんです。

✦ クロス型 ✦

　「クロス」は「十字架」を意味するため、キリスト教的でちょっと抵抗があるという方もいらっしゃいます。でもこのクロスは、キリスト教を信仰する方だけのものではないんですね。

　二本の直線が直角に交わるクロスという型は、太古の昔から人々にとって宇宙的な象徴であったのです。手を広げ、天を仰ぎ、大地に立つ人間の姿を連想し、そこに天と地を結ぶ宇宙エネルギーを感じ取りました。したがって、クロスを身につけると、宇宙エネルギーとつながり、自分の想いを天に伝えることができると信じられるようになりました。

✦ 卵形

　卵は柔らかで素敵な形をしていますね。そのためもあるのでしょう、卵形は世界中でシンボルに用いられ、その意味も多様。でも実を言うと、そのほとんどは生命の誕生、あるいは原初の萌芽という意味です。さらに卵形には生命力、復活、潜在能力が秘められていることから、卵形の石やアクセサリーを身に付けたり、身近に置くと「発展」「飛躍」「再チャレンジ」のパワーがもらえるとも信じられています。卵の風習としては、キリストの復活祭につくられる彩色した卵「イースター・エッグ」が有名ですね。

　またオーストラリアには、聖木曜日（復活祭前の木曜日）に産み落とされた卵を土に埋める習慣があります。これは「魔除けの卵」と言われ、災難を避けるパワーがあるとのことです。

✦ 勾玉形（まがたま）✦

　「勾玉」は「古事記」の頃には、「曲玉」と表記されていました。でも「曲がる」というのはあまり良い意味ではないため、「勾玉」（日本書紀）に書き換えたとも言われます。

　勾玉の独特な形は、元をたどると熊や猪の歯に穴を開けたものから発展したとか。その形の意味には「胎児説」「三日月説」「腎臓説」などがあります。でも注目したいのはこの勾玉が、天皇のしるし「三種の神器」のひとつであることです。また、縄文時代、古墳時代の遺跡からも、勾玉は出土しています。すなわち勾玉に対して、大昔の人々は末永い繁栄と魔除けのパワーを期待していた証拠だと言って良いでしょう。

　現在、一般的に販売されている勾玉は、「繁栄」や「魔除け」を基本としながら、より広い意味での「お守り」として扱われています。なかでも水晶やアメシスト、ローズクォーツ、ジェダイトなどでつくられた勾玉は、大変人気の高いパワーストーンです。

✦ 三日月型

　ご存知のとおり、月は日々姿を変え私たちを楽しませてくれる地球の唯一の衛星です。三日月は新月から三日目の月齢3の月です。右側に張り出した弓形の月は、見るからに優雅でロマンティックですね。ブライダルブーケ（クレッセント）やペンダントには欠かせないシンボル的な「形」です。

　では、この「三日月形」は、どんなパワーを持っているのでしょうか？　ギリシア・ローマの伝説では、三日月は「純潔と誕生」の象徴とされています。このことから三日月形のアクセサリーを身に付け、願い事をすると、清らかな出会いがあったり、物事を爽やかにスタートできるとされています。

パワーストーンの基礎的なQ&A

これまで、パワーストーンについていろいろご紹介してきました。
しかし、パワーストーンの質問はつきないものです。
基礎的なQ&Aをまとめてみました。

Q 石のパワーは品質や値段が高いほうがいいの？

A 私の経験ではある程度、値段が高く品質の良い石のほうがパワーを感じることが多いです。ただし、値段が安い石は全てパワーがないと決めつけないでくださいね。その石にあなたが惹かれるなら、値段など関係ありません。その時点で石と心が通い合っているわけですから、あなたを護り助けてくれる十分なパワーがあると言えますよ。

Q 石は大きいほうがパワーは強いの？

A 石の大きさにはこだわらないほうが良いと思います。大きくて強力なパワーを感じさせる石もあれば、それほどでもない石、逆に小さいのに強いパワーを発する石もあります。ただパワーの見分け方が難しく思えますよね。その方法としてはまず石に触れたり、手のひらに乗せてみること。そのとき、何とも言えない安らぎや幸福感、満足感を覚えたり、どうしても欲しくなったら、その石はきっとあなたの親友になってくれますよ。

Q 石は何種類も身に付けていいの？

A ご自分の願いにふさわしい石を組み合わせるのは良いことだと思いますよ。ただ、全ての運気をアップさせたいと、例えば恋愛運、仕事運、金運、対人運など多くの願いを一度に叶えようとして、様々な石を身に付けるのはオススメできません。一番叶えたい願いにふさわしい石たちをまず選んで身に付け、その願いが叶ったら、次の願いにぴったりのパワーストーン選ぶ……というようにするといいですね。なお石は人間関係と同じで、長い目でお付き合いをすることが肝心。ゆっくり気長に、自分でも努力を続けながら幸運の訪れを待ちましょう。

Q 石が割れたり、無くすことがあると悪いことが起こるの？

A 石を割ったり無くしたり、ブレスレットのゴムが切れると「悪いことが起こるのでは！？」と心配される方がいらっしゃいます。でも決して心配はいりませんよ。むしろそうした心配が無意識のうちに潜在意識に入り込むほうが危険なんですね。不運を呼び寄せる要因になるからです。でも割れた石が手元にあるのがイヤなら、「今までありがとう」と心の中で語りかけてから、石をそのまま土に埋めましょう。なお、ブレスレットのゴムは自然に劣化し切れやすくなるもの。私は切れる前に（3ヶ月～半年間くらい使用した時点で）、ゴムを取り替えています。

Chapter 3

パワーストーンの活用

石は自然に やってくる

「自分に合った石を選ぶにはどうすればいいのですか？」という質問をよくいただきます。そんなとき私はまず「近々、あなたにピッタリの石が近づいてくるはずですよ。焦らず楽しみに待っていてくださいね」とお答えします。何故そう申し上げるかというと、石とはまさに出会いであるからです。人と人の出会いと何ら変わらないのですよね。

石からアプローチされる

もう少し具体的に言いますと、ある日あなたが一人の人と出会ったとします。すると相手のほうから親しげにあなたに話しかけてきて、お付き合いが始まります……それと同じようなことが石との間にも起こるんですね。あなたの目がその石にとまったとたん、石はまるで意思を持った生き物のように、あなたの潜在意識にアプローチして、あなたは無意識のうちにそれを受け止めます。何だか非科学的に思われるかもしれませんが、「パワーストーンへの入り口」でもお話ししたように、私は人と石はそのような関係であると確信しています。

では、石とはどういう出会いが待っているのでしょうか。それは人様々です。ふと立ち寄ったお店でパワーストーンのアクセサリーを見つけた。神社やお寺で売られている水晶のブレスレットが気に入った。通販の商品カタログやネットショップに、素敵なパワーストーンが紹介されていた。友人や知人からパワーストーンをプレゼントされた等々、本当にいろいろです。でもどれも決して偶然ではないんですね。あなたが必要としている石と出会うべくして出会った、必然な

のです。

　そして多くの方が経験されているように、あなたはその石から目が離せなくなり、無性に手に取ってみたくなるでしょう。これがその石との出会いの合図です。あなたが意識するとしないとにかかわらず、あなたと石との波動が共鳴し合い、お互いが惹きつけ合っているのです。

✦ 石からの信号がある ✦

　そうした心惹かれる石に出会ったら、できれば石にそっと触れたり、手のひらに乗せたり、軽く握ったりしましょう。目を閉じて、手の中の石のことだけに神経を集中させて……。すると石からの信号があるはずです。これも人によって違いがあり、ある人は「手のひらの真ん中がピリピリする」、またある人は「チクチクする」、その他「ホワンホワンする」「温かくなる」「ちょっぴり重く感じる」など、これまた人それぞれです。これは人の感じ方の違いだけではなく、石の波動も石によって異なるからではないかと思っています。

　もちろん、なかには石からの信号を感じない方もいらっしゃいますが、失望しないでくださいね。心惹かれるということは、あなたの潜在意識がその石を必要としているしるし。石を手に入れてお付き合いするうちに、信号が感じられるようになった例も数多くありますよ。

　なお、後ほど「星座による石の相性」「目的別の石の選択法」などをご紹介しますが、その中でご自分が惹かれる石があるのなら、これもまたひとつの出会いです。そして「この石が欲しい！」と願っていると、不思議にその石があなたに近づいてきますよ。

12星座で石を選ぶ

　今お話ししたように、「必要な石は自然に近寄ってくる」というのが私の基本的な考え方です。でも、それまでとても待てない、とりあえず自分と相性の良い石を選びたいという場合は、ご自分の星座をもとに石を選ぶ方法をオススメします。ただし、これも客観的なルールがあって決められたものではなく、私が長年携わってきた西洋占星術の考え方をベースに、判断して決めたものです。12星座それぞれを守る守護星、守護神を中心に、幸運のパワーを発揮してくれる石を選びました。

牡羊座（おひつじざ）　Aries
（3月21日〜4月19日生まれ）

　牡羊座は火星を守護星に、ギリシャ神話の戦いの神アレス（ローマ神話のマルス）を守護神に持つ星座。生まれながらに、新しいことに果敢にチャレンジする精神力の強さと勇気、開拓精神を備えています。

　あなたにピッタリの石はルビーとダイアモンド。ルビーはさらなる自信と前向きな行動力、勝利をもたらします。また、ダイアモンドは潜在能力を引き出して夢を実現させ、成功へと導きます。なお、カーネリアンも相性が良く、理性的な判断力や集中力、やる気を与えてくれます。無気力になったときに身に付けると効果的です。

牡牛座（おうしざ）　Taurus
（4月20日〜5月20日生まれ）

　守護星に金星、守護神にギリシャ神話のアフロディテ（愛と美の女神。ローマ神話ではヴィーナス）を持つ牡牛座は、愛と美に対する感覚が優れています。そのため愛や、美しい物を求める思いが、強いのです。また、粘り強さも持つ星座です。

　あなたをサポートしてくれる石は、エメラルドとローズクォーツです。エメラルドは「美」が手にはいるように、富と権力を与え、物事をしっかり判断する目を養ってくれます。ローズクォーツは愛の思いを叶えます。なおマラカイトとも相性が良く、疲れたときに心身の癒しになります。

chapter.3 ✦ パワーストーンの活用

双子座　*Gemini*
（5月21日〜6月21日生まれ）

　双子座は守護星の水星、守護神のヘルメス（ギリシャ神話で伝令と商業の神。ローマ神話ではマーキュリー）から頭の回転の速さと、素早い行動力を受け継いでいます。好奇心が旺盛で、新しいものをどんどん採り入れる柔軟性を持ち合わせています。

　あなたに合う石は、サファイアとアイオライト。サファイアは精神を平和に保ち、能力を最大限に発揮させます。アイオライトは進む道を見失ったときに、進むべき正しい方向を指し示してくれます。ゴールデンルチルクォーツも相性が良く、双子座に安定した金運をもたらします。

蟹座　*Cancer*
（6月22日〜7月22日生まれ）

　蟹座は愛情深さと強い母性本能を備えた星座です。でも守護星が月、守護神がギリシャ神話の狩猟の女神アルテミス（ローマ神話ではダイアナ）であるために、激しい面が。家族など大切なものを守るためなら、自分の生命も惜しまずに戦います。

　蟹座に合う石は、ムーンストーンとパールです。ムーストーンは月のパワーが宿るとされ、女性らしく豊かに生きるためのお守りに。パールも女性に美や健康、幸せをもたらします。また、ピンクカルサイトとの相性も良く、恋のトラウマを消し去り、新たな幸せをもたらします。

獅子座　*Leo*
（7月23日〜8月22日生まれ）

　守護星は太陽、守護神はギリシャ神話のアポロン（予言、弓術、音楽の神。光明神の性格も持つ。ローマ神話では太陽神アポロ）です。獅子座はこの守護星と守護神の影響で明るく寛大な性格や勇気、プライドの高さを受け継いでいます。

　相性の良い石は、ペリドットとサンストーン。ペリドットは古代エジプトで太陽神の象徴の石。悩みが消え活力がよみがえります。サンストーンも太陽神のシンボルで、物事をやり遂げる力を与えてくれます。ジャスパーとも共鳴し合い、大地の力を与えマイナス面を取り除きます。

乙女座　*Virgo*
（8月23日〜9月22日生まれ）

　乙女座の守護星は水星、守護神はローマ神話の商業の神マーキュリーですが、ギリシャ神話においては、処女神のアテナが守っていると言われます。この影響から、生まれながらに鋭い知性とデリケートな神経、優れた分析力を与えられています。

　そんな乙女座に合うのはスギライトとモスアゲート。スギライトは洞察力や想像力に磨きをかけ、周りに寛大な愛情を示せるようにもなります。モスアゲートは心が疲れたときに、癒してくれる石。なお、グリーンフローライトも相性が良く、ストレスを解消し、直感力や心の成熟度を高めます。

47

♎ 天秤座 *Libra*
（9月23日～10月23日生まれ）

　天秤座は牡牛座と同様に守護星は金星、守護神はギリシャ神話のアフロディテ（愛と美の女神。ローマ神話ではヴィーナス）です。そのため美しいものに強く惹かれ、上品なセンスと優しさを備えています。

　相性の良い石は、ジェダイトとクンツァイト。ジェダイトは眠っている能力を呼び覚まし、高い目標に向かって進む手助けをします。クンツァイトは感情的になったときに、穏やかな心を取り戻してくれます。なお、ブラッドストーンとの相性も良く、怠け心が生じたときに意欲を回復させ、迷ったときには勇気と決断を促します。

♏ 蠍座 *Scorpio*
（10月24日～11月22日生まれ）

　守護星に冥王星、守護神にギリシャ神話の冥界の支配者ハデス（ローマ神話ではプルート）を持つ蠍座。プルートは死の国の王ですが、復活のパワーや鉱物などの地下資源をもたらすことから、蠍座はとてもエネルギッシュで、強い精神力に恵まれています。

　相性の良い石はトパーズとロードクロサイト。トパーズは霊的な感性や洞察力を高め、自信を与えます。ロードクロサイトは恋愛に傷ついた心を癒し、素晴らしい愛をもたらします。なお、アラゴナイトも合う石で、心の乱れを鎮め、人とのスムーズなコミュニケーションができるように導きます。

♐ 射手座 *Sagittarius*
（11月23日～12月21日生まれ）

　守護星は木星、守護神はギリシャ神話の最高神ゼウス（ローマ神話ではジュピター）です。そのため射手座には自由な精神や行動力、旅を好む心を授かっています。

　あなたに適した石はラピスラズリとターコイズ。ラピスラズリは、行動範囲の広いあなたの万能のお守りに。ターコイズは何かに挑戦する際に、直感と勇気を与えてくれます。また、旅のお守りでもあり、旅行好きの射手座にはピッタリ。なお、ラブラドライトも相性の良い石で、独りよがりの思いこみをしているときに、物事の本質を見抜ける状態に導いてくれます。

♑ 山羊座 *Capricorn*
（12月22日～1月19日生まれ）

　守護星は土星、守護神はギリシャ神話の時の神クロノス（ローマ神話では農耕の神サターン）です。そのため山羊座には真面目さや責任感の強さがあります。

　相性の良い石は、ガーネットとスノーフレークオブシディアン。山羊座はたまにひどく落ち込みますが、そのときにガーネットが救いになります。ポジティブな思考へと転換してくれるのです。また、スノーフレークオブシディアンには、すっきりした気持ちにさせるパワーがあります。オレンジカルサイトも相性が良く、強く生きるためのエネルギーを与えてくれます。

chapter.3 ✦ パワーストーンの活用

水瓶座 *Aquarius*
(みずがめざ)
(1月20日～2月18日生まれ)

　守護星に天王星、守護神にギリシャ神話の天界を司る神ウラノス（ローマ神話ではウラヌス）を持ち、最も天才が多い星座と言われます。論理的な思考力、推理力、ユニークな発想力が長所です。
　そんなあなたを幸せにする石は、アメシストとモルダバイト。アメシストは心の充足感が得られ、真実の愛を引き寄せてくれます。モルダバイトは気づきを与え魅力をアップさせて楽しい日々へと導きます。また、シルバールチルクォーツも相性の良い石。無駄遣いが減り、計画的にお金を遣えるようになり貯金も増えるでしょう。

魚座 *Pisces*
(うおざ)
(2月19日～3月20日生まれ)

　魚座の守護星は海王星、守護神はギリシャ神話の海の神ポセイドン（ローマ神話ではネプチューン）。この影響で豊かな感情や想像力、理解力を備えています。
　そんなあなたの幸運の道しるべとなる石は、アクアマリンとラリマーです。アクアマリンは気持ちが落ち着かないときに、穏やかな波動であなたを癒します。ラリマーは何か変化が訪れたときに、いち早く順応できるように手助けし、温かな愛ももたらします。トルマリンも相性が良い石。困ったときに天からの助けが得られ、物事が良い方へと向かい始めるでしょう。

目的別で石を選ぶ

✦

あなたの目的や願いにぴったりの石は何か、簡単に見つけ出すことができる早見表です。この表であなたの願いに合う石を探し、掲載ページに飛んで詳しい内容をご覧ください。

◎はその項目に関して、大変強いパワーを持つ、○は強いパワーを持つ印であると判断してくださいね。パワーストーンは基本的に悪いパワーは持ちませんから、×印はありません。

なお「総体的な幸運」の項目は、「今のところ、特に具体的な願いはないが、運気をアップさせたい」といったときの参考にしてください。

また、「心身の健康 ヒーリング効果」と「邪気祓い 魔除け」の項目ですが、石はどれもこうした効果があります。でも多少パワーに強弱がありますので、特にその効果が高いものを選んで、印をつけてあります。

石の名前	掲載ページ	愛情 恋愛	金運 繁栄	仕事 勉強	心身の健康 ヒーリング効果	人間関係	総体的な幸運	邪気祓い 魔除け	石の効果、効能メモ
アイオライト	182	○		○	◎		○		苛立ちを鎮め、強い欲求を抑える。ダイエットのお守り。人生の指針の石。一途な愛へと導く。
アイスクリスタル	197				◎		○		シャーマニックな力を開花させ、宇宙の真理を悟らせる。チャネリングを体感できる場合もある。
アイリス（レインボウ）	229	◎	○	◎	◎		◎		夢の実現を手助けする。人生の転機に直面した際、お守りとしての力を発揮。癒し効果も高い。
アクアマリン	167				◎	○			溜まった負の要素を洗い流す。穏やかな波動で安堵感を与える。健康とアンチエイジングの石。
アクチノライト	132			○			○	◎	霊的な障害や災難から身を守る。重要な局面を迎えたとき、正しい選択ができるようになる。
アゲート	97		○			◎	○		人から好かれ、良好な人間関係が築ける。繁栄をもたらす。どんな環境にもスッと溶け込める。
アズライト	183	◎		◎					才能が開花。アーティストのお守り。恋愛に対して前向きになり、異性を惹きつける魅力がアップ。
アゼツライト	198				◎		◎		全てのチャクラを活性化し、魂の真の目覚めを促す。癒しの効果。瞑想の際に用いると良い。
アパタイト	168	○				◎			恋人、家族、職場などの人間関係の絆が強まる。苦手な人ともコミュニケーションがスムーズに。
アベンチュリン（クォーツ）	133				◎	○			真実を見極められるようになる。心身の疲労を取り去る。人間関係のストレスや不安を解消。
アポフィライト	199				◎		◎		心身を浄化し、自然と同調。霊性、直感力、洞察力を高め、進むべき道を歩んでいけるようになる。
アマゾナイト	134	○		◎		○	◎		肉体と精神のバランスをとる。心に潜む恋愛の傷など、悲しい記憶を浄化し、運気を好転させる。

chapter.3 ✦ パワーストーンの活用

石の名前	掲載ページ	愛情 恋愛	金運 繁栄	仕事 勉強	心身の健康 ヒーリング効果	人間関係	総体的な 幸運	邪気祓い 魔除け	石の効果、効能メモ
アメシスト	189	◎	◎		◎	○		○	心身を癒され、冷静な判断力や直感力が備わる。精神的に充実した愛を育む。財運がアップする。
アメトリン	191		◎		◎	○		○	癒しの力、富と繁栄をもたらす力を持つ石。金銭や人間関係のトラブルを解決する。体調を整える。
アラゴナイト	120	◎			◎	○			心を癒し和ませる。男女を問わず人を惹きつける。人間関係に疲れている人にオススメ。
アルマンディン	102	○		◎	○		○		努力することが楽しく思えるように、勝利することができるようにサポート。
アンデシン	99	○		○		○	○		潜在能力を引き出し、自立を助ける。自分探しをする人をサポート。深い信頼関係の構築。
アンドラダイト	102			◎			○		力強いパワーを宿す石。仕事などで勇気や開拓精神を発揮して、成功する。
アンバー	113	○	◎	◎					不老長寿、子孫繁栄のお守り。女性が身につけると男性を惹きつける。金運、仕事運アップ。
アンハイドライト	169	○			◎	○			不老長寿の石。若返る。困難を克服する強さを養い、周囲を思いやるゆとりが生まれる。
アンモライト	100		◎	◎			○		富と権力、成功を与える。幸運のお守り。起死回生を促し、栄光を与える。
イエローオパール	202	○		○	◎	○	○		クリエイティブな感性が磨かれる。芸術分野での活躍をサポート。良い人たちと巡り会える。
インパクトガラス	121				◎		○	○	神聖なエネルギーを宿す。持ち主の素晴らしさを引き出し、自信を持たせ、幸運を呼び寄せる。
インペリアルトパーズ	119	◎	○		○	○	◎		生きていることへの感謝が芽生え、幸運体質へと変わる。自分も他人もゆとりをもって愛せる。
ウィンドウ	229			○	○		○	○	自分の本来の姿に気づく。判断力がつき、今後どのように生きるべきか正しい選択もできる。
ウバロバイト	102	○		○	○	○			精神力が強まり、仕事で思わぬ能力を発揮。人との交流もスムーズ。
エピドート	135				○	○		○	思い込みや偏見、嫉妬などの心に淀むものを消し去り、楽しい日々が過ごせるようになる。
エメラルド	136	◎	◎		○	○	○		富や権力を与える。自然治癒力が高まる。恋愛成就や幸せな結婚のお守り。
エレスチャル	230			◎	○		○		意欲的なのに恐怖心があるなど両極の思いを修正したり、トラウマを解消し、大きく飛躍させる。
エレスチャルアメシスト	190	○	○	○	○		◎		運気好転のパワーが強い。生きるための知恵を授け、精神的な成長を促す。目的に到達させる。
オウロヴェルデクォーツ	122			○	○		○	○	心と体を鍛え、可能性を広げて成功へと導く。邪悪なものを排除する。
オーラクォーツ	200	◎	○		○		○	○	パワフルなエネルギーで幸運へと導く。浄化力があり、生命力、金運、恋愛運などをアップさせる。
オパール	201			○	○		○		霊能力を高める。才能を引き出し、それを生かす力を与える。前向きなときに使用することが大切。
オブシディアン	78							◎	魔力が強く、石のパワーに負けることも。ネガティブな思いに支配されているときは要注意。
オプティカルカルサイト (アイランドスパー)	205			○	○		○		新しい始まりと大きな変化をもたらす。新しいものに挑戦することで、素晴らしい運が開ける。
オレンジカルサイト	205				◎		○		マイナスとなっているものを取り除き、プラスのエネルギーを注ぐ。精神力が回復する。
ガーデンクォーツ	137		◎		○			○	マイナスの波動をブロックする。長寿や健康の守護石として有名。金運や不動産に恵まれる。
ガーネット	101	◎		○	○	○	○		勇気と希望、強い生命力を与え、勝利を招く。人と積極的に交流できるようになる。愛を貫ける。
カーネリアン	114			◎	○	○			集中力を高め、やる気が出て運気が好転。仕事や人間関係で冷静な判断ができる。

51

石の名前	掲載ページ	愛情・恋愛	金運・繁栄	仕事・勉強	心身の健康・ヒーリング効果	人間関係	総体的な幸運	邪気祓い・魔除け	石の効果、効能メモ
カイヤナイト	170			◯	◎				心身を整え、活力が湧く。直感力や洞察力、決断力、霊的感受性がアップし、変化に柔軟に対応。
カテドラル	230				◯	◎	◯		宇宙的なバイブレーションが強いが、人と人を繋げたり、グループワークを成功させる力がある。
ガネッシュヒマールクォーツ	203	◯	◯	◯	◎		◯		あらゆる災いを退け、知恵、富、栄誉をもたらす。高いヒーリング効果で恐怖心や焦燥感を消去。
カバンサイト	171			◯	◎				恐怖心や不安を取り除き、インスピレーションや叡智を授け、平穏な日々が過ごせるようになる。
カルサイト	204			◎	◎	◎			ネガティブなエネルギーをポジティブに変える。対人関係の改善。人生の新しい旅立ちをサポート。
カルセドニー	172			◯	◎				リラックス効果で本来の力が出せるようになる。受験や面接、妊娠中や育児中の人のお守りにも。
キャストライト	79			◎	◯				不安や恐怖心が解消し、仕事や勉強に意欲的になる。
キャッツアイオレンジルチルクォーツ	130		◎	◎			◯		財運、人徳、繁栄などの幸運を引き寄せる。向上心があり、努力を続けている人を飛躍させる。
キャンドル	230				◎				柔らかな温かいエネルギーを持っている。絶望感やストレスを消し去り、安心して暮らせる。
キューブライト	103			◯	◎				優しい波動で、心身を癒し、気力を回復させる。仕事や勉強に集中できるようになる。
クォーツァイト	206			◯	◎	◎			人間関係の衝突や反発を調停し、以前より良好な関係へと導く。真の豊かさとは何かに気づく。
クォンタムクワトロシリカ	174				◎		◯		クリスタルヒーラー注目の石。霊性が高まり、自分がどのような存在か気づく。運気が好転する。
クラスター	231	◎		◯	◎		◯	◎	浄化力が高く、平和をもたらす。職場や家庭に飾ると、問題を解決して幸運を呼び込む。
グリーンアゲート	98	◎			◯	◎			夫婦や親子間の愛情を高め、家庭を守る。家庭内、親族間のトラブルを解決。リラックス効果。
グリーンカルサイト	205				◎				穏やかな波動で肉体と感情のバランスを調整し、もやもやとした不安を取り除く。安心感を得る。
グリーンクォーツァイト	207				◎	◯			心身の緊張をほぐし、優しさや包容力を発揮し始める。健康的に生活できるようになる。
グリーンフローライト	157				◎	◎			気持ちを安定させ、穏やかになる。対人コンプレックスのある人や人見知りをしやすい人に効果的。
クリソコラ	138	◯			◎				規則正しい生活のリズムを取り戻す。不眠症が治る。良縁と子宝を得るお守り。
クリソプレーズ	139			◎			◯		強運と勝利を呼ぶ石。先が見透せるようになり、仕事や勉強などで目標に向かって邁進する。
クリソベリル	140		◎	◯			◯	◯	強力な魔除け。先見の明をもたらし、理想に近づけるようにサポート。豊かさや繁栄のお守り。
グロッシュラーライト	102		◎	◎			◯	◎	強力なお守り効果。決断力と実行力を与え、富と権力を手にする。
クンツァイト（スポジュミン）	141	◎			◯	◎			愛し愛される喜びを知る。心が安らぎ、慈悲深くなり、寛大にもなる。人間関係が改善する。
コーラル	104	◎			◯	◎			気持ちが楽になり、物事を明るく考えられるようになる。夫婦や家族愛が深まる。船旅のお守り。
コスモクロア（ユレーアイト）	142				◎				精神が落ち着き、どんなことにも穏やかに対処できるようになる。慈愛の心が育つ。
サーペンチン	143			◯	◯			◎	危険から身を守る石。旅のお守り。集中力や洞察力が高まり、仕事や勉強にも良い作用が。
サファイア	184			◎	◯		◯		意志強固になり、カリスマ性や勝負運がアップ。経営や人脈作りの際のお守り。幸運をもたらす。
サルファー	123				◎				生命力が高まる。怒りや興奮を鎮め、穏やかにする。物事を明るく考えられるようになる。
サンストーン	115			◎	◯				物事にチャレンジする気力がよみがえる。仕事や勉強などで高い目標を達成できる。

chapter.3 パワーストーンの活用

石の名前	掲載ページ	愛情・恋愛	金運・繁栄	仕事・勉強	心身の健康・ヒーリング効果	人間関係	総体的な幸運	邪気祓い・魔除け	石の効果、効能メモ
シーブルーカルセドニー	173				○	◎	◎		和みの波動を持つ石。人に優しく接することができるようになり、良い人間関係を築ける。
ジェダイト	144						○	◎	直感力を高め、事故や災難を未然に防いだり、幸運を招くことができるようになる。
ジェット	80		○			◎		○	嫉妬や悪意から守り、人間関係が円滑になる。無駄遣いを防ぐ。
シトリン	116		◎	○	○				財運、事業運を高め、繁栄をもたらす。イライラを鎮め、心の平和を取り戻す。
シルバールチルクォーツ	130	○	◎			◎			悪意を遠ざけ、好意的な人との縁を築く。恋人や家族との信頼感が増す。貯蓄能力がアップする。
シャーマナイト（ブラックカルサイト）	81						○	◎	魔除けのパワーが強い。「マスターシャーマナイト」の魂を癒す力は抜群。
ジャスパー	105						○	◎	魔除けの効果。心身のバランスが整い、幸運を呼び寄せることができるようになる。
シャッタカイト	185			◎		◎			人間関係が円滑になり、交渉事で成功。教師や政治家、弁護士など言葉が重要な職業のお守り。
ジャパニーズローツイン	231	◎			○				通称「夫婦水晶」。心身を安定させる。高い目標を持つ人をサポート。愛を呼び込むパワー。
シュンガイト（シュンギット）	82				◎		○		心身を浄化し、活力がアップ。直感力もアップし、それがきっかけで運気が好転することも。
シンナバー	106		◎	○	○				仕事運や金運が好転する、営業能力もアップする。健康維持効果もある。
スキャポライト	208			○			◎		人生の岐路や大きな選択をする際に、最善の道へと導く。他人の意見に惑わされなくなる。
スギライト	192	◎			◎			◎	邪気を祓い心身を活性化。永遠不滅の愛へと導く。周りの全てに愛を注げるようにもなる。
スタウロライト	83				◎	◎		○	怒りを鎮め、心身が整う。就寝時、悪夢を見ることを防ぐ。ソウルメイトと出会い、人間関係が好転。
スティブナイト	84			◎		◎	○		対人トラブルが解決。職場で良いポジションを与えられたり、出世するなど、相対的な運気もアップ。
ストロベリークォーツ	145	◎		○	◎				心身が癒され、全てのものを受け入れる気持ちになる。仕事や勉強の行き詰まり、恋のマンネリ解消。
スピネル	107				○	○		○	霊性が向上し、心身に活力がみなぎる。負のエネルギーを遮断。周りの人の長所に気づく。
スフェーン（チタナイト）	146	◎		○			◎		チャームアップし、周囲を惹きつける。幸運を呼び込み、才能も開花して夢や目的を達成。
スペサルティン	102	◎		○	○				愛を育む。創造性を必要とする仕事で能力を発揮。血液の循環が良くなる。
スミソナイト	147	○			◎	○			ネガティブなエネルギーを取り去り、優しく癒す。男性にも女性にも愛されるようになる。
スモーキークォーツ	85				○	○		◎	悪魔祓いの石。孤独感、緊張感から解放され、精神が安定。人と楽しく交流できる。
スレイマンアゲート	86		○		○		◎		繁栄、発展、幸福、安定をもたらす。外部からの攻撃に強くなり、穏やかな気持ちが保てる。
ゼオライト	210				◎		◎		悪い波動を除去するので、人混みや苦手な場所に携帯して行くと良い。弱ったオーラを強化する。
セプター	231	○		○			◎		頭脳を明晰にし決断力を与える。目標を達成できる。リーダーになる人のお守り。子宝に恵まれる。
セラフィナイト（クリノクロア）	148				◎	◎			新時代のヒーリングストーンと言われる。心身がリラックス。対人面での苦手意識を解消する。
セルフヒールド	232	○			◎	○	○		心の傷を修復し、精神的に成長させる。再出発や復活を目指すときのお守り。復活愛にも力を発揮。
セレスタイト	175			○	◎		◎		ヒーリング作用が抜群で自信を取り戻す。空間の浄化。創造力、表現力が高まる芸術家のお守り。

石の名前	掲載ページ	愛情恋愛	金運繁栄	仕事勉強	心身の健康ヒーリング効果	人間関係	総体的な幸運	邪気祓い魔除け	石の効果、効能メモ
セレナイト（ジプサム）	211				◎		◎	○	悩みや焦りを消去し、リラックス。雑念も取り去り、思考がクリアになって一気に運が向いてくる。
ソーダライト	176			○	○	○		○	心の混乱や不安を消し、知性と理性を高める。考えや気持ちを上手に伝えられるようになる。
ターコイズ	177				○		○	○	心がリラックスし、天のメッセージを受信する力がアップ。身の危険を察知させる。旅の安全を守る。
ダイアモンド	212	◎	◎	◎			◎		生命力と行動力がアップし、勝利、富、成功を実現させる。永遠の愛を築くパワーもある。
ダイオプサイト	149				◎	○			辛い経験や怒り、悲しみなど、心に滞っているものを浄化し、達観できるようになる。心身の強化。
ダイオプテース	150				◎	◎			悩みや不安を解消し、活力を与える。癒しのパワーが強い。打算のない良い人間関係を築く。
タイガーアイ	124		◎	◎			○		人生の転機を迎えるときや起業のお守り。芯の強さや洞察力を高め、金運も好転。
タイムリンク	232				◎	○			将来の自分から重要なメッセージを受け取ることができるようになる。過去のトラウマを消し去る。
ダブルターミネーテッド	232				○		◎	◎	片方のポイントから悪い波動を吸収し、反対側のポイントから良い波動を放出。浄化し幸運を招く。
タンザナイト（ゾイサイト）	151			○	◎	○			問題が解決し、進むべき方向が見る。心身がパワーアップし、頭もクリアになりアイディアも湧く。
タンジェリンクォーツ	117			○	◎				浄化力が抜群で元気回復。引っ込み思案な人に積極性を与える。知性や創造性のアップ。
淡水パール	216	○			○	○			大らかで清浄なエネルギーを持つ。ホルモン分泌を促し、女性らしい優しさを授ける。
ダンビュライト	213				◎		○	○	霊性を高め、苦悩やトラウマを消し去り、不運が重なるのを防ぐ。新しい段階に進めるよう後押し。
チャルコパイライト	126			○	◎				生きるための教え、ヒントに気づかせ、生命力を高める。窮地に陥ったときに助けるお守り。
チャロアイト	193				◎			○	癒しの効果で精神が安定。心の奥底の負の感情をリセットしたり、体内のデトックスを助けると言われる。
テクタイト	87			◎	○				トラウマを解消し、目標が定まる。人によってはエネルギーを消耗するので要注意。
デザートローズ	88	○				◎		◎	災いを祓う浄化の石。その浄化は特に対人面に効力を発揮。良い人間関係を築けるようになる。
デュモルチェライト	178			◎	○	○			精神的に強くなり、自信が回復する。交友関係が広がる。記憶力、学習能力、語学力を高める。
デンドライト	108				○	◎			浄化作用が強く、ストレスが解消。周りの人と肩の凝らないお付き合いができる。
トパーズ	118	○		○	○	○		○	不安や恐怖心を払拭し、自信と勇気、洞察力、博愛の精神を高める。恋の出会いをサポート。
トライゴーニック	233				○		○		地球や人類の未来へ繋がる高次元の波動を持つ石。ひらめきや直感のかたちで未来を見透かす。
トルマリン	152				◎		○		直感や予感のかたちで、天からの助けを授ける。自然界の治癒エネルギーを取りこめるようになる。
トルマリン　イエロー系	153			◎		○			社交性や外交力を高める。人に対する苦手意識が薄れる。営業の仕事やサービス業で成果も。
トルマリン　グリーン系	153				◎	○			何らかの変化が訪れた際、それをうまく乗り越えるパワーを与える。疲労回復。人間関係の改善。
トルマリン　ピンク&グリーン系	153	◎			○	○			ピンクの力で内面の傷を癒し、グリーンの力で周りの人をも癒す。持ち主を保護する力が強い。
トルマリン　ピンク系	153	◎				○			愛をサポートする石。恋愛に対して積極的になり、異性と自然体で接することができるようになる。
トルマリン　ブラック系	153			○				◎	行く手を遮るネガティブなパワーを消し去り、ひらめきなど、何らかの啓示を与える。仕事を補助。

chapter.3 パワーストーンの活用

石の名前	掲載ページ	愛情恋愛	金運繁栄	仕事勉強	心身の健康ヒーリング効果	人間関係	幸福感総体的な	邪気祓い魔除け	石の効果、効能メモ
トルマリン　ブルー系	153				○		○	○	ありのままの自分を受け入れる心のゆとりが生まれる。不満がつのっている人にオススメ。
ヌーマイト	89				◎				心の傷や罪悪感などを癒し、本来の自分を取り戻す。ヒーリング効果大。
ネフライト	154		◎	◎			○		鋭い感性や洞察力、粘り強さを与え、仕事や勉強に関する夢を叶える。富や権威を与える。
パープルフローライト	157			○	○			○	理解力や分析力がアップ。迷わず前へ前進する強さが身につく。現状を変えたい時のお守り。
ハーライト（ロックソルト）	214				○			◎	邪気祓い、浄化のパワーが強い。心身のバランスを調整し、負の感情、マイナス思考を一掃する。
パール	215	◎			○			○	女性の優しさ、美しさを引き出す。妊娠や安産、子供のお守りとしても知られる。邪気を遮断する。
バイオレットカルサイト（コバルト）	205				○		◎	○	天からのメッセージが「ひらめきや直感」というかたちで届く。幸福感が湧き上がってくる。
ハイパーシーン	194			○		○			優れた指導力を授ける石と言われ、職場や学校などでリーダーシップを発揮。行動力を高める。
パイライト	127			○				◎	ネガティブな波動を跳ね返す。危険から身を守る。判断力と予知能力が高まり、仕事に反映。
パイロープ	102	◎			○	○			素晴らしい愛の出会いや、生涯のお付き合いとなる友人を授ける。心身のバランスを整える。
ハウライト	217				○	○		○	人に対する不満や怒り、批判、嫉妬などを抑制し、冷静さと客観視できる力を与える。安眠効果も。
ピーターサイト（テンペストストーン）	125		◎	◎	○				抑圧された心を解放し、自由にものを考えられるようになる。金運、仕事運がアップ。
ピクチャーサンドストーン	90			○	○				不安や恐怖心から解放され、知的能力がアップ。仕事や勉強に前向きになる。
ピンクオパール	202	◎			○			○	内面の美しさや才能、能力を引き出し、赤い糸で結ばれた異性を引き寄せる。アンチエイジング効果。
ピンクカルサイト	205	◎			○			◎	愛情面での辛い経験を忘れさせ、新しい愛に情熱を燃やせるように導く。愛の喜びを謳歌できる。
ピンクカルセドニー（マンガン）	173	○			○	◎			思いやりの気持ちが強まり、相手が女性でも男性でも信頼関係を築ける。アンチエイジング効果。
ファーデン	233	◎			○				恋愛面で効果を発揮。失恋のショックを和らげ、新しい恋を呼び寄せる。復活愛を可能にする力も。
ファイヤーアゲート	98			○	○			◎	精神力を強め、地に足が着いた生活ができるようになる。悪意や嫉妬から守る。
ファントムクォーツ	218			○	○	○			自分の中に眠る才能に気づき、自信と勇気が湧く。知的な人を惹きつけ、仕事運もアップする。
フェナカイト（フェナサイト）	219	○	○	○	○	○	○	○	魂と霊的な波動を浄化し、ワンランクアップするために必要な知恵と勇気、行動力を与える。万能の石。
フォスフォシデライト	195				○	○			感情の昂りを安定させる。思いやりを持って人と接することができる。カウンセラーのお守り。
プラシオライト（グリーンド・アメシスト）	190	○			○		○		背伸びをせずに、あるがままの魅力で勝負できるようになる。疲れを癒す。優しい愛へ導く。
プラチナクォーツ(フルカイトインクォーツ)	220			○	○			○	変化に対する臆病さを払拭し欠点を克服。ワンランク上へ押し上げてくれる。進学や転職のお守り。
ブラックオニクス	91			○		○		◎	邪気を祓い、忍耐力や意思力を強化。特に仕事上の人間関係が好転し、目標達成。
ブラックスキャボライト	209				○	○	○		自分の中の負の感情を自ら克服できる強さが備わる。日常的なことに幸せを感じられるようになる。
ブラックマトリックスオパール	202			○	○				斬新な発想や創造力を授ける。新しいことにチャレンジしたり、自分を大きく変えたいときのお守り。
ブラッドストーン	109	○			◎			○	精神と肉体を保護する。傷が早く癒える。妊娠を促す。人を愛する喜びを知る。

石の名前	掲載ページ	愛情・恋愛	金運・繁栄	仕事・勉強	心身の健康・ヒーリング効果	人間関係	邪気祓い・魔除け	総体的な幸運	石の効果、効能メモ
フリント	92				◎	○		○	妊娠と安産のお守り。子供の健やかな成長を助ける。周囲の人々から役立つ情報が入る。
ブルーカルサイト	205			○	◎	◎		○	人間関係の悩み、ストレスを軽減し、平穏な対人関係へと導く。仕事や対人面で自信がついてくる。
ブルーカルセドニー	173	○				◎			孤独な気持ちを癒す。恋人や家族、友人、同僚など人間関係にできた溝を修復する。
ブルークォーツァイト	207				◎	○		○	穏やかなセルフヒーリングのエネルギーによって癒され、思いやりや心のゆとりが生まれる。
ブルートパーズ	119	◎		◎				○	目標達成をサポート。研究や技術的な能力がアップ。恋愛の困難を克服し、念願が成就する。
ブルーフローライト	157			◎		○			集中力や記憶力がアップし、仕事や勉強に実力がつく。雄弁にもなり、人間関係がスムーズに。
ブルーレースアゲート	179				◎	◎			感情の起伏が激しかったり、頑張りすぎて疲れている人を癒す。対人トラブルを解決する。
ブルスアイ（レッドタイガーアイ）	125		◎	◎		○	◎	○	邪気祓いの力が強い。金運、仕事運、事業運がアップし、必要な人材が集まる。体力が増す。
プレシャスオパール	202	○						○	効能は「オパール」と同様。気持ちがネガティブなときは、妙な不安感に苛まれることが。
プレセリブルーストーン（ドレライト）	186				◎			○	心身を安定させ、活性化させる治癒力のある石。地に足が着いた生活ができるようになる。
プレナイト	155				◎	○			気持ちが落ち着き、真実を見抜くことができるようになる。人の嘘にも気づき、被害を回避。
フローライト	156			◎	○				脳が活性化し、記憶力がアップ。柔軟な考え方ができるようになり、仕事や勉強にも良い結果に。
ペタライト	221				◎			○	ヒーリング効果があり、心が清らかになる「天使の石」。心身の重荷を取り去る。自然の教えを受ける力を高める。
ペトリファイドウッド	110			◎	○				意志や決断力が強化され、仕事や勉強に信念を持って取り組めるようになる。人に寛大になる。
ヘマタイト	93			◎	◎		◎		魔除け効果大。心身の活力がアップし、怪我や病気の回復を高める。仕事や試験で勝利する。
ヘリステライト	180	◎			◎			○	永遠に変わらない愛や若々しい美しさを与える。心が癒され、自分も周りの人も愛せるようになる。
ペリドット（オリビン）	158	○			○	◎		○	暗い感情を取り去り、明るく行動できるようになる。家族、恋人、仕事のパートナーとの関係を改善。
ベリル	222		○	◎				◎	ネガティブ思考を排除し、強固な意思と勇気を与える。リーダーの素質を養い、富と名誉を授ける。
ホークスアイ（ブルータイガーアイ）	125		◎	◎				○	鋭い洞察力や冷静さが持てるようになり、仕事面や金銭面への成功へとつながる。
ホワイトクォーツァイト	207				◎	○	○		無垢な存在を保護するエネルギーの石で、純粋な精神を引き出す。子供を守護する石と言われる。
マグネサイト	223				◎	◎		○	なりたい自分に自由に変化する力を与える。穏やかに人と交際できる。慢性疲労の人のためのお守り。
マザーオブパール	216	○			○	◎			母のような慈しみの心、たくましさを育て、人から信頼される。男性が持てば女性を守る心が強まる。
マスコバイト（モスコバイト）	159			◎		○			個性的で斬新な発想を与え、創造力を生かして多分野で活躍。人から一目置かれるようになる。
マラカイト	160				◎		◎	◎	負のエネルギーを吸収する。心身の苦悩や苦痛を吸い取り、物事が良いほうへと動き出す。
マリアライト	209			◎	◎			○	過去の悲しい経験やトラウマを除去し、未来に希望を見いだし、しっかりと歩めるようになる。
ミルキークォーツ	224	◎			◎			○	心身が安定し、深い愛やゆとりが持てるようになる。愛の思いを自然に伝えられる。事故から守る。
ムーンストーン	128	◎	○		○			○	願いを叶える幸運の石。若々しい美しさを保つ。愛が成就し、豊かに生活。直感力がアップ。
メタモルフォーゼクォーツ	225			◎		○	○	◎	変容、変革の石で、自分の真実の姿に変わり、果たすべき使命に気づく。ヒーリング作用が抜群。

chapter.3 パワーストーンの活用

石の名前	掲載ページ	愛情・恋愛	金運・繁栄	仕事・勉強	心身の健康・ヒーリング効果	人間関係	総体的な幸運	邪気祓い・魔除け	石の効果、効能メモ
メテオライト	94				◎			○	正しい生活のリズムを取り戻す。霊的な能力やインスピレーションが高まる。
モスアゲート	98				○	○			人見知りや利己的な面が改善され、人と和やかに過ごせる。リラックスとヒーリング効果。
モッカイト	111			◎	○				精神が安定し、決断力も強まり、仕事や勉強に良い結果が出る。人に柔軟に対応できる。
モリオン（ケアンゴーム）	95							◎	悪い誘惑から身を守り、勤勉になる。力強いパワーが宿る石で、部屋の浄化にも良い。
モルダバイト	161	◎			◎		○		癒しの効果があり、多くの気づきを与えてくれる。永遠の愛を約束する石と言われる。
ユーディアライト	112				◎	○		○	内面に入り込んだネガティブなエネルギーを追い払い、心身が健康になる。人から好かれる。
ユナカイト	162	○			◎	○	○		心の奥底の怒りや悲しみを一掃する。未来に進む意欲が出てくる。人を愛する余裕も生まれる。
ライトニング（サンダーストーン）	233						○		持ち主が天界にいた頃の魂の記憶を思い出させ、それによって自分の使命に気づき前向きになる。
ラヴァ	96			◎	○				気力と体力が増強し、仕事や勉強に能力を発揮できるようになる。人脈が広がる。
ラピスラズリ	187	◎	◎	◎	◎	◎	◎		幸運を引き寄せる万能のパワーを持つ石。信念を持って行動できるようになる。誠実な恋を育む。
ラブラドライト	188			○				◎	悪意や嫉妬心をブロックする。苦悩する際、現状を断ち切る勇気が出る。冷静に見る目を養う。
ラベンダーアメシスト	190	○			◎				ヒーリング効果が高い。漠然とした不安を消し、精神を安定させる。熟睡、安眠へと導くお守り。
ラリマー（ブルーペクトライト）	181	◎			○	◎			愛、平和、希望を与える石。怒りや嫉妬などを除去し、対人面が好転。プレゼンテーションのお守り。
ルチルクォーツ	129		◎	◎	○		◎		健康運、家庭運、事業運など、あらゆる幸運をもたらす万能の石。それによって金運も開ける。
ルビー	163	◎		◎					カリスマ性を高め、勝利をもたらす。男性を惹きつける魅力がアップ。情熱的な愛に目覚める。
レインボークォーツ	226	○		○	○		◎		恋愛、結婚、就職、入学などの転機にその願いを叶える。幸運の訪れ。後ろ向きの気持ちを除去。
レーザー	234				◎			◎	強い浄化力と治癒力がある。部屋に飾ると清められ、良いエネルギーが自分自身を取り囲み守る。
レコードキーパー	234			◎	○				自分自身を知る叡智が授けられ、人生の進路を決める際に、賢い判断ができるようになる。
レッドアゲート	98	○			○	◎	○		人と人の絆を強める。マイナスの影響を与える人を遠ざける。健康で子宝に恵まれる。
レッドサンドストーン（セドナストーン）	90						◎		大地や宇宙から、様々な気づきやひらめきを与えられ、結果として総体運がアップ。
レピドクロサイトインクォーツ	227	◎		◎			○		タフな精神と情熱を与え、信念を貫く力がつく。仕事や勉強で目標達成。愛を告白する勇気が出る。
レピドライト	196			○	○	○	○		人生の変わり目に追い風が吹いたとき、背中を押してくれる。スピーディーに飛躍へと導く。
レムリアンシード	234				○			○	古代の情報にアクセスする力があるとされる。直感力が高まる。魔を除けて幸運を招く。癒し効果。
レモンクォーツ	131		◎		○				繁栄、豊穣の石と言われ、金運が好転。落ち込んだ気持ちを前向きに変え、人望が高まる。
ローズクォーツ	164	◎							愛を叶える石。愛にブレーキをかける心を解放し、内面の魅力が引き出されて恋が成就する。
ロードクロサイト（インカローズ）	165	◎							過去の恋愛の傷を癒し、積極的になれる。充実した生活によって恋人ができたり、愛の願いが叶う。
ロードナイト	166	◎			○	◎			愛の成就。壊れた関係を修復させる力があるため、復活愛を願う場合も効果的。疲れた神経を癒す。
ロッククリスタル（クォーツ）	228	○	○	○	○	○	○	○	優れた浄化と調整の作用がある。ストレスを解消し、情緒を安定させる。全ての運気がアップ。

57

目的別のパワーストーン最強の組み合わせ

　ここでは、それぞれの目的に合った、最強のパワーストーンの組み合わせをご紹介しましょう。この組み合わせの特徴は、全てにロッククリスタル（水晶）を使用していることです。その理由は、ロッククリスタルには最高の浄化作用と、組み合わせる石のパワーをアップさせるという優れた力が備わっているためです。ロッククリスタルで、自分を取り囲む悪いエネルギーを浄化することで初めて、良い運気を呼び込むことができると、私は確信しています。

　なお、石の組み合わせの具体例として、ブレスレットを作成しましたが、同じ組み合わせのネックレスでも、効果に変わりはありません。また、パワーストーンの丸玉やさざれを、それぞれひとつずつ全種類一緒に小さな巾着袋に入れて、お守りとして持ち歩くのも良い方法です。でも石とはコミュニケーションが大切ですので、袋に入れっぱなしにせずに、ときどき袋から出して、手のひらに軽く握ったりしながら、心の中で話しかけたり、願ったりするようにしましょう。

恋愛 Love

✦ ステキな出会いがある

ロッククリスタル ✚ ローズクォーツ

愛を叶える石・ローズクォーツを主役にした組み合わせです。邪気を祓い、魔を除けるパワーがあります。今まで出会いに恵まれなかった方は、この浄化と魔除けによって、取り巻く環境や運気を好転させることが出来ます。また、ロッククリスタルにはローズクォーツのパワーをアップさせる作用もあります。

✦ 恋愛で深い傷を負っている人が、新たな出会いを望む

ロッククリスタル ✚ ローズクォーツ ✚ ロードクロサイト

愛情運アップのローズクォーツに、ロードクロサイトとロッククリスタルをプラスしました。恋愛で深く傷ついている人には、パワーストーンの強力なサポートが必要です。傷を完全に癒すパワーのあるロードクロサイトをプラスすることによって心が癒され、過去の恋を割り切って考えることができるようになりますよ。

✦ 憧れの人と相思相愛になれる

ロッククリスタル ✚ スターローズクォーツ ✚ ガーネット

スターローズクォーツには、身に付ける人をよりチャームアップし、異性を惹きつけるパワーがあると感じています。この3種類を組み合わせることによって、きっと憧れの人と相思相愛になれるでしょう。ガーネットを1石入れたのは、愛の勝利を勝ち取る情熱と積極性が増すようにとの願いからです。

✦ 恋人との愛が長続きする

ロッククリスタル ✚ ローズクォーツ ✚ クンツァイト

愛を長続きさせるためには、恋人に穏やかな愛を注ぎ、思いやりにあふれた関係を保つことが大切ですね。そうしたパワーを持っているのが、このクンツァイトです。この組み合わせで長続きが可能になりますよ。

結婚 *Marriage*

✦ 幸せな結婚が出来る

ロッククリスタル ✚ ローズクォーツ ✚ ラピスラズリ

ローズクォーツは愛の願いを叶える石の代表ですから、欠かすことはできません。ロッククリスタルは結婚における障害を取り除きます。また、ラピスラズリは洞察力がアップし、結婚にふさわしい男性を見つけ出すことができるようになり、誠実な愛を育む手助けもしてくれます。

✦ 夫婦の絆が強まり、幸せに添い遂げることができる

ロッククリスタル ✚ ローズクォーツ ✚ アメシスト ✚ ゴールデンルチルクォーツ

まず、ローズクォーツは夫婦の愛を深めます。アメシストは心を癒し、精神的な成長を促して、長い結婚生活に必要な冷静な判断力や直感力も与えます。ゴールデンルチルクォーツは、金銭的に恵まれる生活に導いてくれるはずです。その結果、真実の愛が育まれ、夫婦、家族との絆が強まります。なお、ロッククリスタルは夫婦に降りかかる災難を除ける働きもします。

✦ 彼との関係を前進させたい (彼がいるのに、結婚に踏み切れないなど)

ロッククリスタル✛ラリマー✛スターローズクォーツ

　ラリマーはネガティブな感情を取り除き、前向きに考えられるように導きます。そのおかげで、結婚に踏み切る勇気が出てくるでしょう。スターローズクォーツはあなたをより魅力的に輝かせてくれるでしょう。そしてロッククリスタルは、ふたりの関係の前進にプラスになるように、結婚における障害を取り除いてくれます。

✦ 夫婦ゲンカをおさめたい

ロッククリスタル✛パール✛ムーンストーン✛ロードクロサイト

　まずロッククリスタルによって、夫婦の間に渦巻いている険悪な空気を浄化します。パールは気持ちがやわらぎ、ケンカでトゲトゲしくなった気持ちが次第に安らいできます。ムーンストーンはスムーズな仲直りや、幸せな家庭を築くためのサポートをしてくれます。そしてロードクロサイト。これはケンカで傷ついた心を癒し、共に生きていこうという決意を与えてくれるでしょう。

仕事 *Work*

✦ 様々な問題や悩みが解決し、仕事で成功する

ロッククリスタル✛シトリン✛タイガーアイ✛ラピスラズリ

　ラピスラズリは万能の石で、様々な面で幸運をもたらすパワーがあるとも言われています。シトリンとタイガーアイは仕事運、金運をアップさせ、新ビジネスを始める際にも助けになる石です。

✦ 出世したい (大きな仕事をまかされたい、役職につきたいなど)

ロッククリスタル✛レッドジャスパー✛ショール(トルマリン)

　ロッククリスタルとレッドジャスパーのパワーによって、思考力がアップ。潔い決断ができるようになります。さらにショール(ブラックトルマリン)のサポートで、仕事で疲れていたり、行き詰まっているときに天の助けが得られるでしょう。その結果、大きな仕事もこなせるようになり、周囲からも高く評価されるようになります。

金運

✦ 金運がアップし、金銭的に恵まれるようになる

ロッククリスタル ✚ ゴールデンルチルクォーツ ✚ タイガーアイ

金運に恵まれるゴールデンルチルクォーツを中心に、タイガーアイとロッククリスタルを配した組み合わせです。タイガーアイは商売や何らかの事業や仕事で多くの収入を得られるようになる、とてもパワーの強い石です。金運に見放されていると感じる方に、特にオススメ。

✦ お金を貯めたい

ロッククリスタル ✚ ゴールデンルチルクォーツ ✚ シルバールチルクォーツ

ゴールデンルチルはお金が入るように導いてはくれますが、この石だけでは支出に対するコントロールはできません。シルバールチルは入ったお金が出ていかないように、言わば金庫番のような役目を果たしてくれますから、組み合わせることで無駄遣いが減り、いつの間にかお金が貯まっていくはずです。

人間関係

✦ 良い人脈が築ける

ロッククリスタル ✚ ブルーレースアゲート ✚ プレナイト

良い人脈を築くには、まず浄化のパワーが強いロッククリスタルで、あなたに悪影響を及ぼす人を遠ざける必要があります。その浄化が行われた後、プレナイトが力を発揮し、人の真実を見抜く目が次第に養われます。同時に、対人面でのプレッシャーからも解放されていくでしょう。ブルーレースアゲートは、対人面での総仕上げ的な役割の石。人と信頼し合い、心温まる交際ができるようになります。

✦ 人間関係の悩みが解消し、上手に交際できるようになる

ロッククリスタル ✚ アクアマリン ✚ ブルーカルセドニー ✚ ロードナイト

ロッククリスタルとアクアマリンによって、不安感が消え、悩みに対して冷静な判断ができるようになります。それとともにブルーカルセドニーにより孤独から解放され、良い人間関係を築く土台ができます。またロードナイトによって、周りの人に優しくなり、交流がうまくいくようにもなります。

✦ 義父母とうまく付き合っていきたい

ロッククリスタル✛スギライト✛フローライト

ロッククリスタルとスギライトの組み合わせで、義父母の欠点に目をつぶることができる、寛大な気持ちが生まれます。次第に大きな愛で包み込むように、お付き合いできるようになるのです。さらにフローライトの効果で、義父母に対して心に余裕を持って接することができるでしょう。なお、義父母に同じ組み合わせのブレスレットをプレゼントすると、お互いに親しみや好意を感じるようになりますよ。

✦ ケンカした相手と仲直りしたい（友人、上司部下、隣近所の人など）

ロッククリスタル✛ロードナイト

ケンカによってこわれてしまった人間関係が修復され、本来のあるべき関係に戻ります。人に対するコンプレックスも自然に克服し、自信も回復します。トラブルもいつの間にか解決するでしょう。

健康 *Health*

✦ 落ち込んでいる気分が前向きに変わる

ロッククリスタル✛カーネリアン

落ち込んでいるときというのは、あなた自身が「不運な気」を発散しているもの。ロッククリスタルはそうした不運な気を浄化してくれます。そこにカーネリアンが持つあらゆるものをポジティブに変える強力なパワーによって「幸運な気」が発散されるようになります。その結果、集中力が高まり、やる気も湧いてくるでしょう。

✦ 体力がアップし、明るく元気に過ごせる

ロッククリスタル✛ペリドット✛サンストーン

ペリドットには、心身の活力をアップさせる力がありますが、ロッククリスタルによって、その力は倍増します。そこに「太陽神のシンボル」と言われるサンストーンを加えることで、気持ちは日増しに明るくなり、意欲的になるでしょう。

その他 *Et cetera*

✦ 幸運になりたい

ロッククリスタル ✚ マラカイト ✚ セレナイト

ロッククリスタルとマラカイトを組み合わせると、強力な浄化作用が生まれます。マラカイトが持つ負のエネルギーを吸収するという力によって運気が良い方向へと動き始め、苦しみから解放されます。また、セレナイトはあなた自身の直感力や洞察力を高め、自分にとってプラスになるものを選択できるように働いてくれるのです。

✦ 人間として成長したい

ロッククリスタル ✚ アメシスト ✚ ラベンダーアメシスト

こうした目的には、パープルを基調とした神秘的な組み合わせがパワーを発揮してくれます。アメシストは、精神的な成長を一段と高める石です。ロッククリスタルによって、アメシストの力はさらにアップ！　心が癒されると同時に、冷静な判断力や直感力を備えるようになります。また、ラベンダーアメシストによって不安が消え去り、隠れている魅力や才能が引き出されて、身も心も美しく輝きます。

✦ 旅行のお守りになる

ロッククリスタル ✚ ターコイズ

旅行に出るときは、ロッククリスタルとターコイズの組み合わせが、最強のお守りになります。ターコイズは旅路の無事を守ってくれる、代表的な石です。ロッククリスタルとの相乗効果で、あなたが危険な目に遭わないように、まるでSPのような働きをしてくれるでしょう。また、積極性と行動力がアップし、旅行の日々をより楽しいものにしてくれます。

まずは浄化から

✦

　人が手にする物というのは、実に不思議です。一見すると何の変哲もない物体でも、知らず知らずのうちに、手にした人の念や気が入ります。その「物」に対して、愛情や執着心があればあるほど、念や気が強く入り込むと言えますね。

　あなたが石と出会い、身近に置いて、その石とお付き合いを始めると決めたなら、まず真っ先に、その石の浄化をしましょう。石に入り込んだ他の人の念や気を解放しリセットすることで、穢れのないピュアなパワーを引き出せるようになります。また、すでに何年もお付き合いしている石で、いろいろな願い事をしてきた場合でも、ときどきこの浄化をすると効果的。石の疲れを取り去り、強いパワーを蘇らせることができます。

　では、石の浄化方法をご紹介しましょう。どの浄化方法が一番良いかといった優劣はありません。ただし、石によっては水に弱いもの、光に弱いものなどがありますから、注意が必要です。あとはあなたの直感や好みで決めてくださいね。

✦ 太陽光による浄化 ✦

　太陽の光にはポジティブなエネルギーが満ちあふれています。このプラスのエネルギーを石に注いで、石に閉じこめられたネガティブなエネルギーをポジティブにリセットするという考えから生まれた浄化法です。とても簡単な方法で、太陽の光に石を1時間〜半日くらい当てれば、じゅうぶんに浄化されます。

　ただし、紫外線に弱く、日光に当てると変色する可能性のある石もありますから、気をつけましょう。

> ただし次の石たちは太陽光による浄化にはあまり適していません。アメシスト、アンバー、カーネリアン、カルサイト、カルセドニー、クンツァイト、シトリン、スギライト、ターコイズ、チャロアイト、ローズクォーツ、ロードクロサイトなどです。でも、アメシストやローズクォーツは、1時間以内ならば、太陽光で浄化してもOKです。

chapter.3 ✦ パワーストーンの活用

✦ 月光による浄化 ✦

　月の満ち欠けによって、地球の潮の満潮、干潮が決まるように、月もまた私たちに多大な影響を与える身近な衛星です。月の光はご存知のように、月自身から発せられる光ではありません。でも、それ故に優しさにあふれ、ミステリアスでロマンティック！　月光浴という言葉もあるように、降り注ぐ月の光を浴びると心身が癒されると、昔から言われています。

　したがって、月光による浄化は、月の光が輝きを増していく新月から満月に向かう間が良いとされています。当然、月の光が最も多く降り注ぐ満月が、ベストということになりますね。浄化の仕方は、「太陽による浄化」と同様で、石を月の光にあてるだけ。月がきれいに見える晩に、屋外（ベランダでもOK）で石に月光浴をさせます。時間的には1時間〜3時間くらいで大丈夫です。

　なお、この浄化法は、前記の太陽光に不向きな石たちにはぴったりの方法。また、月の女神のパワーが宿るとされるムーンストーンには、特に合う浄化と言えるでしょう。

✦ 流水による浄化 ✦

　本来であれば、清らかな湧き水や小川などの流水で浄化を行うのが理想的です。でも、身近にそうした自然の水の流れがないという場合がほとんどでしょう。したがって、水道水をその代替水に使ってもかまいません。ただし、重要なのは「流水」であること。すなわち常に流れている状態で、決して淀んだ溜水であってはならないことです。かといって、音を立てるほどの勢いで水道水を流す必要はないのです。要は、新鮮な水を補い続けることで、石に蓄えられたネガティブなパワーが洗い流されていくという浄化の儀式です。

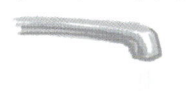

　具体的な手順としては、清潔なボールなどの容器に水道水をいっぱいに入れ、蛇口をわずかに開いたまま、水道水を注ぎ込み続けます。そこへ、石を静かに沈め、10分くらいそのままにしておきます。石を沈めるときは必ず、石が浄化され、自分との新しい関係ができるようにと心の中で願ってくださいね。あるいは、今まで使い続けてきた石の疲れが取れるようとの思いを込めましょう。浄化が終わったら、柔らかい布でていねいに水分を拭き取りましょう。

　ただし、水につけると変色などが起こる可能性のある石もあります。次のような石は流水による浄化には適していませんので、注意してくださいね。エンジェライト、オパール、カルサイト、クンツァイト、セレナイト、ターコイズ、タンジェリンクォーツ、パイライト、ヘマタイト、ラピスラズリ、ラリマーなどです。

✦ 天然塩による浄化 ✦

「お清め塩」に見られるように、塩には目には見えない浄化作用があることは、多くの日本人の共通認識でしょう。

さて、塩による浄化の方法をご紹介しましょう。まず、使用する塩ですが、これはできるだけ人工的な手が加わっていない「天然塩」あるいは「自然塩」であることが大切です。といっても、厳密な意味で「天然」である必要はありません。主原料が「海水」または「岩塩」であることが確認できればOKです。

まず、適当なサイズのお皿を用意し、そこに天然塩をたっぷりと敷きつめます。その上に石を静かに置き、石の浄化を心の中で願ってください。時間的には、丸一日、24時間そのままにしておきます。浄化が終わったら、水道水で塩分をよく洗い流し、あとは柔らかい布でていねいに拭き取りましょう。

> ただし、次のような石は塩による変色、変質等の弊害がありますので、塩による浄化は避けてください。アンバー、オパール、カルサイト、セレナイト、ターコイズ、パイライト、ヘマタイト、マラカイトなどです。

✦ 燻煙（くんえん）による浄化 ✦

お寺の受香所で、香炉から溢れ出る煙を手のひらでたぐり寄せ自分の頭や腰などにかけた経験がおありでしょうか？

これと同様の浄化法があります。用意するものはお香が焚ける器とお香。器は小皿のような陶器や香炉でもいいですね。お香も特に決まりはありません。好みのお香で行ってください。一般的には白檀香（びゃくだんこう）がお勧めです。

お香に火をつけ石を手に持って、煙が立ち始めたら、その煙の中に石をくぐらせます。「石さん、長旅お疲れ様でした。これからは私と親友になってくださいね」という気持ちを込めながら、気が済むまで数分間、煙にくぐらせましょう。また、お香ではなく乾燥させたホワイトセージの葉を燃やして、その煙にくぐらせる浄化法も広く行われています。ホワイトセージの燻煙はアメリカインディアンが儀式の際、その場や参加する人々を浄めるために行ったもので、これを「スマッジング」と呼びます。乾燥ホワイトセージの葉はパワーストーンショップで購入できますし、浄化力も抜群。ホワイトセージで石を浄化すると、同時にお部屋を浄めることにもなる優れた特徴があります。

なお、燻煙による浄化に向かない石はありませんので、便利で安心な浄化法と言えますね。

✦ 水晶クラスターによる浄化 ✦

水晶による浄化法をご紹介しましょう。クォーツの中でも特に強力な浄化能力を持つとされている「水晶クラスター」を用意しましょう。また、クォーツを細かく砕いた、浄化用に販売されている「水晶さざれチップ」も石の浄化には適しています。

使用法ですが、どちらもまず流水または自然塩で浄化してください。浄化能力を自ら持つ水晶とは言え、他の石の浄化に使用する前には水晶自体の浄化が必要です。浄化済みの清らかな「水晶クラスター」または「水晶さざれチップ」の上に石をそっと置いてあげましょう。時間的には最低でも1時間、長いぶんには何日間でもかまいません。石を変質、変色させるようなこともありませんので、どんな石にも有効ですね。

✦ 土中埋設による浄化 ✦

人の手から手を渡ってあなたの元にやってきた石は、「土」という彼らの故郷に戻してあげることによって、その石本来の生気を取り戻します。

そうは言ってもお住まいの関係で、土に埋めることが難しいこともありますね。そうした場合は、山や森などの自然的な環境の土地から、きれいな土を少しだけいただいてきましょう。その土をきれいに洗った器(どんな物でもかまいません)に入れ、その土の上に石をそっと置きます。天然塩による浄化と同じ方法ですね。時間的にも天然塩と同様に、まる一日間、土の上に置いてあげましょう。塩と違って土に弱い石はありませんから、ほとんどの石がこの浄化法で問題はありません。

まる一日経ったら(一日以上、時間が経過してしまってもかまいませんが)、石をいたわるような気持ちをこめて水道水できれいに洗い、すぐに水気を拭き取ります。なお水に弱い石は、柔らかい布などで土を拭き取ってあげれば大丈夫ですよ。

✦ 共鳴音(きょうめいおん)による浄化 ✦

石の浄化には「音」を用いる場合もあります。音は単純で響きが長く続くような、例えば美しい音色のベルも浄化に適した音のひとつです。ベルを石の上方で適当な間隔で繰り返し鳴らしながら、気持ちを石に集中させていくことで、石が浄化されます。

このベルよりさらに効果的なのが「クリスタルチューナー」という浄化グッズです。石の前で水晶ポイントにクリスタルチューナー(音叉)を軽く打ち付け、発せられる澄んだ音色で石を浄化します。音叉が発する音の波が水晶の浄化パワーをアップさせ、石だけでなくお部屋もあなた自身も浄めてくれます。

このクリスタルチューナーを用いる場合も他の浄化法と同様に、石に語りかけてください。「石さん、あなたに溜まったネガティブなものは全て捨て、私と旅に出ましょう」というようにね。何度か音叉を水晶に打ち付けるうちに、次第に心が石に集中。やがて心地よさに包まれて、石の波動とあなたの波動が共鳴。浄化の完了を直感します。

チャクラによる
パワーストーンの活用

チャクラとはいったいどんなものなのでしょうか？　歴史的に見るとインド仏教やチベット仏教の経典にもチャクラへの言及がありますから、大昔から人々はチャクラのことを知っていたと言えます。チャクラという呼び名は、インドの公用語のひとつであるサンスクリット語で、「光の輪」とか「車輪」という意味を持ちます。科学的な論拠となるものはありませんが、右ページのように人間の肉体には1から7までの7つのチャクラがあると言われます。それだけではなく足下と頭上にもあるとされています。第1チャクラから第7チャクラまでを大チャクラ、足下と頭上のものは小チャクラと分類され、足下は第0チャクラ、頭上は第8チャクラと呼ばれています。

では、チャクラはどのような働きをするところなのでしょうか？　ひとことで言えば、「チャクラはエネルギーの出入口」です。どんなエネルギーかと言えば、人間の生命や肉体、さらには精神をもコントロールする宇宙エネルギーのことです。「気」や「プラーナ」も同義語と考えても良いでしょう。健康で人間性豊かに生きている人は、このエネルギーの出入り口が開いていて、気やプラーナが自由に出入りし、バランスがとれている状態

です。逆に一部または全部のチャクラが閉じていると何が起こるかと言えば、精神的なストレスが溜まるとか、肉体的な変調、すなわち病気になるといったネガティブな現象が現れます。

したがって、健康で人間性豊かな肉体と精神を維持するためには、エネルギーの出入り口であるチャクラをつねに開いておく必要があるのです。実は、人は長い経験の中で、このエネルギーの出入り口を開かせるための様々な工夫をしてきました。ヨーガ、気功、座禅、瞑想といった修行や訓練、神社やパワースポットなどの霊力の強い場所に身を置くこと、自然や動物たちとふれあうこと等です。

ところで本書のテーマはパワーストーンですが、これがチャクラの活性化にはとても有効であると言われます。それぞれのチャクラの上やそばに適切なパワーストーンを置き、エネルギーのスムーズな出入りを意識するだけで、チャクラは開き、本来の気の流れが復活します。私も直感的に同感するところ大なので、20年以上も前から、チャクラと関連づけたパワーストーンの活用を実践しています。

では次ページで、それぞれのチャクラに呼応するエネルギーの特徴をご紹介しましょう。

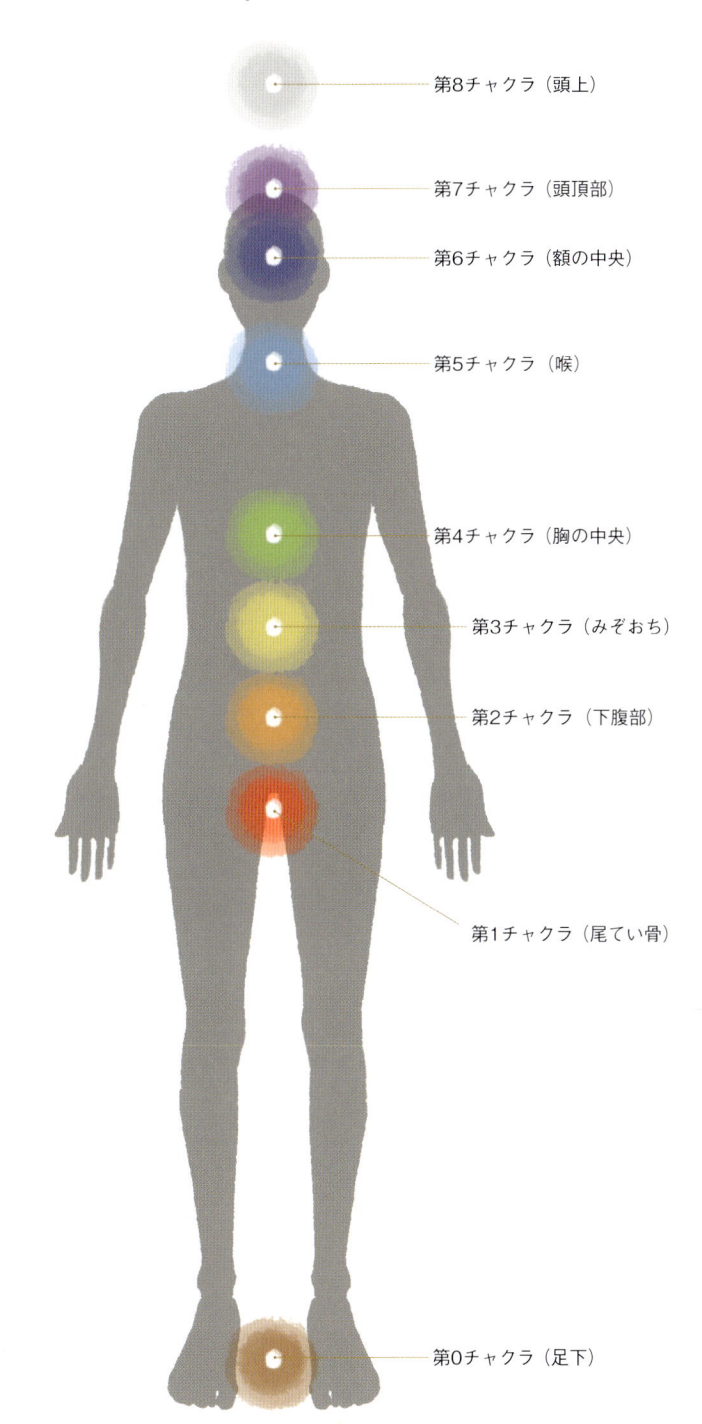

chapter.3 ✦ パワーストーンの活用

第8チャクラ（頭上）
第7チャクラ（頭頂部）
第6チャクラ（額の中央）
第5チャクラ（喉）
第4チャクラ（胸の中央）
第3チャクラ（みぞおち）
第2チャクラ（下腹部）
第1チャクラ（尾てい骨）
第0チャクラ（足下）

前ページでチャクラは1から7までの大チャクラと足下、頭上の2チャクラがあり、合わせて9つのチャクラから成り立っているようにご説明しましたが、実はそれ以外にもチャクラはたくさんあるとされています。たとえば、第8チャクラより上部にはハイヤーチャクラと呼ばれるものが少なくとも3〜4つ、足下にも2〜3つ、肉体にも首の付け根に左右1つずつ、肘、手首、膝にも左右対称に1つずつあるとされています。しかし、パワーストーンとの関連を学ぶ本書の範囲では、以下の9つのチャクラに限定してご説明しますので、ご了解ください。

なお、本書でご紹介するパワーストーンは、以下9つのチャクラに対応するデータベースとしてまとめてありますので、知識プラスあなたの直感を駆使して、あなたに合った石の選定を試みてくださいね。

✦ 第0チャクラ

足下に位置します。大地のチャクラとも言われるとおり、第0チャクラが開いていると大地のエネルギーが体内に流れ込む、いわゆるグラウンディング効果の高まりによって精神的にも肉体的にも自信に満ちた生き方が促進されます。逆に第0チャクラが閉じていると、地に足のつかない不安定感に支配され、なにごともネガティブな発想となり、ものごとを暗く考えるようになります。

✦ 第1チャクラ

背骨の一番下、尾てい骨に位置します。生命力、活力の源となるエネルギーの出入りを促進します。第1チャクラが開いていると、人は前向きで積極的な行動力を発揮します。逆に過剰になったエネルギーは手放してくれます。一方、第1チャクラが閉じてしまっていると、人は消極的な発想にとらわれ、いわゆる「やる気」のない状態に陥ります。ストレスが溜まって疲れる、足や脚の動作が不調なときも、このチャクラに問題があります。

✦ 第2チャクラ

下腹部（ヘソの下）、仙骨に位置します。「性のチャクラ」とも言われるように、第2チャクラが開いていると、正常な性的欲求が高まるとともに、感受性、想像力、情緒が豊かになり、異性を惹きつける魅力が増します。逆に第2チャクラが閉じていると、不感症、生理痛と言った性に関係するトラブルが発生したり、腰や腸の疾患が現れることがあります。

✦ 第3チャクラ

太陽神経叢（しんけいそう）と言われるみぞおちのところに位置します。第3チャクラは感情、意思、自我のバランスをとるエネルギーの出入り口で、正常に開いていると、自信に満ちた決断力が旺盛になり、目標に向かって邁進します。逆に第3チャクラが閉じていると、感情にムラが出て、努力が途中で途絶えたり、急に自信を失って、不安のあまり引きこもりがちになります。肉体的な関連としては、胃、脾臓、腸の障害が現れます。

第4チャクラ

胸の中央に位置します。また、縦に並ぶ7つのチャクラのちょうど中心で、上下それぞれ3つずつのチャクラをつなぎ、全体のバランスをとる働きもしています。別名「ハートチャクラ」とも言われ、肉体的には最も重要な臓器である心臓へのエネルギーを供給するとともに、メンタル面では愛の中枢を担っています。第4チャクラが閉じると、全体のチャクラのバランスが崩れてしまい、不安と猜疑心、自己嫌悪、罪悪感、妬み、偏見と言ったネガティブな感情に支配されます。

第5チャクラ

喉のところに位置します。第5チャクラは他との関係を良好に保つコミュニケーション能力を担っています。エネルギーの出入りがスムーズで活発であれば、自分の考えやアイデアを相手に伝える能力が高まり、その結果リーダーシップを発揮し、自然と周りから尊敬されるようになります。反対に、第5チャクラが閉じていると、孤独感、不安感、苛立ちに襲われます。時にはおしゃべりな人間になることもあります。首、肩の強い凝りも第5チャクラの閉塞に関係があります。

第6チャクラ

「第3の目」とも言われる額の中央に位置します。第6チャクラは霊的な視覚力、イメージ力、直感力、洞察力といった人間ワザを超えた能力を授けてくれるエネルギーの出入り口です。肉眼では見えないものが見えたり、先のことが感じられるようになります。同時に的を得たアイデアやインスピレーションが次々に生まれ、行き詰まっていた難題を簡単に解決できるようになります。逆に第6チャクラが閉じると勘が鈍り、堂々巡りを繰り返すようになり、無力感に襲われます。

第7チャクラ

頭頂部に位置します。別名「王冠のチャクラ」とも言われ、このチャクラが開いていると思考力が活性化され、特にクリエイティブな発想力、物事の真偽を見抜く直観力が鋭くなり、人より一歩も二歩も先を行く生き方ができるようになります。逆に第7チャクラが閉じていると、判断を間違えたり、優柔不断となり、自信喪失につながる状態に陥りやすくなります。

第8チャクラ

第7チャクラのさらに上部に位置します。頭上20センチほどの位置とも言われています。「ハイヤーチャクラ」の代表ですね。この第8チャクラは宇宙の高次なエネルギーを受け取り霊的な気づき促進する役割を担っています。このチャクラが開いていると、あらゆることが見えてくると同時に、ストレスのない穏やかな気分に満たされ、自己治癒能力が最大限に発揮されます。逆に第8チャクラが閉じていると、チャクラ全体のバランスが崩れ、疲労感と疎外感に襲われます。

いろいろな活用法

願い事を叶えるためのパワーストーンは、「目的別で石を選ぶ」(P.50) のところをご覧いただきたいと思いますが、ここではブレスレットを身に付ける以外の活用法をご紹介しましょう。

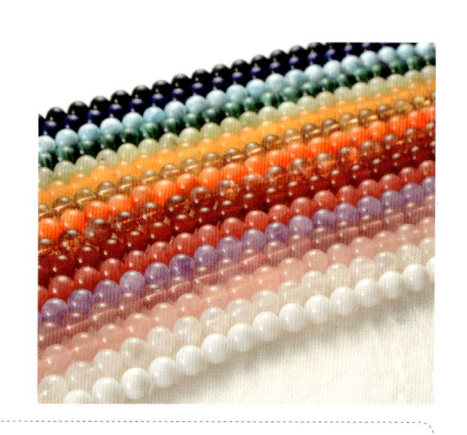

✦ 土地や部屋の浄化 ✦

日常生活の中で、なんとなく気分が重い、不安がよぎる、いやなことが連続して起こるといった状態になることがありますね。そうした場合は住んでいる土地や部屋に、マイナスのエネルギーが溜まっている可能性がきわめて高いといえます。この災いのエネルギーを除去してあげると、解決することも多いものです。

その除去する方法のひとつに強力な魔除けのパワーがある水晶を活用する方法があります。水晶は細かな小石状になっている「さざれ」を用意します。この「水晶さざれ」をそれぞれひとつかみ分ぐらい、4つ用意します。そして、土地の場合はその土地の四隅に、水晶さざれをじかに埋めます。マンションなどの部屋の場合は、窓やドアをすべて開放し、淀んだ空気を外に追い出してから、水晶さざれをお皿か適当な容物に入れて、自分が一番長くいる部屋の四隅に置きましょう。ただし、「水晶さざれ」は使用前に流水でかならず浄化しておくことが大切ですよ。

なお水晶は土地やお部屋を浄化するだけではなく、悪いエネルギーの進入を防ぐ「結界」の役割も担ってくれます。

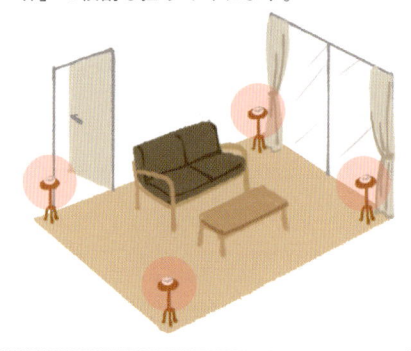

✦ 窓のない場所の浄化 ✦

　マンションなどのトイレやバスルームは、換気扇はあっても窓がない場合がけっこう多いですね。こうした閉ざされた空間も気が淀んで、人体に悪い影響を与えることがあります。特に気分が悪くなるといった実感がなくても、浄化をしてあげることは大切です。

　使用するパワーストーンは、同じく浄化した「水晶さざれ」ひとつかみ分でOKです。蓋のない小ぶりの器に入れて、トイレやバスルームに置いてください。置きやすい場所でかまいません。ただ忘れてはいけないのは、ときどき「水晶さざれ」そのものを流水で再浄化することです。水晶がいつの間にかマイナスエネルギーを溜め込みますから、最低半年に一回ぐらいは浄化し、リセットするようにしましょう。

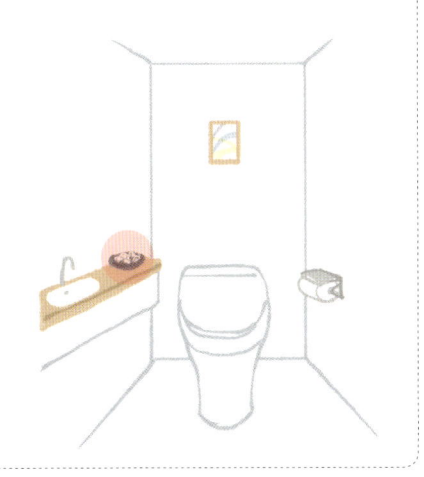

✦ 嫌な夢をたびたび見る ✦

　できれば毎朝、ぐっすりよく眠ったという実感が持てるのが理想ですよね。ところが、朝起きるとまだ眠たい。それどころか疲れ切っている。記憶をたどると何か苦しい夢を見ていた……そんな時期は誰にでもありますね。これは悪いエネルギー、つまりストレスが溜まっていて、安眠が妨害されている恐れがあります。

　このようなときはやはり、邪気を祓い、気持ちを安定させてくれる水晶が役立ちます。ベッドに入る前に、浄化済みの水晶を枕元か枕の下、あるいはベッドサイドテーブルに置きましょう。水晶は原石でも、どんな形のものでもかまいません。そして、安らかな眠りに入れるように、楽しいことを想像しながら、眠りにつきましょう。実は私も昔から、ベッドサイドテーブルに水晶クラスターを置いています。眠りに入る前に、よく手にとっては心の中で話しかけたり、おやすみなさいをしているんですよ。なお、この水晶もときどき再浄化してあげることが大切です。

✦ バスタブにパワーストーンを沈めて ✦

　お風呂は皮膚の表面に浮き出た老廃物をきれいに洗い流してくれると同時に、血行を良くし、体の新陳代謝を活発にしてくれます。結果、さっぱりとした体になり、1日の疲れもとれますね。この入浴タイムに、パワーストーンをプラスしてみませんか？　方法は実に簡単。バスタブにパワーストーンを沈めるだけです。

　実は、ミネラルウォーターに石を沈め、一昼夜おいたものを「宝石水」として飲まれる方もいらっしゃるんですね。水に溶け込んだ石のヒーリング波動が、人体を癒してくれると言われています。したがって、バスタブにもそうしたヒーリングの波動を溶け込ませれば、入浴の効果は倍増するはず。私は癒やし効果のあるアメシストのさざれを、ネットでできた小袋に入れて、ときどきバスタブに沈めています。お湯にゆったりと浸かりながら、アメシストが入った小袋を頬や体に当てたりしていると、何かホッとする感じがしていいものですよ。アメシストのさざれの分量はお好みでかまいません。

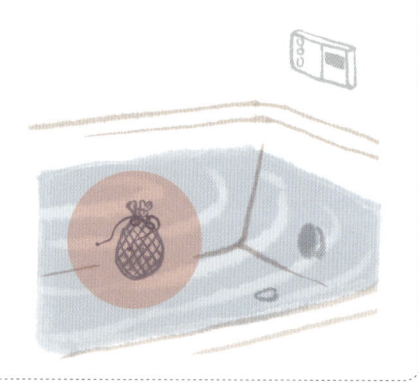

瞑想の補助アイテムとして

　私は時間を見つけては、よく瞑想をします。自分の中に溜まった雑念や悪い気をきれいに取り払い、私自身をリセットするためです。ただ、ひとことで瞑想とは言っても、はじめはそんなに簡単なことではありません。ある程度練習するうちに、瞑想状態に入るコツが自然にわかってくるという感じです。

　私の場合は、基本は呼吸法です。ヨーガの呼吸法と同じかと思いますが、少し柔らかいクッションやムートンの上に正座し、目を軽く閉じた状態で、まず体の中の空気を静かに吐き出します。体の中に溜まったネガティブなものを外に追い出すつもりでね。そして、今度は静かに息を吸い込みます。少しずつ少しずつ吸い込んで、空気で胸をいっぱいにします。この際、吸い込む空気は宇宙エネルギーだと意識します。素晴らしく良い宇宙エネルギーが自分を満たしていく……そうした感覚を持つようにするんですね。そしてまた、静かに息を吐き出します。すべての息が体から抜けるまで吐き続けます。これを何度か繰り返すうちに、頭の中が空になっていくのが分かります。自分の存在が消えて、宇宙と一体になったような感覚を覚えはじめます。それはそれは良い気分ですよ。

　実は、軽く目を閉じる直前に、私は右手に水晶を、左手にはアメシストを持ちます。水晶は雑念をクリアにしてくれるパワーがあり、アメシストには霊性を高めてくれるパワーがあるからです。もし、あなたが瞑想にご興味があるのでしたら、ぜひトライしてくださいね。決して焦らず、少しずつ繰り返してみましょう。そう遠くない将来、宇宙との一体感を享受できる日が訪れますよ。

Chapter 4

パワーストーンの
データベース

［パワーストーン204種
データベースの見方］

パワーストーン204種類を、チャクラ0からチャクラ8、その他の水晶に分けて紹介しています。それぞれ石たちには、言葉や、いわれ、特徴や効能などがあります。あなたの手元にやってきた石たちの意味や歴史を知ることで、ますます愛着を持っていただければと思います。

- 石を表すキーワード
- 石の和名
- 石の持つ特徴や効能を示す言葉
- 石の詳細なデータ
- 石の紹介、歴史、産地などを紹介
- メインの石と相性が良いとされる石
- 石が持つパワーを紹介
- 同じグループとして分けられる石

石の名称 ※（ ）内は別名

✦ 脳を活性化させる受験のお守り

フローライト
【蛍石（ほたるいし）】

- 石の言葉　「ストレス軽減、集中力、感性」
- 主な産地　アメリカ、スペイン、イギリス、ペルー、中国など
- 硬　度　4　　結　晶　等軸晶系
- 成　分　CaF₂
- 効果的な使い方　原石、ブレスレット、ペンダント、タンブル
- 処理の有無　特になし
- 取り扱いの注意　一定方向に割れやすい

石のいわれ　✦ 色彩豊かな優しい石 ✦

和名「蛍石」は、火の中に投じるとパチパチと音を立てて蛍光を発して飛び交うことから名付けられました。熱以外にも一部の蛍石は紫外線による「フローレッセンス（蛍光現象）」で美しく神秘的に発光します。結晶の形は生成時の温度などに影響され低温で「六面体」、高温で「八面体」に結晶すると考えられています。色彩の幅がとても広く産出量の多い順に、紫・緑・無色・水色・黄・藍・ピンク色となり含有する希土類元素の違いが影響するようです。中には各色が縞状の層を成すものもあります。中でも、青緑、白、黄色が縞模様となったイギリス・ダービーシャー産蛍石は「ブルージョン」と呼ばれ、18〜19世紀にかけて壺や装飾品などに加工され人気を博しました。

石の特徴・効能　✦ 煮詰まった気持ちを再起動させる ✦

現状をリセットするパワーを秘めたこの石は、例えばコンピューターがフリーズした時に、再起動し回復するような効果をもたらします。煮詰まった状態を一掃し、気分を変え、問題解決になる糸口を示してくれるので、多忙な現代人におすすめの石と言えます。
また「知性の石」と呼ばれ、脳を活性化させ、記憶力を高める力があります。凝り固まった思考回路を解きほぐし、柔軟性を与え、行き詰まった考えを再編成し、整理する能力にも長けています。固定概念に縛られた頭を解放し、自由な想像力を高めてくれるでしょう。とくにグラデーションカラーのものは、芸術的な領域に作用し豊かな創造性を生み出す力もあります。

相性の良い石

ムーンストーン
忙しい人、受験生におすすめ。頭をクリアにし、切り替えが早くなる。

ガーデンクォーツ
混沌とした身を整理する。過度なストレスを遮断する。

コスモクロア
安定したエネルギーを与え、穏やかな心を呼び起こす。

同じグループの石
・ブルージョン

150

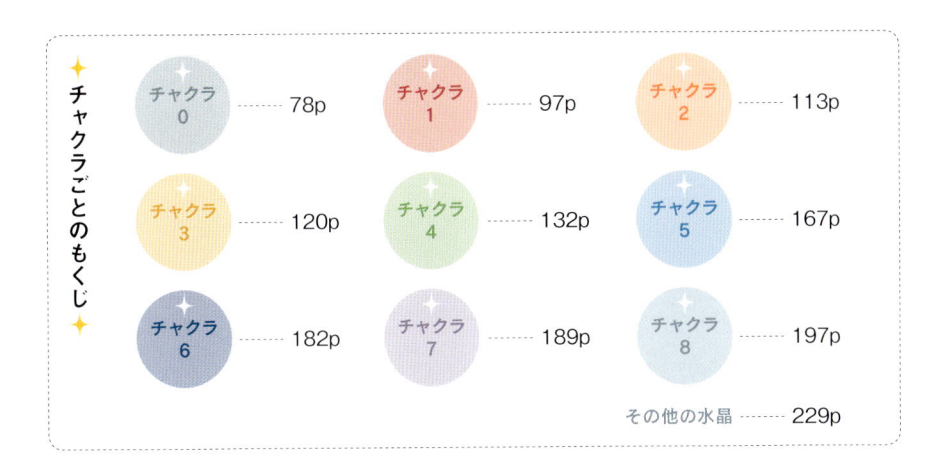

chapter.4 ✦ パワーストーンのデータベース

✦ チャクラごとのもくじ

チャクラ 0	78p
チャクラ 1	97p
チャクラ 2	113p
チャクラ 3	120p
チャクラ 4	132p
チャクラ 5	167p
チャクラ 6	182p
チャクラ 7	189p
チャクラ 8	197p

その他の水晶 …… 229p

グリーンフローライト

　透明感のある淡い色合いが優しいグリーン。フローライトの中でも、癒しパワーを発揮する石です。心の奥の自分と向き合い、苦手意識を克服させるので、内気な人や、対人関係にコンプレックスのある人に、とくにおすすめ。環境に応じた円滑なコミュニケーションをサポートし緊張を和らげ精神面の安定と成熟を促してくれます。

パープルフローライト

　神秘的で穏やかな紫には、スピリチュアルな波動があり、瞑想や思考の質を高めます。精神を高次元に導き、理解力や分析力をアップ。物事を大局からとらえ、理知的に分析する力を深めるので、現状を変えたいと願う人には、大きな励みを与えるでしょう。未来を案じる臆病な心を捨てさせ、迷わず前に進めるように背中を押してくれるはずです。

前ページの石の一種。また、その特徴・効能

ブルーフローライト

　深く澄んだ爽やかなブルー。新たな知識を得たい時に身につけると、集中力や記憶力がアップします。物事の本質を見抜く確かな眼を養いトラブルの際には冷静に寛大に対処することができるようになります。また、知的な表現力を育て、魅力的な会話で人間関係を豊かにします。穏やかな波動で睡眠の質を高めます。

チャクラ 0

✦ 弱点と対峙、未来を一気に拓く

【黒曜石（こくようせき）】

オブシディアン

| 石の言葉 | 「決断力、目的意識」 |

主な産地	メキシコ、ブラジル、アメリカ、日本など
硬度	5	結晶	非晶質
成分	SiO_2 + Ca,O,Na,K ほか

【効果的な使い方】ブレスレット、タンブル、彫刻品、丸玉
【処理の有無】特になし
【取り扱いの注意】高温になる場所での放置

石のいわれ　✦ 古代より儀式に使われた石 ✦

　火山性の溶岩が噴出した際、結晶化する前の急速な冷却、固化から生成された非結晶質で、半透明の火成岩でガラスのような光沢を持っています。主な成分は二酸化ケイ素ですが、他の元素の含有量によって色や模様が変化します。「クリストバライト」が内包されると、黒地に淡い白の斑点が見られ、細かな模様のものを「スノーフレークオブシディアン」、大きな斑点模様は「フラワーオブシディアン」と呼びます。叩くと非常に鋭利な貝殻状に割れるため、旧石器時代から物を切る道具や矢じり、刀剣類などとして利用されてきました。また、ガラス質の断面を研磨し鏡としても利用され、姿を映す実用的な使い方の他に占いや呪術、魔除けなどに用いられたと言われています。

石の特徴・効能　✦ 真摯に向き合う心の準備が必要 ✦

　「オブシディアン」には単なる守護の力を越えた魔力があり、それは精神療法のカタルシス効果（抑圧された感情を放出させ、心身を解放する浄化療法）に等しいと言われます。強力でスピード感のある作用で、エネルギーを一気に増幅させ、願いを素早く叶えます。また潜在的なネガティブ思考やトラウマを非常にはっきりしたイメージとして顕在化させます。もし願望成就や興味本位を理由に手に入れ、自身の負の要素を整理・克服できない場合は、辛い思考の沼に引きずり込まれてしまいます。けれども石と向かい合う用意のある人には、とても頼もしいサポート役になり、自分の内なる問題を解決し、一気に未来を切り拓いてくれるでしょう。

相性の良い石

ブルーカルセドニー
仲違いした大切な人との関係を修復する。離れてしまった距離を縮める。

ガーデンクォーツ
表に出ていない問題を顕在化し、解決できるようにする。

ジャスパー
長期の仕事を完成させる強い精神、集中力、忍耐力、持久力を与える。

同じグループの石

・ゴールデンオブシディアン
・スノーフレークオブシディアン
・レインボーオブシディアン

chapter.4 ✦ パワーストーンのデータベース

✦ 不安と罪悪感を取り除く
【空晶石（くうしょうせき）】
キャストライト

| 石の言葉 | 「意欲を高め、罪悪感を取り除く」 |

主な産地	中国、ロシア、オーストラリア、スペインなど
硬　度	5〜5.5
結　晶	斜方晶系
成　分	Al_2SiO_5

【効果的な使い方】タンブル、丸玉、ブレスレット
【処理の有無】特になし
【取り扱いの注意】衝撃に弱い

石のいわれ
✦ 黒十字が信仰心を示す ✦

「アンダリュサイト」の変種で、「カイヤナイト」と「シリマナイト」と同質異像の鉱物です。両者よりも低温低圧の条件でできるのがこの石の特徴です。斜方晶系の柱状結晶で、不透明な褐色の横断面に黒い炭素質の物質を十字形に包有した石で、「クロスストーン」または「マルク」とも呼ばれ、日本でも少量が産出されます。

その名の由来は、ギリシャ語の「十字・対角線的配列」という意味で、この石に浮かぶ黒い十字模様から、宗教上の信仰心、献身の印として用いられました。また、昔は解熱剤として使用され、精神を鎮める作用があると言われていました。

石の特徴・効能
✦ 地に足をつけ、安定した状態へ ✦

この石の黒い部分には、穢れを取りのぞく作用が、茶色の部分には、大地と繋がり安定を促す作用があるとされています。肉体に取り込まれた余分なエネルギーを解放し、バラバラになっている心と体を調和させ、地に足のついた安定した状態に導くと言われています。不安や恐怖心を取り除き、新しいことに挑戦してみようという前向きな気持ちにさせ、生きていく楽しさを教えてくれるでしょう。

また古くは心の奥深くに渦巻く罪悪感やトラウマを癒し、許しを与え、心を穏やかにしてくれる力があると信じられていました。また、その形状から宗教的な伝説や魔除けの力と関わりの深い石でもあります。

相性の良い石

カルセドニー
心穏やかな人間関係を築く。相手に対して思いやりを持って接する。

サンストーン
気持ちを未来へ向かわせ、勇気を持って前進させる。男性にもおすすめ。

シトリン
負のエネルギーを消し、創造力を高め、豊かさへの道を開拓する。

同じグループの石
- アンダリュサイト
- カイヤナイト
- シリマナイト

✦ 前向きに精力的に生きるパワー

【黒玉（こくぎょく）】
ジェット

石の言葉	「魔除け、吸収」
主な産地	イギリス、スペイン、ロシア、チベットなど
硬度	2.5～4
結晶	非晶質
成分	C＋不純物

【効果的な使い方】カメオ、ブレスレット、ネックレス
【処理の有無】含浸処理、コーティング処理
【取り扱いの注意】表面が傷つきやすい

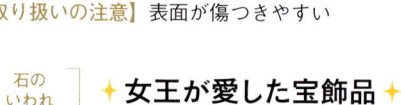

石のいわれ ✦ 女王が愛した宝飾品 ✦

松柏類樹木（しょうはくるい）などが水中に流れ込み、水を含み浮力を失い沈んで化石になったと考えられています。古代ローマでは様々な装身具として広く用いられました。もっとも有名な産地はイギリスのヨークシャー州ホイットビー。ここから産出される上質なジェットは、大英帝国の象徴と言えるヴィクトリア女王が長い喪に服した際に愛用したため、19世紀に上流階級の宝飾品として普及しました。一見、炭のように見えますが、研磨するとビロードのような深い光沢を示し、硬度により「ハードジェット」、「ソフトジェット」に区別されます。また、琥珀と共に堆積層に産し、同じように摩擦により帯電することから「黒琥珀」とも呼ばれていました。

石の特徴・効能 ✦ 自分本来の良さを高める ✦

石器時代から魔除けの石として用いられてきましたが、邪気を祓うというよりも、負の作用を浄化や吸収することによってマイナスのものをプラスに変換させる力を持ちます。嫉妬や争いなどの暴力的なエネルギーから持ち主を守り、悪影響を与えてくる周囲や他人の干渉を遮断し、自分をしっかり持てるようにし、自身をとりまく環境を整えてくれます。また、物事のマイナス面を悪いものと捉えず、それをバネにして自分をプラスに成長させる意欲も湧いてくるでしょう。同じように自分の内なる感情もネガティブなものにとらわれず、ポジティブに処理できるようになるはずです。

財運を上昇させるパワーもあるため、無駄遣いを防いで浪費癖を直したい人にも良いでしょう。

相性の良い石

スモーキークォーツ
内外のネガティブなエネルギーを遮断し、明日へ前進する力に変える。

セレスタイト
身近な人間関係の不満をなくし、良好にする。自然との調和をはかる。

スティブナイトインクォーツ
すべてのトラブルを断ち切り、鋭い感性を与え、未来への変革を促す。

同じグループの石
・アンバー
・ブルーアンバー

✦ ネガティブなエネルギーを遮断
【方解石（ほうかいせき）】
シャーマナイト（ブラックカルサイト）

石の言葉	「瞑想、邪気を祓う」

主な産地	アメリカなど
硬度	3
結晶	六方晶系（三方晶系）
成分	Ca[CO_3]

【効果的な使い方】ブレスレット、ネックレス
【処理の有無】含浸処理
【取り扱いの注意】表面に傷がつきやすい

石のいわれ　✦ アメリカインディアンの魔除けの石 ✦

　海洋生物の化石などが含まれる先カンブリア時代（5億4200万年前）の地層から発見されたこの石は、黒や黒褐色を主体に青、緑、グレー、暗褐色などの少量の微粒子が点在する神秘的な方解石です。

　アメリカインディアンの多くの部族がその不思議なエネルギーを感じとり、彫刻、研磨を施し、祭祀、呪術、祈祷の際の道具、魔除けのお守りとしました。また、首飾り等に加工され守護の役目を持つ装身具としても使用されています。鉱物としては、2005年に米国宝石学会（GIA）が正式に「ブラックカルサイト」と認定、「シャーマナイト」は流通名です。

石の特徴・効能　✦ 魂を癒し回復させる力が宿る ✦

　アメリカ・コロラド州で見つかるシャーマナイトは、主に褐色やグレー、ブラックなどの色合いを持ち、研磨を施すと独特の光を放ちます。

　古くから祈祷や儀式をおこなう際、すべての過程を見守り、最後まで無事に終えられるよう導く作用があると言われています。深い守護のエネルギーは多くのアメリカインディアンの心の支えとなり、大切に伝承されてきました。

　中でも漆黒の石は特別な高いエネルギーを持つ「マスターシャーマナイト」と呼ばれています。永い輪廻転生のうちに心の奥にしまいこまれた過去の記憶や智慧を思い出し、魂の深い部分にある傷を癒し、回復させる力があると言われています。

相性の良い石

ロッククリスタル
陰陽、内外のバランスを整え、マイナスのエネルギーを遮断する。

オブシディアン
大地とのつながりを深め、精神に落ち着きを与える。

ターコイズ
感性を磨き、トラブルに対応する智慧を授ける。

同じグループの石
・アラゴナイト
・カルサイト
・マグネサイト

✦ 医療分野も注目する炭素鉱物

【シュンガ石（しゅんがせき）】
シュンガイト（シュンギット）

石の言葉 「自然が与える治癒の力」

主な産地 ロシア・カレリア共和国、オーストリアなど
硬度 3.5〜4　　**結晶** 非晶質
成分 C

【効果的な使い方】ブレスレット、ネックレス、原石、置物
【処理の有無】特になし
【取り扱いの注意】擦れると黒い煤のようなものが付着

石のいわれ　✦ 天然フラーレンを有する唯一の鉱物 ✦

　ロシア・カレリア共和国の約20億年前（先カンブリア紀）の地層で産出される「ダイアモンド」や「グラファイト」と同じ炭素鉱物。ジェットのように黒い独特の光沢が特徴で、鉱物名は産地の「シュンガ」に由来します。また、この石は地球上で唯一、天然の『C60炭素フラーレン』を含む大変稀少な鉱物です。『C60炭素フラーレン』は60個の炭素原子が固く結合したサッカーボールに似た球状のナノ分子集合体で、1985年にリチャード・スモーリ氏などが発見、1996年にノーベル化学賞を受賞しています。フリーラジカル（活性酸素）を除去し、細胞を活性化、正常化することで一躍注目を集め、医療分野でも研究が進む他、化粧品や電磁波対策など多方面に活用されています。

石の特徴・効能　✦ 肉体的、精神的にも効果があらわれる ✦

　活性酸素を除去し、細胞を活性化する力が非常に強く、様々な病気の予防、アンチエイジングなどに絶大な効果を持つ石として有名ですが、海外では水の浄化のために貯水池で使用する他、家庭でも飲用や入浴用などに使用されます。肉体に悪影響を与えるものから保護するパワーと精神への浄化作用もすばらしく、外部からのストレスなど、ネガティブな波動を吸収し、しっかりとグラウンディングさせ、心身の苦痛を和らげ癒し、自己治癒力、免疫力を高めます。また、この石を眉間に置いて瞑想すると、宇宙エネルギーと深くつながり、直感力を高め、第三の目を開くとも言われています。

相性の良い石

グリーンフローライト
感覚を磨き、あらゆるものから大切な学びを感じ取る力を養う。

ダイアモンド
意識を高尚な次元へと高め、必要な願望を見極める能力を育む。

セラフィナイト
不安で固まった心を温かく包みこみ、穏やかで優しい気持ちに変える。

同じグループの石
・ジェット
・ダイアモンド

✦ 邪悪なものを祓い、良縁を運ぶ

【十字石（じゅうじせき）】
スタウロライト

石の言葉	「強い保護力、結束」
主な産地	アメリカ、ロシアなど
硬度	7.5
結晶	単斜晶系
成分	$Fe^{2+}{}_2Al_9[OH|O_7|(SiO_4)_4]$

【効果的な使い方】原石、ペンダント
【処理の有無】特になし
【取り扱いの注意】衝撃に弱い

石のいわれ ✦ 十字軍のお守りとして有名 ✦

「マスコバイト」や「カイヤナイト」など様々な鉱物が高温の変成作用の結果、貫入双晶となった黒褐色の十字を持つ鉱物。単斜晶系の柱状結晶が90°または60°の角度で交わる貫入双晶が見られます。その美しい十字形から、宗教的な石として扱われ、中世の十字軍の兵士たちのお守りに、洗礼の儀式にと用いられてきました。石の産地であるアメリカのバージニア州では、キリストが亡くなったと知った妖精たちが流した涙からこの石が生まれたという言い伝えがあるなど、キリスト教圏では常に高い人気を誇っています。語源はギリシャ語の「十字」の意味である「stauros」。十字を持つ鉱石はほかに「キャストライト」があり、こちらも語源はギリシャ語で「十字架」の「chastos」です。

石の特徴・効能 ✦ 2つのものを結びつける ✦

キリスト教の大規模な遠征、十字軍とかかわりの深いこの石。多くの命を失った哀しい闘争の結果、東西の文化が融合し、ルネッサンスなどのまったく新しい文化が生まれました。そのように2つのものを結びつけて、新しい価値を創り出す力を持っており、クリエイティブな分野では頼りになる存在。また、持ち主にとって強いサポートになる人間関係を築き、前世から深い繋がりのあるソウルメイトと出会わせてくれるなど、良い縁を作り出してくれます。争いごとを嫌う石でもあり、暴力的なこと、怒り、激しい感情を鎮め、心身の調和をはかります。魔除けにもなり、特に悪夢を祓うパワーがあると言われています。天と地を結ぶ力で、安定した毎日を築いてくれるでしょう。

相性の良い石

サファイア
思考を冷静にし、集中力を高める。人間関係のトラブルをおさめる。

チャロアイト
トラウマや心の傷を優しく癒し、前向きな気持ちにさせる。

アメシスト
精神性を高め、創造力を豊かにする。クリエイティブな力を高める。

同じグループの石

なし

✦ 和を重んじ、組織力を高める

【輝安鉱（きあんこう）】
スティブナイト

石の言葉　「柔軟性、目標を達成する」

主な産地	中国、ルーマニア、日本など
硬　度	2
結　晶	斜方晶系
成　分	Sb_2S_3

【効果的な使い方】原石、ブレスレット
【処理の有無】特になし
【取り扱いの注意】もろく割れやすい。湿気、日光に弱い

石のいわれ　✦ 見事な巨晶が日本で採掘 ✦

多くの工業用品に用いられる貴重なレアメタル「アンチモン」を含み、世界各地で採取されますが、1カ所で採掘できる量が少ない稀少鉱物です。針状または柱状に成長し、数センチほどが標準です。かつて、愛媛県の市ノ川鉱山では1メートル近い見事な巨晶が採れました。細く伸びた日本刀のような形状といぶし銀の光沢が珍重され、大英博物館、スミソニアン博物館、国立博物館などの名だたる博物館に展示されています。熱水鉱床では比較的低温で成長するため、稀に水晶の中に取り込まれた状態で産出します。現在は中国とルーマニアが主な産地で、光沢の良い中国産は日本産と似た柱状結晶ですが、ルーマニア産は小さな粒状の結晶が寄せ集まる群晶の形で産出します。

石の特徴・効能　✦ 対人関係を改善し、出世運が高まる ✦

一見、日本刀のように鋭くクールな印象のこの石は、実は硬度が低く、しなやかに曲がるほど柔らか。その柔軟性がそのまま持ち主に作用します。頑固に我を通そうとする芯の強さをやわらげ、周囲とのほどよい距離感を教えてくれます。その結果ムダな対人トラブルが避けられ、目標に向かって一途に頑張れるようになります。

特に男性におすすめで、魅力的な男性になるには、柔軟性と温かな包容力が必要だと気づかせてくれます。高い目標と向上心を持って精力的に仕事に打ち込むなかで、自然に印象的なオーラが強まり、出世運も高まります。和を重んじる組織で働くビジネスマンの強い味方です。

相性の良い石

スギライト
深い記憶を呼び起こす。集団の中で疲れた心に安らぎを与える。

ガーネット
肉体と精神のバランスを保ち、生命力・回復力を強くする。

ジェット
高い保護の作用で心身を穏やかにする。必要な精神力・集中力をさずける。

同じグループの石
・スティブナイトインクォーツ

chapter.4 ✦ パワーストーンのデータベース

✦ストレス社会に必携のパワーストーン
【煙水晶（けむりずいしょう）】
スモーキークォーツ

石の言葉　「最強の守護石、安眠」

主な産地	ブラジル、アメリカ、ヨーロッパなど
硬度	7
結晶	六方晶系（三方晶系）
成分	SiO_2

【効果的な使い方】ブレスレット、原石、丸玉、ペンダント
【処理の有無】色を均一にするとき一部加熱処理
【取り扱いの注意】長時間の直射日光は避ける

石のいわれ
✦煙のような濃淡が特徴✦

　英名の「smoky」が示す通り、もやっとした褐色をおびた水晶です。色は淡いブラウンから黒褐色までさまざまですが、透明度の高いものはとても稀少。一見地味な色合いですが、上品で神秘的な輝きのある水晶です。鉱物学的には、水晶の中にアルミニウムイオンが入り込み、自然界の熱や放射能の影響を受け、長い時間をかけ変化しているのですが、市場に流通するものには、水晶に加熱処理したものが一部含まれています。天然ものを欲しい場合は、信用できるお店にお願いするのが良いのですが、自分でもある程度見分けられるポイントがあります。天然ものは煙のような濃淡があるものが多く、ある程度の透明度もあります。一方、人工的なものは、不透明で黒々したものが多いと言われています。

石の特徴・効能
✦孤独になっているときに効果的✦

　人間と大地をエネルギーで繋げるパワーを持ち、西洋では「悪魔を退散させる石」として魔除けに用いられたほど、その効果はパワフル。ネガティブな波動から解放し、恐怖心や緊張感を解きほぐし、精神的な安定をもたらす心強い味方です。逆にいえば、この石を求めているとき、あなたは強いストレスを抱えている状態と言えるでしょう。そんなときには、スモーキークォーツを身近に置いて瞑想してみてください。周囲とのコミュニケーションがうまくとれず、孤独になっているときは特に効果的。静かに目を閉じ、ゆっくり深呼吸を繰り返していると、孤独感が薄れてくるでしょう。複雑な人間関係の中で生きている現代人にとって、必携のパワーストーンかもしれません。

相性の良い石

タイガーアイ
邪悪な波動を消し強い精神性を授ける。仕事運、金運を上昇させる。

シトリン
対人関係の緊張感を解きほぐす。向上心・事業運を高める。

ブラックオニクス
マイナスの気を鎮め、カップルや家族など、身近な関係を穏やかに安定させる。

同じグループの石
- ガーデンクォーツ
- シトリン
- モリオン
- ルチルクォーツ

✦ 過去の記憶から知識を授ける

【瑪瑙（めのう）】
スレイマンアゲート

| 石の言葉 | 「保護、気づき、蘇る知識」 |

主な産地	インド
硬度	6.5〜7
結晶	潜晶質石英（せんしょうしつせきえい）
成分	SiO_2

【効果的な使い方】ブレスレット、丸玉、タンブル
【処理の有無】特になし
【取り扱いの注意】特になし

石のいわれ
✦ 複雑に模様の混じる瑪瑙 ✦

　赤褐色、黒、青灰色、グレーの濃淡という豊富な色彩と縞状、房状、波紋状、シダ類や苔状など模様の変化が美しい「アゲート（瑪瑙）」は、微小な石英の粒で構成される塊状結晶です。適度な硬さと加工の容易さ、色調の美しさから古代より世界各地で石器、印章、装飾品などに愛用されています。水晶やラピスラズリ、珊瑚などと共に仏教七宝のひとつで、チベットでは瑪瑙に吉祥紋様を焼き付けた「天珠」が守護石とされ、宝として大切にされています。また、チベット医学の世界では眼病の治療や調合した薬の効果を調和・安定させる石薬として用いられています。スレイマンアゲートは黒と白、褐色などが混じり、流れるような模様の美しいアゲートです。

石の特徴・効能
✦ 深層心理から智慧を生み出す ✦

　世界各地で繁栄・発展・幸福・安定の象徴とされるアゲート。外部からの攻撃に対応できる強靭な精神を育て、強い保護作用で心の傷を深く癒します。穏やかな心は他者に対する柔軟性と大らかさを生み、仲間と一緒に過ごす楽しさを教えます。

　特にスレイマンアゲートは記憶の奥に存在する、過去から未来へつながる知慧と前世から受け継がれている真理に気づきを与え、生きる上で迷いを感じた時、必要な知識として活用できるようにします。大地・自然とのつながりを深め、肉体における「風・火・地・水」のバランスを調整し、ネガティブな感情から生まれる不安定な心を消し、心身を落ち着かせる守護石として大切にされています。

相性の良い石

アパタイト
仲間との結びつきを深め、一緒に過ごす時間から多くの学びを得る。

オウロヴェルデクォーツ
互いのエネルギーを強化、協調し、感受性や洞察力を高める。

チューライト
霊性を高め、感受性を養う。新しい世界に飛び込む活力を生み出す。

同じグループの石

- カルセドニー
- サードニクス
- ジャスパー
- 天眼石

chapter.4 ✦ パワーストーンのデータベース

✦宇宙からのシグナルを伝える
【てくたいと】
テクタイト

石の言葉 「宇宙意識、カルマの解消」

- **主な産地** タイ、インドネシア、中国など
- **硬度** 5〜6
- **結晶** 非結晶
- **成分** 主に SiO_2
- **【効果的な使い方】** 原石、ブレスレット、ペンダント
- **【処理の有無】** 特になし
- **【取り扱いの注意】** 高温になる場所での放置

石のいわれ ✦宇宙との繋がりが深い✦

　この石は隕石の一種という説がありますが、円盤状、球状などのさまざまな形状、地質学的に一致しない世界各地の発見場所、通常の隕石より広い分散範囲と言う矛盾があり未だ謎とされています。現在の定説は、「巨大隕石が地球に衝突した際の熱で蒸発した石や砂などの地表物質が、上空で急速に冷やされて固まった天然のガラス物質」というもので、独特の形状や窪みは固まる際に空気抵抗や摩擦でできたようです。語源はギリシャ語で「融けた」という意味の「tektos」。色はほとんどが不透明な黒色あるいは褐色ですが、チェコのモルダウ川周辺で産出されるものは美しく透明なグリーンで「モルダバイト」と呼ばれます。宇宙との繋がりが深く、特にニューエイジ系の人々に人気です。

石の特徴・効能 ✦本来の生きる目的を示す✦

　宇宙から発せられる真理や情報を受信し、高次元のメッセージを得られるパワーがあるとされ、未知なるレベルの強さは計り知れません。過去世から続く、孤独や哀しみや苦痛という、心のトラウマを解消する、あるいは現実的に生きていく上での根本的な不安といったものを解決するなど、ヒーリング効果が高いと言われています。浮わついた精神を肉体としっかり繋げ、本来の生きる目的を示してくれます。

　ミステリアスなパワーが強い分、癖もあり、持ち主を選びます。石の特徴を理解せずに興味本位で持つと、エネルギーを消耗してしまうことが。そういう意味では上級者向けですが、うまく活用すると思いがけない能力を開花させてくれる可能性があります。

相性の良い石

ハックマナイト
自分を信じる心を高める。高次元に精神を高め、真理と理想を追及する。

ルチルクォーツ
集中力とインスピレーションを高め、クリエイティブな能力を発揮。

メテオライト
マイナスの感情を消去し、失われた記憶、必要な経験を復活させる。

同じグループの石

- インドシナイト
- モルダバイト
- リビアングラス

✦ 水の浄化作用で悪縁を断つ

【砂漠の薔薇（さばくのばら）】
デザートローズ

石の言葉	「再生、愛情、知性」
主な産地	メキシコ、チュニジア、モロッコ、オーストラリアなど
硬度	2〜3.5
結晶	単斜晶系
成分	重晶石 $BaSO_4$ 透石膏 $CaSO_4 \cdot 2H_2O$

【効果的な使い方】原石
【処理の有無】特になし
【取り扱いの注意】もろく壊れやすい、水・湿気に弱い

石のいわれ
✦ 水の記憶を伝える石の花 ✦

　果てしなく乾いた砂の大地に水が存在していたことを知らせる美しい結晶です。枯れていく水と砂に含まれるミネラル分が日光や風などの自然の影響を受け、長い年月を経て集まり、花の形に生まれ変わった奇跡の結晶です。高温や高圧という激しい作用を受け生成した結晶ではないため、非常に脆く、壊れやすいので、衝撃を与えないよう保管には注意が必要です。

　主な産地は、メキシコ内陸部やサハラ砂漠など。重晶石などが板状に集まった結晶に砂が付着した「バライト・ローズ」。透石膏などが主成分で白い球状の「セレナイト・ローズ」など、産地の砂に含まれる成分により、色と形状が変化する繊維で不思議な石の花です。

石の特徴・効能
✦ 薔薇に捧げる、祈りの心 ✦

　清らかな愛、深い知性、再生と復活の象徴と言える砂漠の薔薇は、形状の美しさから神聖視され、夢や願望、目標を達成するため、人々が祈りを捧げた守護石です。眺めていると、水によって潤い清められていた大地が思い浮かび、心の奥が穏やかに整い洗われていくような感覚に変わり、本当に大切な答えが伝わってきます。

　また、注目すべきは、石の花が放つ災いを祓う高い浄化のエネルギーです。つい出てしまう悪い癖、なかなか治せない習慣、断ち切れない悪縁、好ましくない対人関係などのマイナスのつながりを断ち、心機一転、新しいステージへと生まれ変わるパワーを感じることでしょう。

相性の良い石

アイスクリスタル
感覚を鋭くし、洞察力と直感力を高め、新しい発想を生み出す。

ダイオプテーズ
悩みや不安を洗い流し、心を穏やかに落ち着ける。

チャルコパイライト
感受性と表現力を豊かにし、愛する人との関係を深める。

同じグループの石
・ジプサム
・バライト

chapter.4 ✦ パワーストーンのデータベース

✦ 生命の根源へ導く、創成期のパワー

【角閃石片麻岩（かくせんせきへんまがん）】
ヌーマイト

| 石の言葉 | 「解放、寛容」 |

主な産地	グリーンランド、中国、モンゴルなど
硬度	5.5～6.5	結晶	岩石のためなし
成分	多種類の鉱物

【効果的な使い方】ブレスレット、タンブル、丸玉
【処理の有無】特になし
【取り扱いの注意】特になし

石のいわれ ✦ 30億年前に形成された石 ✦

　1982年、全島の約80％が氷床と万年雪に覆われるグリーンランド・ヌーク地方で地球温暖化により溶けた氷の下から発見された角閃石の一種です。パワーストーンとしては新顔ですが、実は地球に大陸がようやく出現したと言われる30億年前に形成された鉱物で、地球上最古の石の1つと言えます。天地創造における、さまざまな地殻変動や生命の進化を見つめてきたこの石にはきっと、壮大なエネルギーが秘められていることでしょう。

　アンソフィライト、ジェドライト、マグネシウム、鉄、シリカなど数種類の鉱物が層状に折り重なる混合鉱物のため、マットな黒色の中にラメラ構造を持ち、ゴールド、グリーン、ブルーに輝くイリデッセンス効果が特徴です。

石の特徴・効能 ✦ 潜在意識のさらに深いところへ導く ✦

　30億年前の地球は、海中のバクテリアの光合成によって酸素を生み出し始めた、まさに創成期。この石には生命の神秘が宿っており、この石を使って瞑想すると、潜在意識のさらに深いところまで案内してくれます。パワーストーンに馴れた上級者やクリスタルヒーラーなら、前世の記憶まで垣間見られるほど。そこまで深く入り込まずとも、顕在化されていない問題や心の傷、根深い罪悪感や羞恥心といったものを解消し、自分自身を癒すことができるでしょう。常にとらわれている自我が消え、魂を解放します。大いなる宇宙に身を委ねる感覚は、悟りの境地に近いものがあります。石とのワークにより、本来の自分らしさを取り戻すことができるはずです。

相性の良い石

スギライト
瞑想・睡眠の質を高め、潜在意識や前世の記憶にある教えへ導く。

チャロアイト
潜在的なトラウマやカルマを解消し今の自分を乗り越える力を育む。

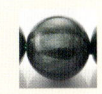

セラフィナイト
全てを愛し受け入れる包容力を高め、深い精神力を養う。

同じグループの石
・アンフィボール

✦ プレッシャーを力に変える

【砂岩・凝灰岩（さがん・ぎょうかいがん）】
ピクチャーサンドストーン

石の言葉	「才能開花、心身の解放」

- **主な産地** アメリカ、アフリカ、オーストラリアなど
- **硬度** 4～7　**結晶** 粒状集合体（非結晶質）　**成分** 多種類の鉱物
- 【効果的な使い方】 ブレスレット、タンブル、原石
- 【処理の有無】 特になし
- 【取り扱いの注意】 特になし

石のいわれ／石の特徴・効能
✦ 地球が宿す智慧を伝える ✦

　岩石が風化や浸食を繰り返し砂となり、永い年月を経て圧縮された上に、ケイ素、石灰、鉄などが浸透し固まった堆積岩の一種。それらの成分が変化し波や風紋、風景のような模様を作りだしています。世界各地で産出され、先史時代より石器などの道具、建材、装身具など幅広い用途で使われてきました。大地のような包容力で不安や恐怖を消し、自然の叡智を授け、ポジティブな思考力を生み出します。

✦ 渦巻く大地のエネルギーを授ける

【赤砂岩（せきさがん）】
レッドサンドストーン（セドナストーン）

石の言葉	「前向きな心、大地との協調」

- **主な産地** アメリカ・セドナ
- **硬度** 4～7　**結晶** 粒状集合体（非結晶質）　**成分** 多種類の鉱物
- 【効果的な使い方】 ブレスレット、タンブル、原石
- 【処理の有無】 含浸処理
- 【取り扱いの注意】 衝撃に弱い

石のいわれ／石の特徴・効能
✦ 渦巻くエネルギーが集中する土地の恵み ✦

　地球のエネルギーが渦巻くように集中し、そのエネルギーが創り出すあらゆる作用を吸収・放出する土地と言われるセドナ。その大地の恵みが凝縮された赤い砂岩です。
　セドナは先住民たちが生命の息吹を感じとり、英気を養った特別な土地。聖なる大地の放つ波動は地球、宇宙のエネルギーと繋がり、自分の居場所をしっかりと見極めるためのひらめきを与え、多くの気づきを授けると言われます。

chapter.4 ✦ パワーストーンのデータベース

✦ 物事の優先順位をつけ、成功へ導く

【黒瑪瑙（くろめのう）】
ブラックオニクス

| 石の言葉 | 「成功、忍耐」 |

主な産地	ブラジル、ウルグアイ、インドなど
硬　　度	7	結　晶	潜晶質石英
成　　分	SiO_2

【効果的な使い方】ブレスレット、ネックレス、タンブル
【処理の有無】一部は着色の後、加熱処理
【取り扱いの注意】長時間の直射日光は避ける

石のいわれ　✦ 縞状の模様を持つ瑪瑙 ✦

「オニクス」は「アゲート（瑪瑙）」の一種で、黒と白の縞模様のものを指します。ローマ時代にはアゲートに限らず縞状の模様を持つ石全般をオニクスと呼んでいたとのこと。その根拠は語源である「ONUX」には「縞目」という意味があることだそうです。日本では明治時代に学識者がオニクスを縞のある瑪瑙と解釈。その後、オニクスは黒縞瑪瑙の名称となり、最近では縞の無い黒瑪瑙がオニクスと呼ばれ、広く流通しています。

古い伝承では、「心配事を抱え込み、悪夢に悩まされる」、「愛し合う人たちに不和をもたらす」などの悪い記述が残りますが、古代から、邪悪なものをはねのけるエネルギーを放つ守護石として大切にされてきました。

石の特徴・効能　✦ 考えの取捨選択ができる ✦

冷静と知性を象徴するパワーストーン。目標を達成させるために、強くサポートしてくれます。特に「あれも、これもやろう」としてやや過熱気味になったテンションを程よくクールダウンさせ、冷静に対処できるようにしてくれます。やるべきことのプライオリティが明確になり、不必要なものをきっぱりと捨て、ストレスを軽減します。オニクスは考えがまとまらないときこそそばにおきたい石で論理的な道筋が見えてくるはず。自分の軸をしっかりさせ、どんな困難にあっても諦めずに乗り切ろうとする忍耐強さや意志の強さを授けてくれます。運動能力を活性化、スポーツをするときのサポートやダイエットの成功にも効果があると言われます。

相性の良い石

ルチルクォーツ
エネルギッシュに目標を貫徹する力を与え、次のステージへ強く導く。

スモーキークォーツ
地道な努力に堪える忍耐力、持続力を与え、目標達成をサポート。

ラピスラズリ
感情を整理し、精神レベルを高める。洞察力、直感を研ぎすませる。

同じグループの石

- アゲート
- サードニクス
- ジャスパー
- 天眼石

01

✦ 人間本来の生き方を伝授する石

【燧石（すいせき）】
フリント

石の言葉 「未来を予見する力と洞察力を高める」

主な産地	ヨーロッパ、エジプトなど
硬度	6～6.5
結晶	六方晶系
成分	$SiO_2 + Si$

【効果的な使い方】 ブレスレット、原石、タンブル
【処理の有無】 特になし
【取り扱いの注意】 特になし

石のいわれ ✦ 石器時代から人類の歴史と共に歩む石 ✦

チャート（ケイ素等で構成される緻密で固い堆積岩）の一種で白亜紀の地層に多く見られ、黄色、褐色、赤色、黒など様々な色がありますが、多くは白に近いクリーム色です。硬度のわりに加工しやすい特質があり、打ち割ると鋭く尖るので、旧石器時代には矢尻や石器などとして使われ、鉄器時代以降には、火打ち石として利用されるなど、人類の生活とかかわりの深い石です。名前の由来も、矢尻として空に飛ばしていたことから英語で「飛行」を意味する「flight」が変化したものと言われています。

矢尻は悪霊や病気、不運などを祓う魔除けを象徴する形でした。また、この石は世界各地で子供の健やかな成長を見守り、妊娠、安産を司る幸福の石としても知られています。

石の特徴・効能 ✦ 大地と繋がり愛を育む ✦

古代ローマ時代、戦いで命を落とした戦士から奪ったこの石の矢尻は最強の愛のキューピットとして恋愛の願いを叶えると伝えられており、現在でもヨーロッパでは、フリントの矢尻が愛のお守りとして大切にされています。

生活をしっかり根付かせる力があり、洞察力を磨き、これまでの経験を自分の実力に繋げられるようにサポートし、周囲にむやみに左右されないように、強い信念を授けるパワーがあります。また、古来より火を生み出す神の石として崇められ、天からの神の声を届ける石とも言われました。ただし現代では高次のメッセージを受信するというよりは、周囲とのコミュニケーションを促し、必要な情報を得られるようにしてくれます。

相性の良い石

ローズクォーツ
美しさと愛情だけでなく、柔らかな波動で周囲との協調性を育む。

タイガーアイ
精神性と自分を信じる心を高め、目標に向かう意志と行動力を強化する。

オレンジカルサイト
必要な情報を収集し、目標へ向かいダイナミックに進む行動力を与える。

同じグループの石

・アゲート
・カルセドニー
・ロッククリスタル

✦ 生命力を強め、困難を克服

【赤鉄鉱（せきてっこう）】
ヘマタイト

石の言葉	「勝利、身体能力」

- **主な産地**　アフリカ、ブラジル、イギリスなど
- **硬度**　5～6.5
- **結晶**　六方晶系（三方晶系）
- **成分**　Fe_2O_3
- **【効果的な使い方】**　ブレスレット、タンブル、丸玉、ペンダント
- **【処理の有無】**　特になし
- **【取り扱いの注意】**　表面が傷つきやすい、錆びに注意

石のいわれ ✦ 血液との関係が深い石 ✦

　先カンブリア紀に大量発生した水中のシアノバクテリアが鉄イオンと光合成を行った際の副産物が海中に沈殿して形成されました。世界各地で産出される重要な鉄資源でメタリックな艶を持つ黒銀色の鉄鉱石です。以前、日本では、その力強い光沢から「黒ダイヤ」と呼ばれていました。切断や研磨をすると赤い血のような粉を出す為、ギリシャ語の「血」を意味する「hema」が語源と言われています。古代ローマではこの石に止血・治癒の効果があると信じられ、軍神マルスの加護が得られる「勝利の石」として戦場に持っていったと伝えられています。血液との関係が深く、古くは出血や炎症、月経不順の治療に用いられたと言われています。

石の特徴・効能 ✦ 体の隅々へ活力を与える ✦

　人類に欠かせない有益な鉱石鉱物として、科学の発展に貢献してきたヘマタイト。鉱物として独特の金属光沢が神聖な存在感を放つだけではありません。黒く輝く石を傷つけると血の様に赤い粉末が生まれることから霊性の高い「血の石」と呼ばれました。勝利へ導き、災いを避ける作用を持っています。また、生命力や身体能力を高め、傷ついた心身を治癒するエネルギーを持つ特別な石として、古代より多くの文明で深い畏敬の念を持って崇拝されたのです。

　また、この石は古来より、魔除けや呪術などの宗教的儀式に用いる鏡に加工され、天と地を人類に結びつける道具として大切にされてきました。

相性の良い石

ガーネット
肉体的な活力を高め、持久力・精神力にも作用する組み合わせ。

ルチルクォーツ
心の奥の喪失感を消し買い物依存症、浪費癖を治し、適切な金銭感覚に戻す。

天眼石
生命力を活性化し、ネガティブなエネルギーを跳ね返す。守護の組み合わせ。

同じグループの石
- ゲーサイト
- リモナイト
- レピドクロサイト

93

✦ 真理を教える宇宙の石

【隕石（いんせき）】
メテオライト

石の言葉　「魂の再来」

主な産地　特定の産地はない
硬　度　隕石により異なる　　結　晶　隕石により異なる
成　分　隕石により異なる

【効果的な使い方】原石、ブレスレット、ペンダント
【処理の有無】一部コーティング処理（鉄隕石（てついんせき））
【取り扱いの注意】水・湿気に弱い

石のいわれ　✦ 未知の領域が生み出すロマン ✦

　宇宙空間から飛来する鉱石混合物の総称で「隕石」のことです。地球には存在しない未知の物質を含むこともあるため、石に秘められたパワーだけでなく、鉱物学的にも解明されていないことが多い神秘的存在です。含まれる成分により後述の3種類に分類されます。物体の中心核を形成していた鉄・ニッケル・コバルト等を含む金属鉄で構成されるヘキサヘドライト、オクタヘドライト、アタクサイト等の「鉄隕石」。天体のマントル部分であったと推定されるケイ酸塩鉱物などの石質と鉄、ニッケルなどの金属質をほぼ半分ずつ含むパラサイト、メソシデライト等の「石鉄隕石」、発見された隕石の大部分を占めるケイ酸塩鉱物主体のコンドライト、エイコンドライト等の「石質隕石」。

石の特徴・効能　✦ 純粋なパワーを秘める ✦

　天空の彼方から想像もつかない永いときを旅して地球に辿り着き、大気圏突入の際の摩擦熱にも耐え抜き、中心核だけを残し、大地に到達した隕石には宇宙からの教えと強く純粋なパワーが詰め込まれています。古くから世界各地で「聖なる石」と崇められ、日本でも星のつく地名には隕石と関連の深いパワースポットが多く、飛来した隕石を特別なエネルギーを持つご神体として祀る神社なども実際に存在しています。

　共に瞑想してみてください。奥深い教えを感じ、霊的な能力、インスピレーションの高まりを感じられるはずです。また、そばに置くことで、生活リズムや人間本来のバイオリズムを取り戻してくれるので、現代人必携のパワーストーンかもしれません。

相性の良い石

モルダバイト
隠れた才能を開き、新しい挑戦を恐れぬ強い信念を授ける。

ラピスラズリ
満足な状態にあっても、さらに高いステップへ進むための意識を養う。

シンナバー
頭の回転を速め、未来を見据えたビジョンを明確に授ける。

同じグループの石

・アイアンメテオライト
・コンドライト
・パラサイト

✦最強の邪気祓いパワーを持つ幻の水晶

【黒水晶（くろずいしょう）】
モリオン（ケアンゴーム）

| 石の言葉 | 「魔除け、邪気祓い」 |

主な産地	ブラジル、中国・チベット、アメリカなど
硬　　度	7	結　晶	六方晶系（三方晶系）
成　　分	SiO_2		

【効果的な使い方】ブレスレット、原石、丸玉
【処理の有無】特になし
【取り扱いの注意】高温になる場所での放置は避ける

石のいわれ　✦高い価値を持つ深い黒色✦

　水晶は成長過程において含まれる微量のアルミニウムが放射性鉱物などの影響を受けると褐色から黒色に発色します。特にスコットランド・ケアンゴーム地方に産する褐色の水晶は晶洞により色調の変化に富み、薄い褐色を「スモーキークォーツ（煙水晶）」、光を通す黒っぽい褐色を「ケアンゴーム（茶水晶）」、ほとんど光を通さない不透明な黒色を「モリオン（黒水晶）」と区別。漆黒の水晶は産出地も限られ、流通量が非常に少ないことから「幻の水晶」と呼ばれ、高い価値を持っています。このため、無色のクォーツに人工的処理を加え黒く発色させたものが多く流通していましたが、近年、アジアで比較的大きな鉱床が発見され、天然モリオンの流通が増えています。

石の特徴・効能　✦全てを吸収し価値を生み出す波動✦

　高い浄化力と、負のエネルギーを吸収し消し去るパワーは、数あるパワーストーンの中でも別格と言われ、風水発祥の地・中国では魔を消し、邪気を祓う石として、気を整える強力な力が支持されています。お部屋の四隅や水回りなど、気の流れが滞りやすい場所に配置すると気を浄化し、流れやすくすると同時に外部からの邪気を祓います。
　運気を高める石とも言われますが、幸運を呼び込むというのではなく、邪悪な感情や誘惑などから守る感じです。怠惰な気持ち、妄想癖などを改善し精神を強化、悪い干渉を遮断し、秘められた能力を開花、自分の進むべき道を認識させます。男性的パワーの強い石ですから、頼もしい守り神になるはずです。

相性の良い石

ブラックオニクス
邪気を祓う作用の強い組み合わせ。価値観を協調し家庭円満、夫婦和合へ導く。

スモーキークォーツ
邪気を祓い、心身を調和する。恐怖や不安を解消し、精神を安定させる。

シトリン
仕事運と財運を高め、自信と勇気を与える。特に男性におすすめ。

同じグループの石
- アメシスト
- シトリン
- スモーキークォーツ

✦ 熱いマグマによるグラウンディング

【溶岩（ようがん）】
ラヴァ

石の言葉　「確かな絆、疲労回復」

主な産地	アフリカ、中国、アメリカなど
硬　度	3〜4
結　晶	非結晶、細粒結晶質
成　分	SiO_2

【効果的な使い方】ブレスレット、ペンダント、原石
【処理の有無】特になし
【取り扱いの注意】衝撃に弱い

石の いわれ　✦ ユニークな無数の穴 ✦

　マットな質感と表面を覆い尽くす様々な形状の無数の穴、ユニークな見た目の「ラヴァ」は、溶岩のことで、英名は「溶岩」を意味する「lava」。
　地球の深部に蓄えられた高温流動性の「マグマ」が、地表あるいは地下の浅い地点に噴出し、急速に固まったものです。主成分の二酸化ケイ素の量が少ないと、黒い玄武岩になり、逆に多い場合は、白っぽい安山岩や流紋岩になります。圧力低下によってガスが分離してできた気泡や気孔が、無骨な凹凸を形成しています。遠赤外線効果があるため、岩盤浴や溶岩浴などに使われる他、健康グッズにも活用。最近は浸透性の高さから香水を含ませ、香りを楽しむアクセサリーとしても使われています。

石の 特徴・効能　✦ 揺るぎのない信頼関係を築く ✦

　地球の内部から湧き上がり産まれたこの石は、情熱的で明るい活力と豊かな包容力に満ちています。グラウンディングのエネルギーが強く、浮足立った肉体と精神を深くしっかりと大地につなぎ止めてくれます。地球という惑星に暮らす自分の存在を実感し、生きている喜びや眠っていた生命力が湧き上がってくるのを感じられるでしょう。
　地球の波動と同調し生体リズムを整え、全身を活性化するため、はっきりと気力と体力の充実を得られるはずです。
　また、人と人を繋ぎ、人脈を広げていくパワーもあり、揺るぎない堅固な信頼関係を築いてくれます。

相性の良い石

レッドアゲート
生きていくための活力を与え、恐怖心を消し、明朗な感情を育む。

モッカイト
不安定な感情を慰め、焦りのない平穏な毎日をもたらす。

プレセリブルーストーン
精神と魂、心と身体、意志と感情のバランスを整える。

同じグループの石
・オブシディアン

chapter.4 ✦ パワーストーンのデータベース

✦色や種類によって多彩なパワー

【瑪瑙（めのう）】
アゲート

石の言葉	「解放、寛容」

- 【主な産地】ブラジル、アフリカ、アメリカなど
- 【硬度】7
- 【結晶】六方晶系（潜晶質（せんしょうしつ））
- 【成分】SiO_2

- 【効果的な使い方】ブレスレッド、丸玉、タンブル
- 【処理の有無】一部加熱処理、着色処理
- 【取り扱いの注意】紫外線に弱い

石のいわれ ✦ 芸術的に染め上げられる石 ✦

　目に見えないほど細かい石英が集まり構成される潜晶質（隠微晶質（かいしょう））の塊状結晶で、緻密に固まり色むらの少ないものを「カルセドニー」、色彩の変化や縞模様などがあるものを「アゲート」と区別します。語源はシチリア島の川「アカーテ」流域に産することに由来。和名の「瑪瑙」は丸い縞模様の原石が馬の脳のようにみえたことから名づけられました。粒状の石英の隙間にイオン溶液を染み込ませ、加熱処理をすることで劇的に美しく着色します。天然の発色が重視されるパワーストーンですが、この石に関しては芸術的に染上げたものが高い価値を持つと言われます。硬く滑らかな結晶は色調の変化を活かし、古くから世界各地でカメオ等の装飾品、印章などに用いられてきました。

石の特徴・効能 ✦ 周囲に愛される適応力 ✦

　色や形によってパワーも異なりますが、基本的に調和と繁栄、大切なものを結びつけて良い結果へと導くという力があります。そのパワーは、この石の成長過程に通じるものがあり、小さな結晶が集まり結びつく性質から、人間関係などの絆を深める力。また何色にも染まる性質は、どのような環境にも臨機応変に対応し、周囲に好かれる魅力を与えてくれます。新境地での生活になかなか馴染めないときにおすすめです。また、古代より石器や武器として利用された他、蜘蛛やサソリの毒を消す力があると言われ、守護石として大切にされてきました。

　色や模様によって変わる様々な特性は、次頁で詳しく説明しましょう。

相性の良い石

クンツァイト
宇宙や神とつながる意識を目覚めさせ、霊性や感性を限りなく磨き上げる。

アマゾナイト
寛容性を授け、インスピレーションを高め、センスを養う。

ローズクォーツ
優しく穏やかな魅力を育み、豊かな人間関係を築く。

同じグループの石

- カーネリアン
- カルセドニー
- ブラックオニクス

07

グリーンアゲート

リラックス効果が強く、混乱や過度に興奮した感情を鎮める作用があります。心を落ち着かせ、安眠へ導く力もあり、良い夢を見せてくれると言われています。

絆を深めるパワーとしては、特に家庭内の協調に効果的。夫婦や親子、兄弟、親族とのいざこざを防ぎ、深い愛と思いやりで結びつけてくれます。またアマゾナイトと組み合わせると、想像力や感性を高めてくれます。

ファイヤーアゲート

リモナイト（褐鉄鉱）などのインクルージョンを含み、火炎に似た紅色の濃淡が重なる模様が特徴で中にはオパール同様の遊色効果を持つものもあります。その妖艶な光は、美しいとも不気味とも言えるもので、一種独特の存在感があります。グラウンディングの力があり、持ち主の精神力を高めてくれます。また、アゲートの中でも他人からの悪意や嫉妬をはね返す保護の力が強いのも特徴です。

モスアゲート

「モス・moss」は「苔」のことで、緑の苔が密生したような模様。古来より「農業の守り神」として、豊作を祈願する儀式に用いられました。植物と同じようなリラックス作用とヒーリング効果があります。凝り固まったエゴを捨てさせ、仲間と打ち解け、和やかに調和させ、豊かな日々をもたらしてくれるでしょう。自然体でいることの心地よさ、生きる喜びを教えてくれます。

レッドアゲート

アゲートの中でも赤色の美しいものを指します。その色から、心身を活性化し精力を高める作用があり、血液を司るという伝承から子宝、安産のお守りとしても人気があります。アゲート本来の絆を深めるという作用がさらに強く表れ、大切な人との関係を深め、ネガティブな影響を与える関係から遠ざけてくれます。

chapter.4 ✦ パワーストーンのデータベース

✦愛と叡智で保護する
【中性長石（ちゅうせいちょうせき）】
アンデシン

石の言葉	「勝利、抱擁」
主な産地	ペルー、中国、アフリカなど
硬度	6～6.5
結晶	三斜晶系
成分	$(Na[AlSi_3O_8])_{70\sim50}$　$(Ca[Al_2Si_2O_8])_{30\sim50}$
【効果的な使い方】	リング、ペンダント、ブレスレット
【処理の有無】	一部加熱処理
【取り扱いの注意】	特になし

石のいわれ
✦天然界では貴重な赤い宝石✦

　名称は最初に発見されたアンデス山脈に由来します。含まれるカルシウムとナトリウムの比率によって名称が変わる長石、アンデシンは「オリゴクレース（灰曹長石）」と「ラブラドライト（曹灰長石）」両方の成分を持つため、和名は「中性長石」と名付けられました。世界各地に産出されるわりに品質の高いものは非常に少なく、色を処理されているものも多いため、自然の石はとても貴重です。
　特に美しく鮮やかな赤いアンデシンは、銅の含有によるものと考えられ大粒の結晶はとても稀少価値が高く「幻の石」とよばれています。

石の特徴・効能
✦背中を押して、自立をサポート✦

　この石はとても慈悲深く、まるで血のつながりのある家族のような、深い愛と叡智で持ち主を保護し、空回りする感情を固定概念から解放し、精神を休養させてくれます。そして目標に向かって、あきらめることなく、確実に前進できるように励まし、背中を押してくれるのです。災いを避けられる予知能力を養い、持ち主が自立するようサポートします。特に赤い石は霊性が高く、未消化のカルマを浄化し、魂を解放し、高い意識とつながり、人生の指針をわかりやすく示します。潜在能力や奥に秘めた愛を引き出し、大切な人との信頼関係を築けるようにします。孤独感を感じる人、自分本来の生き方を探している人におすすめの石です。

相性の良い石

セレナイト
精神のバランスを調和し、洞察力と直感を高める。

テクタイト
セルフヒーリングに最適。本来の生き方を見極め、人生の目的を持つ。

サンストーン
目標に向かい、勇気・集中力・持続性を持って突き進む意志を与える。

同じグループの石
- サンストーン
- ムーンストーン
- ラブラドライト

✦ ステータスを支える繁栄の象徴 ✦

【菊石（きくいし）】
アンモライト

石の言葉	「想像力、才能」

主な産地	カナダ・アルバータ
硬度	4～5
結晶	特になし
成分	$Ca[CO_3]$

【効果的な使い方】原石、ペンダント、リング
【処理の有無】コーティング処理
【取り扱いの注意】もろく割れやすい、紫外線に弱い

石のいわれ
✦ 悠久のときが刻まれる ✦

　約7000万年ほど前の白亜紀後期の海に生息していたアンモナイトが化石化する際、薄い層状に付着したアラゴナイトなどが地殻変動の影響を受け、奇跡的に虹色の遊色効果を放つようになったものです。世界中で見つかるアンモナイトの化石はほとんどが石質ですが、ロッキー山脈東側、特にカナダのアルバータ州で採掘される上質のアンモライトは、宝石的価値が認められ、1981年に宝石と認定されました。この石を発見したアメリカインディアンが、バッファローの皮に包み守護石として持ち歩いていたことから、「バッファローストーン」とも呼ばれるアンモライト。原石には、空洞状の気室やカルサイト等の詰まった隔壁などの構造が残り、アンモナイトが生きていた悠久の時間を感じます。

石の特徴・効能
✦ 繁栄の記憶を宿し、再び原点に戻る ✦

　光の干渉で鮮やかな玉虫色のスペクトルを放つこの石は、宝石として認知される遥か昔より、幸福と狩猟の平安を守護する石として先住の民から崇められてきました。また、あらゆる生命を育む海のエネルギーを享受するパワーは絶大で、富と権力を掴む力があり、赤、黄、緑の発色がくっきりと美しいものほど強力。近年は風水の世界でも、宇宙の叡智、富、成功を与えると言われ、人気がありますが、非常にエネルギー旺盛なため、居間や寝室など、くつろぎの空間には向かないかもしれません。また、数億年に渡り繁栄したアンモナイトの化石ですから、らせんを描き、元の位置に戻る性質を持ち、原点に帰るパワーも強いので、再び栄光を手にしたい人、原点回帰を望む人を力強くサポートします。

相性の良い石

パール
個性を発揮して周囲にアピール。自分の才能を輝かせる。

ジャスパー
警戒心を強め、的確な判断を下す。富と権力を求める野心家におすすめ。

サファイア
不要な恐怖心を払い、仕事や勉強に集中できるようにする。

同じグループの石
なし

✦ 前向きなパワーや勝利を呼び込む

【柘榴石（ざくろいし）】
ガーネット

| 石の言葉 | 「生命力、貞節、友愛、真実」 |

主な産地	インド、ブラジル、アフリカなど
硬度	7～7.5
結晶	等軸晶系
成分	種類により異なる

【効果的な使い方】ブレスレット、ペンダント、原石
【処理の有無】一部加熱処理
【取り扱いの注意】特になし

石のいわれ　✦ 自然が創り上げる多面体の結晶 ✦

　1月の誕生石として有名です。和名の「柘榴石」が示すように代表的な原石は果実「ざくろ」の粒のように透明な深紅色ですが、ガーネットは鉱物学的に14種類の類質同像の鉱物グループの総称で、含まれる成分によって色彩も大きく変化します。また、原石は24面体や12面体、その両方が合わさった36面体と非常に整った形で発掘されるため、結晶面の美しいものは、「自然が研磨した宝石」と呼ばれるほどです。

　古くはノアの箱舟の灯りとして赤く輝き暗闇を照らし、激しい嵐の中、勇気と希望を与え続けたと言われる石。中世ヨーロッパの兵士も戦場で身につけ、血液を象徴するパワーで怪我から身を守り、指針を授け、災いを予見する護符として大切にしていました。

石の特徴・効能　✦ 血流を安定させて穏やかに ✦

　石の言葉は「貞節」「友愛」「忠実」。19世紀の作曲家ロベルト・シューマンの妻クララもこの石を深く愛していました。父親の猛反対を受けながらも純粋な愛の力で困難を乗り越え、良妻賢母の象徴とされたクララのように、この石は忠実な愛を貫く力を授けます。

　また、古い伝承が示すように暗闇から輝く未来へ導く希望の光としてのエネルギーは真実を見抜く力を養い、未来を予見する能力を高めると言われています。

　「血液」との関係が深く、血流を整え、情緒を安定させ、心的なストレスを解消。恐怖や不安を払拭したり、出産のお守りとしても大切にされています。その上、「勝利を招く石」と言われるほどのパワーもあり、落ち込む心を大いに励ましてくれます。

相性の良い石

アマゾナイト
転居や転職など、人生における大きな決断を最良の方向に導く。

ルビー
心身を活性化させ、滞留してしまった意識の変革を促す。

カーネリアン
より良く生きることへの精力を高め、目標達成への原動力になる。

同じグループの石
・アルマンディン
・アンドラダイト
・スペサルティン
・パイロープ

アルマンディン (鉄礬柘榴石)

　鉄とアルミニウムが含まれ、色合いは暗めのワインレッド。代表的なガーネットと言えますが、多くはパイロープと混同して流通しています。古くから世界各地で「神聖な石」とされ、再生と変化を促し、心身の両面に作用します。心と体にエネルギーを与え免疫力を強くし、大地とのつながりを深めます。

アンドラダイト (灰鉄柘榴石)

　カルシウムと鉄が含まれ、グリーン、イエロー、褐色が特徴。グリーンの「デマントイド」は宝石として貴重。トパーズに似た「トパゾライト」も同じ仲間です。チタンを含むと黒色不透明になり「ブラックガーネット」や「メラナイト」と呼ばれ、死と再生のエネルギーを持ちます。男性的パワーが強く、勇気や開拓精神を養います。

ウバロバイト (灰格柘榴石)

　カルシウムとクロムが含まれ、クロムによるエメラルドのような濃い緑色が特徴ですが、大きな結晶はまだ発見されていません。本当に必要なものは、すべて自分の中にあると教え、魅力を引き出し、充実感を与えてくれます。潜在力を高め、強い精神力を授けます。また、孤独感を癒し、周囲とのスムーズなコミュニケーションを促します。

グロッシュラーライト (灰礬柘榴石)

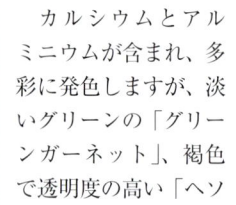

　カルシウムとアルミニウムが含まれ、多彩に発色しますが、淡いグリーンの「グリーンガーネット」、褐色で透明度の高い「ヘソナイト」が有名です。聖書にも記載される最も古い宝石の1つで強力な守護力があると言われ、魔除けとして使われたり、宝飾品に加工され、富と権力の象徴とされました。決断力、実行力を与えてくれる石です。

スペサルティン (満礬柘榴石)

　マンガンとアルミニウムが含まれるガーネットで、基本的に赤系ですが、産地によって色合いの違いがあります。濃厚なオレンジは「マンダリンガーネット」と呼ばれ、人気があります。忠実な愛と創造性を育むパワーがあり、肉体的には血流を良くします。語源は、最初に発見されたドイツ・バイエルンのスペサート地方にちなんでいます。

パイロープ (苦礬柘榴石)

　マグネシウムとアルミニウムが含まれており、色は赤銅色か淡い深紅。十九世紀の一大ブームの影響からアンティークジュエリーなどでよく目にします。色では「アルマンディン」とほとんど区別がつかず、実際に混同して流通していることも。永遠に変わらない友情・愛情を授け、魂、精神、肉体のバランスを整えると言われます。

✦女性特有の不安定な気分を解消

【赤銅鉱（せきどうこう）】
キュープライト

石の言葉	「勇気、行動力」

主な産地	アメリカ、メキシコ、コンゴ、ナミビアなど
硬度	3.5～4
結晶	等軸晶系
成分	Cu_2O

【効果的な使い方】 ブレスレット、ペンダント、原石
【処理の有無】 コーティング処理
【取り扱いの注意】 もろく割れやすい。空気や光で黒く変色する。

石のいわれ　✦多面体での結晶が美しい✦

　銅の主要な鉱石鉱物で、チャルコパイライト（黄銅鉱）などの銅の硫化鉱物が分解し形成される二次鉱物です。銅鉱床の酸化帯で、マラカイト（孔雀石）やアズライト（藍銅鉱）と共生し、主に塊や粒状で産出、稀に8面体や6面体、12面体などの結晶が見つかります。近年、コンゴで大型の美しい多面体結晶が見つかり、話題になりました。さらに稀少なのが真紅の繊維状結晶が集まったもので「チャルコトリカイト（針銅鉱）」と呼ばれています。

　通常、結晶は赤色や暗赤色、赤褐色で透明か半透明、その中に金属的な鈍い光沢を放つ部分が見られるのが特徴で、外気に長時間さらすと黒く変色してしまいます。透明なものは宝石のように美しいのですが、硬度が低く、研磨が難しいため、加工できません。

石の特徴・効能　✦母親のようにそっと寄り添う✦

　この石の重みには、母なる大地に抱かれるような安心感があります。まさにこの石は頼りがいのある母親のような存在。血を思わせるような赤は、「情熱」と「勇気」、そして「女性の月経」の象徴です。癖のないパワーは誰にでも有効ですが、特に20代後半から50代の女性におすすめ。仕事や出産、子育てに忙しい女性は、ホルモンバランスを崩しがち。月経前後の不安定な気持ちを抑えきれず、イライラしたり落ち込んだり、そんな自分を責めてしまうときに、この石はそっと優しく寄り添います。「大丈夫、あなたのせいじゃないのだから」と、優しい母親のように慰め、励ましてくれるでしょう。そしてくすんだ心身に情熱を与え、溌剌とした自分に戻してくれるはずです。

相性の良い石

ルビー
女性らしい魅力を引き出す。ホルモンバランスを整える。

クリソコラ
女性特有の不安定な情緒を安定させる。穏やかで安定した精神を与える。

マラカイト
外からの悪意による障害を回避、緊張をほぐし精神的ゆとりを生む。

同じグループの石
- アズライト
- クリソコラ
- マラカイト

✦ 南海育ちの大らかで陽気なパワー

【珊瑚（さんご）】
コーラル

石の言葉	「長寿、幸福、知恵」
主な産地	地中海沿岸、アフリカ、日本近海など
硬度	3.5〜4
結晶	六方晶系
成分	$CaCO_3$ ＋その他の有機物

【効果的な使い方】ネックレス、原石、リング、彫刻品
【処理の有無】含浸処理、コーティング処理
【取り扱いの注意】熱や酸、衝撃に弱い

石のいわれ
✦ 海と関連深い日本を代表する宝石 ✦

　和名の「珊瑚」という呼び名のほうがなじみ深いでしょう。アクアマリンと並び3月の誕生石ですが、どちらも海と関連深い石です。宝石になるコーラルは、古くは地中海沿岸で採れ、子どもの成長や海の安全、安産を祈るお守りとされ、インド・中国を経て仏教七宝のひとつとしても珍重されるようになりました。

　石のように見えて、実は8本の触手を持つ生物「サンゴ虫」が起源。硬い骨格の成分は石灰質で、赤珊瑚、白珊瑚、桃色珊瑚、紅珊瑚などに分類され、半透明ないし不透明の鈍いガラス光沢を持っています。日本周辺でも採れ、真珠とともに日本を代表する宝石ですが、近年の海洋汚染や乱獲で産出量は激減しています。

石の特徴・効能
✦ 鈍感力を高め、気持ちを楽にする ✦

　海から生まれ、嵐を鎮め海の安全を守る力があるとして、船乗りの護符とされてきました。南の海の大らかさをもった、明るく楽天的なパワーが特徴。感覚を鋭敏にするパワーストーンはあまたとありますが、この石はむしろ逆。鈍感力という言葉が流行しましたが、良い意味で感覚を鈍くして、深刻になりすぎず、「どうにかなるさ」と笑い飛ばせる陽気さを与えてくれます。イライラを解消し、前向きな気持ちで、どんな困難も乗り越えさせてくれます。神経質な人も、精神的に楽になれるでしょう。

　血の色に似た真紅は強い生命力と活力を象徴し、妊娠、安産へと導き、不妊治療にも良いとされます。この石のリラックス効果で子宝を授け、家族愛を深めてくれるでしょう。

相性の良い石

カーネリアン
生きる喜びを実感させ、活力を高める。子孫繁栄、安産の石とも言われる。

ターコイズ
旅のお守り。心を解放し、想像力や感受性を豊かにする。

ローズクォーツ
女らしさをアピール。大らかでかわいらしい魅力を引き出す。

同じグループの石
- アカサンゴ
- シロサンゴ
- ベニサンゴ
- モモイロサンゴ

✦ 自然回帰を促す大地のパワー

【碧玉（へきぎょく）】
ジャスパー

石の言葉	「創造力、感情のコントロール」

- **主な産地** インド、ブラジル、アメリカ、アフリカなど
- **硬度** 7
- **結晶** 六方晶系（潜晶質）
- **成分** SiO_2 ＋不純物
- **効果的な使い方** ブレスレット、ネックレス、タンブル
- **処理の有無** 特になし
- **取り扱いの注意** 特になし

石のいわれ　✦ 混合物によって色は千差万別 ✦

「アゲート（瑪瑙）」「カルセドニー（玉髄）」と同種ですが、「ジャスパー」は不純物が20％以上混入しているため不透明で色が鮮明な点が特徴。和名の「碧玉」は青緑色の石を指しますが、実際は赤から褐色系が有名で、カラーバリエーションも豊富です。含まれる酸化鉄が多いと赤、緑泥石が多くなれば緑、針鉄鉱が多いと褐色、粘土等が含まれると白、黄、黄褐色といった具合に千変万化。西洋では鉱物的にも硬く、自然が描く抽象画のように美しい石の模様を活かした彫刻やジュエリーがたくさん見られます。

古来、日本では勾玉などに研磨され、招福や魔除けの力を放つパワーストーンとしての歴史も深く、さらに、自然の姿の美しさから観賞石としての価値も高い石です。

石の特徴・効能　✦ 自然との霊的な繋がりを感じる ✦

赤、青、緑、褐色など、多彩なジャスパーは大地との親密な関係を感じさせ、安定感のある力で、地球のエネルギーと繋がるようサポートします。この石を身に付けて自然の中を散策すると、地球との一体感をより強く感じられるはず。人工的な環境で疲弊している心身に大地のエネルギーを与え、バランスを整えてくれます。色による効用では、赤系は豊かな活力と表現力。青・緑系は高い霊力・洞察力と精神の安定。黄色・褐色系は危険回避と自然との協調など。それぞれの石が素晴らしい作用をもたらすと言われます。

有名な出雲・花仙山に産する「青石」は、神の力が宿る勾玉が各地で出土、清らかで貴重なジャスパーです。

相性の良い石

ブラックトルマリン
はっきりとけじめをつけたいとき、洞察力、直観を高め、優柔不断を克服する。

タイガーアイ
精神力、集中力を高める。熱意を持って目標に突き進むたくましい精神力を授ける。

アゲート
周囲に惑わされない強い心を養う。憂いを解決し、健康を維持する。

同じグループの石
- オーシャンジャスパー
- ブラッドストーン
- ポピージャスパー
- レッドジャスパー

chapter.4 ✦ パワーストーンのデータベース

✦ 二面性を持つ捉えどころのない魅力

【辰砂（しんしゃ）】
シンナバー

石の言葉	「賢者の石」

主な産地	中国、日本、スペイン、アメリカなど
硬度	2～2.5
結晶	六方晶系（三方晶系）
成分	HgS

【効果的な使い方】原石、ブレスレット、印材
【処理の有無】特になし
【取り扱いの注意】水分・太陽光に弱い。もろく割れやすい。熱すると有害。

石のいわれ　✦ 絵具として壁画で使われていた ✦

　水銀の原料や赤色顔料として用いられた硫化鉱物。語源はギリシャ語で「kinnabaris（赤い絵の具）」、ペルシャ語やアラビア語では「竜の血」と、いずれも鮮やかな赤を意味し、西洋では「バーミリオン」という朱色の画材の原料です。日本でも邪馬台国の時代から使用され、弥生時代の壁画にも利用されていました。和名の「辰砂」は産地である中国の辰州に由来。中国では純度の高い美しい朱色を「丹」と呼び、死からの再生を願い、死者に朱で化粧を施し、邪気が付かないようにしたと言われています。日本では銀を産する土地に丹生という地名が残ります。高温で加熱すると亜硫酸ガスと水銀に分離され、水銀の原料となるため有害というイメージがありますが、常温では毒性はありません。

石の特徴・効能　✦ 二面性を持つ薬石 ✦

　主要成分である水銀は、常温、常圧で液体となる地球上唯一の金属で、古代の錬金術師たちは黄金を産み出す「賢者の石」と呼んでいました。中国では再生を司る不老不死の妙薬とされ、皇帝たちが漢方薬として常用しましたが、みな短命でした。

　ここで重要なのが、この石の二面性です。「水」なのに「銀」。「不老不死の薬」なのに「猛毒」。禍々しい見た目も好き嫌いが分かれ、そのパワーも捉えどころがありません。でも、それがこの石の魅力。ひとたび付き合い方がわかるととても心強い味方で、金運と仕事運を高め、持ち主を成功に導きます。社交性を高め、積極的に自分をアピールする力があるので、引っ込み思案な人には有効です。健康維持にも効果的に作用します。

相性の良い石

ブラックトルマリン
大地とつながり、感情をコントロールし精神を安定させる。

ガーネット
忍耐力、思考力を高め、物質的・金銭的な欲望を抑制する。

フェナカイト
物事への不必要な執着を和らげ、新たな感性や表現力を磨く。

同じグループの石

・シンナバーインクォーツ

chapter.4 ✦ パワーストーンのデータベース

✦ 人間力を高め、リーダーシップをとる

【尖晶石（せんしょうせき）】
スピネル

| 石の言葉 | 「勝利、目標達成」 |

主な産地	スリランカ、ミャンマー、タンザニアなど
硬度	7.5〜8
結晶	等軸晶系
成分	$MgAl_2O_4$

【効果的な使い方】リング、ペンダント、ブレスレット
【処理の有無】特になし
【取り扱いの注意】特になし

石のいわれ　✦ ルビーと見間違う輝き ✦

スピネルは、化学組成が異なる鉱物群からなるグループの総称で、透明で発色の美しい宝石質のものは、ほとんどがアルミニウム系列のマグネシア・スピネルに分類されるスピネルです。不純物の混じらない石は無色ですが非常に稀で、含有する鉄、クロム、マンガンなどの微妙な量によって、赤、青、緑、黄、黒など多彩に変化します。特に赤色のスピネルは、良質なルビーにも勝る輝きを放ち、18世紀までは、ルビーやサファイアと同じ「コランダム」という鉱物として流通していました。イギリス王室の大礼用王冠の主石「黒太子のルビー」が実はレッドスピネルだったというのも有名な話です。鑑定技術の発達で判明しましたが、実際にこの2つを肉眼で見分けるのは困難なのです。

石の特徴・効能　✦ 日々に張りを与える ✦

多彩な輝きを持つスピネル、共通して見られるのは、エネルギーを活性化し、自分の芯を鍛え、長所を見つける力、新しいことに積極的に挑む勇気を与えます。既成概念にとらわれず、フレッシュな感覚を持つようになり、日々に張りを与えます。また、他人の良い面が見えるようにしてくれるので、相手のマイナス面が目についてしまう人には、良好なコミュニケーションを促してくれるでしょう。リーダー的立場の人の追い風ともなってくれるはず。色の特性として、黒は過去を清算し未来へ進む。赤・ピンクは不安を消し、活力を与える。青は精神性と霊性の向上。緑は他者に対する愛情を高めるなど。どの色もマイナスエネルギーを遮断し、すべてのチャクラにエネルギーを与えると言われます。

相性の良い石

トルマリン
新しいことに果敢に挑んでいく勇気を与える。新鮮な毎日を送る。

ルチルクォーツ
気力と体力を活性化し、実力を発揮。金運を向上させる。

ピンクオパール
カリスマ性のある女性としての魅力を引き出し、異性からの注目度を上げる。

同じグループの石
- ガーネット
- ガラックサイト
- プレオナスト
- ヘルシナイト

107

✦ 自然と繋がり本来のリズムを取り戻す

【忍石・模樹石（しのぶいし・もじゅせき）】
デンドライト

石の言葉	「繋がり、浄化、豊穣」

主な産地	ブラジル、アメリカ、マダガスカルなど
硬度	6〜6.5
結晶	正方晶系
成分	$\beta\text{-}MnO_2$

【効果的な使い方】ペンダント、リング、ブレスレット
【処理の有無】特になし
【取り扱いの注意】特になし

石のいわれ ✦ 語源は「樹木」 ✦

　様々な模様のある「デンドライト」は、石の種類に関係なく、酸化マンガンや酸化鉄などの溶液が鉱物中にできた複雑な割れ目に浸入したものを指します。水晶（又はアゲート）に内包（インクルージョン）したものを「デンドリティック・クォーツ（アゲート）」と言い、中でも良質とされるのは、内部に植物が描かれたような結晶で「ランドスケープ／ピクチャー・クォーツ（アゲート）」と呼びます。他に石英系では、ローズクォーツ、ジャスパーにも見られ、石英以外ではアクアマリンやオパールにも稀に見られます。語源はギリシャ語で「樹木」を意味する「dedoron」。シダ類や樹木を鉱物に閉じ込めたような自然が創り上げる奇跡の芸術品。愛好家がとても多いパワーストーンです。

石の特徴・効能 ✦ 森林浴のようなエネルギー ✦

　鉱物によってエネルギーが多少異なりますが、基本的には浄化と癒しの作用が強く、森の中で感じる大自然の包容力を持っています。古代ギリシャでは豊穣をもたらすお守りとされ、自然の恵みとの繋がりが深い石。現代社会では人工的な空間に身を浸しているため、本来の人間らしい生活とかけ離れた生活リズムになってしまいがちです。そうしたストレスの蓄積した心身を調和し、自然のエネルギーが感じられるように導きます。瞑想にもおすすめで、浄化と再生を促し、魂が喜ぶライフスタイルを実現できるよう導くと言われています。また、家族や身近な人との関係を円満に結びつける力もあるので、持ち主がくつろげる場を作ってくれるでしょう。

相性の良い石

ムーンストーン
生活リズムを整え、心身のバランスを調和する。穏やかな日々を守る。

ブラックオニクス
マイナスエネルギーを遮断し、心身のデトックスを促す。

ローズクォーツ
悪習慣を改善し、心と身体が協調し喜びを生み出す生き方へ変化させる。

同じグループの石

- ピクチャーサンドストーン
- メリルナイト
- モスアゲート

✦ 聖なる力で、生命の誕生を応援する

【血石（けっせき）】
ブラッドストーン

石の言葉	「安産、妊娠、繁栄」

主な産地	インド、ロシア、オーストラリアなど		
硬度	7	結晶	斜方晶系（潜晶質）
成分	SiO_2		

【効果的な使い方】ブレスレット、ペンダント、丸玉
【処理の有無】特になし
【取り扱いの注意】特になし

石のいわれ　✦ キリストの流血が染みこんだ石 ✦

　ジャスパーの一種で、力強い暗緑色に酸化鉄などの影響で赤い内包物の入る鮮やかな石です。この石には、ゴルゴダの丘で十字架に架けられたキリストの血が、足下にあった緑色のジャスパーに染み込み、「ブラッドストーン」になったという有名な言い伝えがあります。また、昔はエジプトのヘリオポリスでよく採れたので、別称「ヘリオトロープ（太陽に向かう）」とも呼ばれ、古代エジプトでは、粉にして蜂蜜に混ぜた物を止血剤として用いていました。ギリシャ神話では同名の植物とこの石を体に擦り付けると、その姿が見えなくなるとされ、兵士は攻撃から身を守る守護石として戦場に持って行ったそうです。また、ローマ人はこの石を研磨して鏡を作り、天体を観測したと言われています。

石の特徴・効能　✦ 献身的な力を持つ ✦

　石の名や古来伝わる魔除けや守護の伝承が示すように、血液と関係の深いエネルギーを持っています。血流を整え、傷を癒し、体調を良好にすると伝えられるように、肉体と精神を調和させ、生きることへの活力と勇気を高めます。また、大地が放つ安定の力を授け、持ち主の心身を強く保護し、逆境に負けない精神力を養い、困難を乗り越えられるようしてくれるでしょう。

　一方、惜しみなく他者を愛し慈しむことで得られる喜びを教えるこの石は、生命の根源に深く作用し、女性が本来持つ「生命を授かる」喜びを意識の奥に伝え、妊娠をサポート、献身的な愛のオーラで見守ります。

相性の良い石

ガーネット
血液の循環を良くし、生命力を高める。体のリズムを整え妊娠へと導く。

ロードクロサイト（インカローズ）
ホルモンバランスを整え、美肌に効果あり。アンチエイジングの組み合わせ。

ラピスラズリ
持ち主を強く守護し、目標に向けて迷わずに進めるようにサポート。

同じグループの石
・アゲート
・ジャスパー

✦ 悠久の時間が育む、揺るぎない意志

【珪化木（けいかぼく）】
ペトリファイドウッド

石の言葉	「忍耐、希望、信念」

主な産地	アメリカ、ブラジル、マダガスカルなど
硬　度	6〜7
結　晶	非結晶〜結晶質
成　分	SiO_2

【効果的な使い方】ブレスレット、ペンダント、原石、丸玉
【処理の有無】特になし
【取り扱いの注意】特になし

石の いわれ ✦ 太古のエネルギーを内包している ✦

　中生代以降、劇的に進化した針葉樹などが地下に埋もれ、ケイ素や炭素を含んだ水分が浸透し木質組織を残したまま化石化したもの。大半は褐色ですが、酸化鉄やマンガンなどの影響で赤、黄、黒、青に発色。化石木（ウッドストーン）とも呼ばれ、生成中に瑪瑙化（めのう）したものが「アガタイズド・ウッド」、オパール化したものが「オパライズド・ウッド」です。億単位の年月をかけ結晶化する過程で太古のエネルギーを宿すと言われ、古代の人々はこの不思議な石を「魔物の霊力で石にされた木」と恐れていたようです。
　色彩豊かなケイ化木の聖地、アメリカ・アリゾナ州の「化石の森国立公園（ペトリファイドフォレスト）」。この場所も高いエネルギーが渦巻くパワースポットとして有名です。

石の 特徴・効能 ✦ 迷いなく進める ✦

　数億年という悠久の地球の時間と歴史を閉じ込め石となった樹木ですから、何者にも振り回されない、揺るぎない力で持ち主の強い意志と決断力を養い、迷うことなく前進するためのガイドとなり導いてくれます。本来の生き方を軌道修正しながら自己を確立させ、瞬時に判断し行動できるように促します。フットワークが良くなっても軽はずみな感じではなく根幹がぶれないので、信念を持って行動できるようになったことを実感するはずです。逆に言うと、この石に惹かれる人は、自分の信念を周囲に伝え、さらに確固たるものにする段階に入ったということでもあるのです。同時に他人に対し寛大になるよう促すので、思いやりと真心を持って人と接する博愛の心が育つでしょう。

相性の良い石

アゲート
問題を解決に導く行動力、表現力を高め、周囲との良好な関係を築く。

ジャスパー
惑星、特に太陽との結びつきが強い守護石。洞察力、直観を高める。

ブラッドストーン
いたわりの心を養い、疲弊した心身を癒し、着実に夢を実現させる。

同じグループの石
・アゲート
・オパール

chapter.4 ✦ パワーストーンのデータベース

✦ 水脈を見つけ、心に潤いを与える

【堆積岩（たいせきがん）】
モッカイト

| 石の言葉 | 「決断、安心、本能」 |

- **主な産地** オーストラリア、北アメリカ、南アフリカなど
- **硬　　度** 6.5～7
- **結　　晶** 粒状集合体（非結晶質）
- **成　　分** SiO_2 ＋不純物

- 【効果的な使い方】ブレスレット、タンブル、彫刻品
- 【処 理 の 有 無】特になし
- 【取り扱いの注意】特になし

石のいわれ
✦ 大地の声を届け、水脈を示す ✦

　モッカイトは岩石の破片や風化により生成された物質が堆積岩となったもので、オーストラリア西部に暮らすアボリジニーの言葉で、清らかな湧き水を意味する「Mooka」から名付けられました。他にも「ムーアカイト」「ムックジャスパー」という別称があります。白、茶、赤、黄、紫と色鮮やかなアースカラーで、その混ざり方もきれいな縞やマーブル模様など多彩、色のオーラで気持ちを高めてくれる石です。

　北米のインディアンやオーストラリアのアボリジニーたちは古くからこの石を「雨を呼ぶ石」「大地の石」と呼び、水脈探し、雨ごい、豊作を願う儀式、身体の不調を治すための祈祷などに用いました。

石の特徴・効能
✦ 乾いた心に潤いを与える ✦

　地下の水脈を発見する力があり、大地のパワーを宿すこの石は心の奥に湧き出るエネルギーの源泉を探し出し、乾いた心に潤いを与えます。ネガティブなエネルギーを洗い流し、不安や恐怖から解放してくれます。凝り固まった考え方を見直し、人に対しても柔軟に対応できるようになるでしょう。過去世や祖先の意識とつながり、精神が安定し、感受性が豊かになります。瞑想に用いると、宇宙との一体感を覚えるはず。また知識と決断力を高めることから、仕事の際に身に付けておくのも効果的です。

　モッカイトは、自然や動物と意志を通わせる能力を与えるとも言われています。ペットや自然と触れ合う際に用いると、深く心を通わせられるかもしれません。

相性の良い石

ガーネット
誠実な人柄をひきだし、自分のすべてを受け入れ、自分を愛する心を養う。

フローライト
心を解放し、自由に晴れやかにする。感受性を豊かにし、創造力を高める。

アクアマリン
淀んだ気の流れを整え、未来に繋がるアイデアを生み出す。

同じグループの石
- ゼブラストーン
- ピクチャーサンドストーン

✦ 勇者の血が染み込んだ石

【ユーディアル石】
ユーディアライト

石の言葉 「女性性の象徴、活性」

主な産地	ロシア、カナダ、ノルウェーなど
硬度	5～5.5
結晶	六方晶系
成分	$Na_{15}Ca_6(Fe^{2+},Mn^{2+})_3Zr_3(Si,N_6)(Si_{25}O_{73})(O,OH,H_2O)_3(Cl,OH)_2$

【効果的な使い方】 ペンダント、リング、原石、丸玉
【処理の有無】 特になし
【取り扱いの注意】 特になし

石のいわれ ✦ 勇者の血の結晶 ✦

ジルコニウムや希土類を含有するケイ酸系鉱物で、グリーンランドで発見された当初はガーネットだと思われていました。半透明で、ガラス光沢を放ち、色合いは黄色がかった褐色から赤褐色、淡紅色など、透明度が高く、マンガンや鉄により鮮やかな赤に発色したものほど良質です。ルビーと見間違うほどのものもあり、産地であるロシア北西部コラ半島のラップランドでは「ラップランドのルビー」という愛称で親しまれ、昔、侵略者から民族を守るため戦った勇者の血が大地にしみ込み、この石になったという伝説が残っています。語源はギリシャ語で、「Eu（良く）」と「Dialytos（溶ける）」を合わせたもので、この石が酸に溶けやすいことから名付けられたと言われています。

石の特徴・効能 ✦ 強い生命力を持つ ✦

ルビーやガーネットにも似た赤色に強い生命力を宿しています。自分の内面にあるネガティブなエネルギーを払拭し、前向きに生きていく力に変えます。人としての成長を促し、周囲から好感をもたれる人間性を養ってくれるでしょう。女性の特性に深く作用し、自分が女性であることの喜びを高めます。特に自分が女性であることに抑圧を感じている人に対し強く作用し、精神的な迷いを解消し、本来の自分を受け入れるように、優しく癒してくれます。また、「よく溶ける」という性質にあるように、自然に溶け込み、一体化して、無意識のうちに宇宙の秩序や法則が理解できるようになり、その流れに身を任せ行動するのが一番だと実感できるようになるはずです。

相性の良い石

ムーンストーン
女性特有の体調不良を癒す。想像力を広げ、宇宙との一体感を覚えさせる。

ロードクロサイト（インカローズ）
過去の経験などの心の傷やトラウマを癒し、女性である喜びを与える。

スミソナイト
もつれた人間関係を誠実に解決へと進め、強い信頼関係を結ぶ。

同じグループの石

なし

✦ 数千万年のときを経た化石

【琥珀（こはく）】
アンバー

石の言葉	「大きな愛、誰よりも優しく」

主な産地	ロシア、ドミニカ、メキシコ、インドネシアなど
硬度	2〜2.5
結晶	非晶質
成分	$C_{10}H_{16}O + H_2S$

【効果的な使い方】ブレスレット、ネックレス、ペンダント
【処理の有無】一部加熱処理
【取り扱いの注意】日光・熱・酸、乾燥を避ける、表面が傷つきやすい

石のいわれ　✦ 交易ルートがあったほどの人気 ✦

「琥珀」という名前の方が日本人になじみ深いでしょう。松柏類の樹脂が3000万年以上の時間を経て化石化したもので、バルト海沿岸地方で多く産出し、紀元前2000年頃、ヨーロッパではすでに「アンバールート」という交易ルートがあったほどです。琥珀は18世紀半ばまで、海の産物だとされ、名前も古代アラビア語の「アンバール（海に漂うもの）」が由来です。樹脂を含む樹木が地殻変動などで海底へ沈み、化石へと熟成され海岸に流れ着いたからでしょう。今でも海岸に漂着した琥珀は「シー・アンバー」と呼ばれ、高級品として珍重されます。また、古代の昆虫などが入ったものは学術的価値も高く「インセクトアンバー」と呼ばれています。

石の特徴・効能　✦ 思考と循環を穏やかに活性化 ✦

魂と宇宙を結ぶ架け橋、神・太陽の象徴の石と信じられてきました。漢方では万病に効くとされ、粉末にしたものが飲まれていたほどで不老長寿、子孫繁栄などにかかわる強いパワーを持つと言われます。女性が身に付けると、男性を魅了するオーラを高めるとも言われます。中国では虎の魂が琥珀になったと信じられ財運や仕事運を上げると伝承されています。また、ネガティブなエネルギーをポジティブへと変化させ、エネルギー自体を活性化させる力があります。本来は命ある樹木だったことと関連し、二酸化炭素を吸収して酸素などに変える植物のように、気の循環を促し、整えてくれるのです。新陳代謝、自己治癒力を高め、肉体的な不具合を改善するとも言われています。

相性の良い石

ジェダイト
他者への思いやり、人徳、知恵を与え、リーダーシップを授ける。

アクアマリン
体内をデトックスし、心身を癒す。ストレスから解放する。

タイガーアイ
勝負運をアップ。受験や就職における面接で強く良好な印象を与える。

同じグループの石
- コパル
- ブルーアンバー

✦ ポジティブに変え、可能性を広げる

【紅玉髄（べにぎょくずい）】
カーネリアン

石の言葉　「勇気を与える、明晰な思考」

主な産地	インド、ブラジル、ボツワナ、アルゼンチンなど
硬　度	7
結　晶	六方晶系（潜晶質）
成　分	SiO_2
【効果的な使い方】	ブレスレット、ネックレス、タンブル、丸玉
【処理の有無】	特になし
【取り扱いの注意】	特になし

石の いわれ　✦ 自然界の熱で美しい赤からオレンジに発色 ✦

　鉱物的には「カルセドニー」グループで、中でもオレンジ色から赤に近い単色のものを指し、縞模様のあるものは「アゲート」となります。通常のカルセドニーは不透明の灰色ですが、この石のオレンジ色は結晶に含まれている微量な鉄分が自然界の熱で酸化し赤からオレンジに発色したものです。その酸化作用を利用して、装飾品の中には酸化鉄に浸け置き、その後、人工的に炉で加熱して赤色に発色させるものがありますが、こちらは加熱処理なので『レッドアゲート』と呼ばれています。

　産出量が多く、良質なものが比較的安価に手に入るので、人気の高い石です。語源はラテン語の「肉」「心臓」などに由来し、肉体的な魅力や活力を高める力もあります。

石の 特徴・効能　✦ あらゆるものを前向きにさせる ✦

　メソポタミアやエジプト文明の遺跡から装飾品が出土、イスラム教の指導者はこの石の指輪を右手の小指にはめていました。また、宝石愛好家のナポレオンが八角形の印章を作り終生手放さなかったなど、多くの伝承が残る石。この石にはあらゆるものをポジティブに変える強力な力があり、集中力を高め、やる気を起こさせるパワーは絶大。無気力状態にいる人を我に返らせ、立ち直らせる勇気を与えます。お酒や煙草、薬の乱用を抑制し、ポジティブな未来を選択できるようにしてくれます。また、怒りを鎮める作用もあります。激しい感情を抑え、怒りの原因を究明し、冷静な判断を下せるように導く力を持つ石です。

相性の良い石

ロードクロサイト（インカローズ）
過去の経験から恋に臆病になっている人を励まし、恋愛への一歩を踏み出させる。

レッドタイガーアイ
気の流れを活性化し、事業運、財運を呼び込む。

アクアオーラ
落ち込んでいた気分を回復させ、自尊心を取り戻す。

同じグループの石

・アゲート
・カルセドニー
・クリソプレーズ

chapter.4 ✦ パワーストーンのデータベース

✦ 自己実現を叶え、実力以上の成果を

【日長石（にっちょうせき）】
サンストーン

| 石の言葉 | 「あらゆる勝利をもたらす」 |

主な産地	インド、タンザニア、カナダ、ノルウェーなど
硬　度	6〜6.5	結　晶	三斜晶系
成　分	$(Na[AlSi_3O_8])_{90〜70} + (Ca[Al_2Si_2O_8])_{10〜30}$

【効果的な使い方】ブレスレット、ペンダント
【処理の有無】一部含浸処理
【取り扱いの注意】特になし

石のいわれ
✦ 自ら光を放つ石 ✦

　太陽神のシンボルとされるサンストーン。ギリシャ語で「太陽石」という意味の「ヘリオライト」という別称もあります。
　太陽というと月、及びムーンストーンを連想しますが、この2つは同じ長石グループ。ムーンストーンは正長石、サンストーンは灰曹長石（かいそうちょうせき）に属しています。ムーンストーンの穏やかな輝きとは対照的な、自ら光を放つがごとく、ギラギラと金属的に光ることから、この名がついたとも言われます。これは石の中に内包された他の鉱物（針鉄鉱、赤鉄鉱、銅など）の結晶が光を反射する現象。アベンチュリン効果、またはアベンチュレッセンスと呼びます。このことから、「アベンチュリンフェルドスパー」とも呼ばれます。

石の特徴・効能
✦ 実力以上の成果を発揮できる ✦

　サンストーンに強く惹かれるあなたは、どうしても叶えたい夢があるはず。ただその実現のために、高い目標を持っているにもかかわらず、うまく到達できずイラだっている状態かもしれません。この石は、自信のない人を元気づけ、ありのままの自分を肯定させてくれます。チャレンジする気力を回復させ、前に進ませてくれるでしょう。自分でも信じられないような底力が湧いてきて、実力以上の成果を得られます。また、サンストーンは第2チャクラを活性化しますが、この石をみぞおちに当てると第3チャクラに働きかけ自律神経を整え活力を再生します。効果が強力なので、エネルギーを過剰に消耗するのを抑制してくれる水晶を一緒に身に付けるといいでしょう。

相性の良い石

ルチルクォーツ
存在感を発揮し、できる自分をアピール。想像力や表現力を磨く。

ロードナイト
心が離れている恋人と復縁させる。心を若々しくし、女性としての魅力を高める。

シトリン
心身ともに活力を高め、溌剌と働く環境に変え、出世運をアップさせる。

同じグループの石
・アンデシン
・ムーンストーン
・ラブラドライト

✦ 仕事運と金運を向上させる

【黄水晶（きずいしょう）】
シトリン

| 石の言葉 | 「商売繁盛、富を呼ぶ」 |

主な産地	ボリビア、ブラジル、アフリカ、マダガスカル
硬度	7
結晶	六方晶系（三方晶系）
成分	SiO_2

【効果的な使い方】ブレスレット、リング、ペンダント、原石
【処理の有無】一部加熱処理
【取り扱いの注意】長時間の直射日光は避ける

石のいわれ　✦ 天然物は稀少 ✦

「シトリン」の名前の由来は、柑橘系樹木の「シトロン」。レモンのようなイエロー系が特色です。組成的には鉄イオンの含有による発色で、その量によって淡いレモン色から褐色に近いものまで豊富なバリエーションがあります。

天然シトリンは、産出が少なく稀少価値が高い為、アメシストを加熱処理して黄色に発色させたものが広く流通し、市場に出回っています。色合いや品質を安定させるために、宝石のシトリンのほとんどが加熱処理を行っています。

近年、マダガスカル産やアフリカ産の天然シトリンが流通するようになったので入手できるようになりましたが判別が難しい為、信頼のおける業者やお店に相談し入手することをおすすめします。

石の特徴・効能　✦ 暮らしを明るく変える2大パワー ✦

シトリンには2つの大きな効用があると言われています。1つは自然界から届けられたイエローという色の効果による「財運」「事業運」を高めるパワー。人生の転機となるような大きな買い物をする計画があるとき、新しいビジネスを立ち上げるときなど、シトリンを身近に置くと、必要な場所に活力を与え、順調に仕事ができるようサポートし、繁栄へと導いていきます。もう1つは、精神的ストレスの緩和。気持ちがイライラして落ち着かず、感情の浮き沈みが激しくなっていると感じたときは、シトリンに自分自身を預けてみましょう。体を仰向けにし、みぞおちあたりにシトリンを置いて、ゆっくり深呼吸を繰り返してください。過剰に渦巻く感情のエネルギーが緩和されます。

相性の良い石

スギライト
感情の混乱を抑える。邪気を祓い、精神的な疲労を回復させる。

タイガーアイ
素早い決断力と鋭い洞察力、先見性を養い、リーダーシップを培う。

グリーンファントムクォーツ
困難を乗り越える力を与える。過去の経験に学び、仕事運、事業運をアップ。

同じグループの石
・プラシオライト

✦ 太陽のパワーが元気を与える

【蜜柑水晶（みかんすいしょう）】
タンジェリンクォーツ

| 石の言葉 | 「活性、循環、情熱」 |

- **主な産地**：ブラジル、インド、マダガスカルなど
- **硬度**：7
- **結晶**：六方晶系（三方晶系）
- **成分**：SiO_2
- **【効果的な使い方】**：ポイント、クラスター、ペンダント
- **【処理の有無】**：特になし
- **【取り扱いの注意】**：流水にさらさない

石のいわれ　✦「蜜柑」の色に由来✦

　水晶の表面に皮膜した鉄分が酸化し、オレンジ色に発色したもので、内部は透明のままです。さらに酸化が進み、鉄錆び色に変色してしまったものは、表面を洗浄します。温かいオレンジ色の波動を放つ水晶だけが「タンジェリンクォーツ」として流通しています。

　外皮のオレンジ色が比較的濃い柑橘類「タンジェリン」が名前の由来で「マンダリンクォーツ」と呼ばれることもあります。また、黄色に発色した水晶は、同じく柑橘系の「シトリン」「レモンクォーツ」と呼ばれます。一方、酸化鉄などが結晶に内包している赤色の水晶は「レッドクォーツ／ヘマタイトインクォーツ」と呼ばれます。

石の特徴・効能　✦どんな石とも組み合わせが可能✦

　太陽のような色合いで眺めるだけで元気になれる石で、活力を与えてくれます。特に血液への作用が強く、循環を良くして、疲労回復に効果があります。体内の酸とアルカリのバランスを調和し、体調を整えます。精神面では、引っ込み思案な心や羞恥心を克服し、積極性を与えます。また知性と創造力を高め、夢や目標を叶える力を与え、魅力と自信が増すため、いつの間にか周囲の人々の意識を惹きつけるオーラが身に付いてきます。異性からの注目を集める効果があると言われるのも、それゆえでしょう。

　水晶本来の浄化力も強いので、いつもの調子が出ないと感じるときに身に付けると効果的。お部屋に飾れば、温かい波動で優しく見守る守護石として活躍します。

相性の良い石

ターコイズ
夢や目標を達成する積極性を授け、自己実現を叶える。

レモンクォーツ
心身の疲労回復。精神を安定し、快活な明るさをもたらす。

アマゾナイト
チャンスを逃さずその波に乗れる幸運な体質へと変えていく。

同じグループの石
- ゴールデンヒーラークォーツ
- レッドクォーツ

✦ カリスマ性を与え、前に進める

【黄玉（おうぎょく）】
トパーズ

石の言葉	「真実の愛、友愛、権威」

主な産地	ブラジル、パキスタン、マダガスカル、ロシアなど
硬度	8
結晶	斜方晶系
成分	$Al_2[(F,OH)_2|SiO_4]$

【効果的な使い方】ペンダント、リング、ブレスレット、原石
【処理の有無】一部加熱処理、照射処理
【取り扱いの注意】特になし

石のいわれ
✦ 強い光での褪色に注意 ✦

ピンク、ブルー、イエロー、グリーンなど多彩に発色し、硬度も高く、宝石として人気のトパーズ。天然の淡い色のものは強い光のもとに長時間置くと褪色することがあります。また加熱やX線照射で人工的に発色させたものや、コーティング処理したものも流通しているので、知識が必要です。

11月の誕生石で紀元前から愛されてきたトパーズ。その語源は、ギリシャで「探し求める」という意味の「topazos」と呼ばれていた紅海の島が産地だったから、という説があります。しかし、その島では、トパーズは産出されず、「ペリドット」が大量に産出されていたとか。もうひとつは、インドの古い言語のサンスクリット語で「火」という意味の「topas」に由来するというものです。

石の特徴・効能
✦ 洞察力を高め、本質を見極める ✦

古代エジプトや古代ローマの時代から、太陽神の象徴として、人々に護符として愛用されていたと言われています。持ち主に勇気と自信を持たせ、博愛の精神を高める力があり、権威とカリスマ性を与えるとされています。

その語源にあるように、「探し求める」力が強く、生きる目的が見当たらない、運命を感じられる恋人に出会えないといった、人生において必要としているものを探し出すサポートをしてくれるのがこの石です。実際に物をなくしたときも、トパーズを持っていると見つけやすくなるでしょう。強い恐怖心や、漠然とした不安を払拭し、洞察力を高めた後で、しっかりと背中を押してくれるので、自信を持って前に進んでいけます。

相性の良い石

アマゾナイト
本当に必要なものを見極め、それに出会えるように導いてくれる。

ラブラドライト
インスピレーションを高め、眠っている才能を引き出し開花させる。

パール
女性としての魅力を高める。感情の波を調整し心を穏やかに保ち、品位と若々しい魅力を高める。

同じグループの石
・インペリアルトパーズ
・ブルートパーズ

chapter.4 ✦ パワーストーンのデータベース

✦ 愛と幸福を呼ぶ高貴な石
【黄玉（おうぎょく）】
インペリアルトパーズ

石の言葉　「前進、気づき、品格」

主な産地　ブラジル、パキスタン
硬度 8　**結晶** 斜方晶系　**成分** $Al_2OH_2SiO_4$
【効果的な使い方】　リング、ペンダント、原石
【処理の有無】　一部加熱処理
【取り扱いの注意】　特になし

石のいわれ／石の特徴・効能
✦ 高貴な金色の最高級品 ✦

　琥珀色とシェリー酒色、2種類の金色が美しく貴重なブラジル産トパーズです。「シトリン（黄水晶）」と区別するため、この名前が付けられました。優雅なエネルギーに満ちた石をそばに置くと、生きていることへの感謝と、自分を愛する喜びを感じるでしょう。たとえ、悩み多く絶望的な気持ちになっていても、幸せなパワーで全てを吹き飛ばし、豊かな感受性と創造力を与え、幸運を引き寄せます。

✦ 理知的に判断し目標を達成
【黄玉（おうぎょく）】
ブルートパーズ

石の言葉　「ひたむきな努力を支える」

主な産地　ブラジル、パキスタン、アメリカ、日本など
硬度 8　**結晶** 斜方晶系　**成分** $Al_2F_2SiO_4$
【効果的な使い方】　ブレスレット、リング、ペンダント、原石
【処理の有無】　照射後に加熱処理
【取り扱いの注意】　長時間紫外線に当てない

石のいわれ／石の特徴・効能
✦ 心の叫びに応じて働く ✦

　青色が濃いものは稀少で、人工的に発色させている石が多いです。知的に輝き、教養を司り、諦めず目標を達成する強い精神力を与えるので、研究や技術を極めたい人におすすめ。愛情面でも、困難の多い恋愛を一途な心で成就させる力を発揮します。この石に惹かれるとき、心はストレスやトラウマに苦しんでいるのかもしれません。ネガティブな感情を一掃し、希望に向かわせるトパーズの力に呼ばれているのでしょう。

> チャクラ 3

✦ 明るい存在感で人々を惹き付ける

【霰石（あられいし）】
アラゴナイト

| 石の言葉 | 「母性、存在感、好感度を高める」 |

- **主な産地** スペイン、モロッコ、メキシコなど
- **硬　度** 3.5～4
- **結　晶** 斜方晶系
- **成　分** Ca[CO_3]

【効果的な使い方】ブレスレット、原石、ペンダント、丸玉
【処 理 の 有 無】一部含浸処理
【取り扱いの注意】水、衝撃に弱い

石のいわれ　✦ あられの形に似ている石 ✦

「カルサイト」とほぼ同じ化学組成で、異なる結晶構造を持つ「同質異像」の関係です。結晶の形は、針状、粒状、サンゴ状と様々ですが、鍾乳洞の水たまりに丸い「あられ」状の結晶で見つかるため、和名が「霰石」となりました。鉱物名は、スペインのリオ・アラゴンで美しい結晶が多く発見されたことに由来します。

純粋な結晶は無色ですが、鉄やマンガンなどが混ざることで発色し、有名な黄色の他に白、水色などのカラーバリエーションを持っています。一般的にパワーストーンは色によってエネルギーに違いが出ますが、穏やかな波動を持つ石の効力は色に左右されません。やわらかく加工しやすいため、建築材料、装飾品等に幅広く使われます。

石の特徴・効能　✦ 代表的ヒーリングストーン ✦

柔らかで人懐っこいオーラを放つこの石は、古くから感情の乱れを整える癒しの石として愛され、優しい母性の作用でストレスを解消し、心身のバランスを整え、枕元に置いて眠ると安眠へ導くと言われます。

また、「人望の石」としても有名で、明るい存在感をもたらし、人々を惹き付け、ビジネス面においても上下を問わず人脈を広げます。さらに「愛と友情の守護石」という呼び名もあるほど社交性を高め、異性からの人気も得られるので、恋を求める人にもおすすめです。このように愛情や友情を広く深く育み、コミュニケーション能力もアップしてくると、人間関係のストレスも自然に軽減されるでしょう。

相性の良い石

ルチルクォーツ
金運、人気運を高める。特に芸能・芸術関係などにおいて存在感をアピールする。

カーネリアン
女性らしい魅力で異性を惹きつけ、理想の恋愛へと導く。

マザーオブパール
営業、商売運を向上し。しっかりとした人間関係を築き、相手の信頼を得る。

同じグループの石
・カルサイト

chapter.4 ✦ パワーストーンのデータベース

✦ 霊的次元・惑星とのつながり

【衝撃溶融ガラス（しょうげきようゆうがらす）】
インパクトガラス

石の言葉	「霊性、輪廻転生、潜在力」

主な産地	エジプト、オーストラリア、カザフスタンなど
硬度	5～6
結晶	非晶質
成分	SiO_2+

【効果的な使い方】ブレスレット、ペンダント、原石
【処理の有無】特になし
【取り扱いの注意】特になし

石のいわれ ✦ 未知なるパワーを秘める ✦

　エジプト西部のリビア砂漠の数十キロの範囲で見つかった美しいイエローの「インパクトガラス」は、「リビアングラス」と呼ばれ、約2850万年前に宇宙から飛来した巨大彗星が地球に落下した際にできたとされます。彗星が地表近くで炸裂した際、その衝突時の高熱やエネルギーで地表にあった成分が一瞬で溶け合い、たくさんのクリストバライトと稀少鉱物を含むガラス質に変化。その後、再び凝固したものと考えられています。また、タスマニアで発見されたものは「ダーウィングラス」と呼ばれます。

　古来多くの伝説が残りますが、石の起源が謎でした。近年、隕石ではなく氷状の巨大彗星の空中爆発が原因とされ、彗星は溶け、凝固した石だけが残ったと考えられています。

石の特徴・効能 ✦ 神聖視されたエネルギー ✦

　モルダバイトの深い緑色の対極にあるような明るい黄色、両者はともに宇宙の果てしないエネルギーとつながりがあります。無限の可能性と真の喜びを引き出し、新しい自分を創造し、あなただけが持つ素晴らしさを自信に変えていく力を与えます。古代エジプトではこの石の放つ再生と復活のエネルギーが非常に神聖視され、太陽神の化身である聖なる甲虫「スカラベ」の形に彫り上げたインパクトガラスがツタンカーメンの胸飾り中央にはめ込まれていたことで有名になりました。「スカラベ」が象徴する太陽、生命などのパワーを光り輝く石の波動でさらに最強のものにしようと考えたのでしょう。

相性の良い石

モルダバイト
宇宙の叡智とのつながりをより深め、理解する。

フェナカイト
自然からの啓示を自身の知識に置き換え、成長する。

テクタイト
古い考えを破り、今までにない斬新な発想を生み出す。

同じグループの石

- ダーウィングラス
- テクタイト
- モルダバイト
- リビアングラス

✦ 変容を遂げ、その先の成功へ導く

【緑金石英（りょくきんせきえい）】

オウロヴェルデクォーツ

石の言葉	「活力、保護、変容」
主な産地	ブラジル
硬度	7
結晶	六方晶系（三方晶系）
成分	SiO_2
【効果的な使い方】	ブレスレット、ペンダント、丸玉、ポイント
【処理の有無】	照射後に加熱処理
【取り扱いの注意】	特になし

石のいわれ
✦ 劇的な色の変化が話題に ✦

　レアストーンと言われる乳白色の「メタモルフォーゼスクォーツ」に、ガンマ線を照射、その後、300度近い高温で加熱すると柔らかい緑色を帯びた金色に変化します。ミルク色のクォーツがまったく別のグリーンゴールドに生まれ変わることから、ポルトガル語で「黄金の緑」という意味の「オウロヴェルデ（Ouro Verde）クォーツ」と名付けられました。メタモルフォーゼスは「変化変容をもたらす石」と言われ、高いバイブレーションが国内外の専門家に人気でしたが、さらに強烈なオウロヴェルデのエネルギーはアメリカの有名なクリスタルヒーラー・メロディー女史により紹介され、大きな話題を呼びました。

石の特徴・効能
✦ 保護、変容、再生のエネルギー ✦

　変容・変革をもたらし、さらにその先へ橋渡しをする「成功へ導く石」とも呼ばれています。肉体と精神を鍛え、可能性を広げます。目標を達成するための集中力、洞察力、情報収集力などを高め、達成までの持久力を授けます。それは、仕事、学習、恋愛、趣味など、様々な場面に表れます。浄化の必要がないほど高い波動で、邪悪なものから強力に保護し、様々な経験を与えることで人生をより深める作用もあります。気をつけて欲しいのは、非常にパワフルなため、常に寄り添うことで疲れてしまうかもしれないということ。向上心を忘れず、成長を強く願う人をサポートする頼りがいのあるパートナーです。

相性の良い石

アメシスト
成功への道のりにおける焦りや不安を解消し、穏やかに良い方向へ導く。

メタモルフォーゼスクォーツ
変化を受け入れ、次のステップに進む心と身体の準備を整える。

ペリドット
明るいオーラで希望に満ちた未来を切り拓く。

同じグループの石

- メタモルフォーゼスクォーツ

✦ 大地のパワーに満ちた精神安定の石

【硫黄（いおう）】
サルファー

石の言葉	「精神安定、集中力」

- **主な産地** イタリア、ボリビア、インドネシアなど
- **硬度** 1.5～2.5
- **結晶** 斜方晶系（単斜晶系）
- **成分** S

- 【効果的な使い方】原石（瓶などの容器に入れて保管）
- 【処理の有無】特になし
- 【取り扱いの注意】もろく割れやすい、熱に弱い、物質を変質させるので密閉し保管する。

石のいわれ
✦ 硬度が低く加工しにくい ✦

　火山の火口や温泉の噴出口付近から産出される硫黄は、単一元素からなる元素鉱物で、110～120℃の熱で溶融する性質を持ち、熱を伝えにくい絶縁体（不導体）のため、触れるとほんのり温かく感じられます。鮮やかなレモン色の結晶が特徴ですが、酸化により硫化水素などに変化し臭気を発したり、硬度が低く、崩れやすいため、ジュエリーなどへの加工には向いていません。また、近くにある金属質の物体を変質させる性質があるので、保管の際は密閉できるガラス容器などに入れることをおすすめします。

　硫黄からは「硫酸」が製造され、工業用として肥料、洗剤、火薬、薬品など様々な用途に幅広く活用されています。一部の人にアレルギーを起こす報告がありますので、扱いには注意が必要です。

石の特徴・効能
✦ 自分自身への苛立ちを抑制 ✦

　美しい黄色の石を溶融すると血のように真っ赤な液体に変化。燃焼させると青白く発火することから「炎の子」と呼ばれ、悪を祓う儀式に使用されるほど強く明るいパワーを放ちます。火山の多い国に暮らす私たちには糖尿病、高血圧症、皮膚病、通風などに効く温泉の成分としても身近な鉱物です。精神面への働きかけにも優れ、怒りや興奮といった感情を沈め、穏やかな精神状態に回復させる深いリラックス効果があります。特に自分自身に原因があり、環境や物事を素直に受け入れることができないイラだちを抑制し、冷静な対応力を与えます。心の奥から湧き上がるような朗らかな気持ちを呼びさまし、生命力を高め、自愛の精神をも育んでくれる頼もしい存在です。

相性の良い石

シトリン
明るく朗らかな魅力と仕事に対する意欲を引き出す。

ホークスアイ
矛盾を生み出す心の迷いを消し、願望達成へと導く。

アンバー
環境や精神を清らかに整え、マイナスのエネルギーから保護する。

同じグループの石

- サルファーインクォーツ

✦ 起業と転職に効きめあり

【虎目石（とらめいし）】
タイガーアイ

石の言葉	「財運、洞察力、人間性」

- 【主な産地】南アフリカ、オーストラリア、ナミビアなど
- 【硬度】6.5〜7
- 【結晶】単斜晶系（結晶繊維）
- 【成分】$Na_2Fe^{2+}{}_3Fe^{3+}{}_2[OH|Si_4O_{11}]_2$
- 【効果的な使い方】ブレスレット、ネックレス、丸玉、タンブル
- 【処理の有無】一部加熱処理
- 【取り扱いの注意】特になし

石のいわれ
✦ 研磨して現われるキャッツアイ効果 ✦

　虎の目のような神秘的な輝きが特徴ですが、原石のままではこの様子は見られず、縞状の原石を研磨して、丸玉やドーム状に仕上げると結晶の中に平行に配列された針状の内包物によりキャッツアイ効果が現れます。鉱物学的には、クロシドライト（青石綿）という繊維状の鉱物に水晶の成分と同じ石英がしみ込んで硬化、青色が酸化して茶褐色になったもので、酸化が起こる前の青灰色の石を「ホークスアイ（ブルータイガーアイ・鷹目石）」と言います。さらに酸化が進むと赤褐色の「ブルズアイ（レッドタイガーアイ・赤虎目石）」になりますが、天然のものは極めて稀少で、ほとんどが人工的に加熱し赤く酸化させたものです。迫力のある縞入りのタイガーアイは「虎」のイメージから、男性に人気があります。

石の特徴・効能
✦ 虎の目で「見抜く力」を得る ✦

　古くから金運をもたらす石とされています。また、「虎の目」のような輝きから、未来の出来事や物事の本質を感じとる洞察力を授けてくれます。この石は第3チャクラを活性させるのでシャーマンや、クリスタルヒーラーは、眉間の「第三の目」に当てて瞑想すると、透視能力や予知能力が高まると言います。このような「見抜く力」によって、あらゆる状況で最良の決断を下せるようになり、金運につながるチャンスを手に入れるようになる、という流れです。新しく事業を立ち上げるとき、人生の転機に有効な石と言えます。
　恐怖心や不安といったネガティブな感情を抑え、揺るぎない心の強さも与えてくれます。自分が自分であることの誇りを持ち、もしも傲慢になっていたら、そんな自分に気づかせてくれるでしょう。

相性の良い石

アンバー
試験など大事な時に勝負強くなれる。緊張を解きほぐし、適切な判断ができる。

ブラックオニクス
自信を育て、周囲にむやみに振り回されない信念を授ける。

レピドクロサイト
霊感やインスピレーションを高める。隠れた才能を開花させる。

同じグループの石
- アイアンタイガーアイ
- イーグルアイ
- ピーターサイト
- ブルズアイ
- ホークスアイ
- レッドタイガーアイ

ピーターサイト（テンペストストーン）

　地殻変動で砕けたタイガーアイとホークスアイが石英により渦巻く雲のようなマーブル模様に再結晶化したもので、1962年にアフリカのナミビアで発見されました。タイガーアイと同じ効用に加え、スピリチュアルなエネルギーが高く、「天上の国の鍵を持つ石」と言われているほど。抑圧された精神を解放し、凝り固まった価値観から抜け出せずにもがいている魂を救います。

ブルズアイ（レッドタイガーアイ）

　タイガーアイの酸化がさらに進み、赤色に発色したもの。自然のものは稀少で、流通品のほとんどが人工的に熱処理を加えたものです。赤褐色の縞模様とキャッツアイで迫力あるオーラがさらに増し、高い気力と精力を与え、邪気祓いの力も強まります。財運、仕事運、事業運の上昇に加え、直感力、決断力を高め、必要な人物との出会いももたらす、発展の石です。

ホークスアイ（ブルータイガーアイ）

　タイガーアイと同じクロシドライトがケイ酸で固化、含まれる鉄分の酸化作用が進んでいない状態の鉱物です。和名「青虎目石」が示すように、タイガーアイよりも青みがかっていて、「ファルコンアイ（隼目石）」とも呼ばれています。酸化の過程で青緑色に変化したものは「ウルフアイ（狼目石）」と呼ばれ貴重です。
　金運、仕事運、洞察力を高め、より冷静に、広く物事を認識させる力を与え、高い精神性と冷静な心を保ちます。

✦ 先人の知恵を授ける

【黄銅鉱（おうどうこう）】
チャルコパイライト

石の言葉	「金運、勝負運、言い伝え」

主な産地	ペルー、アメリカ、ブラジルなど
硬度	3.5〜4
結晶	正方晶系
成分	$CuFeS_2$
【効果的な使い方】	タンブル、丸玉、原石
【処理の有無】	特になし
【取り扱いの注意】	もろく割れやすい、水分や塩分に弱い 酸化により変化

石のいわれ ✦ 結晶構造の多様さで人気の鉱物 ✦

　パイライト（黄鉄鉱）と並ぶ代表的な金属鉱物で和名は「黄銅鉱（せきどうこう）」。銅の含有率はキュープライト（赤銅鉱）に比べると低いのですが、産出量が多いため銅の約八割を占める重要な鉱石鉱物です。結晶は主に正方晶形の三角形で、2つの結晶面が対称に結合し双晶をなしているもの、塊状、ブドウ状のものなど様々で、そのユニークさが鉱物ファンに人気です。色は金属的な光沢のある黄銅色で、酸化によって黒色に変色してしまいますが、稀に青や紫などに美しく発色するものもあります。語源は、ギリシャ語で「銅」を意味する「chalkos」と「火」を意味する「pyr」を合わせたもの。宝石クラスの石は「オリエンタル・ゴールド」と呼ばれています。

石の特徴・効能 ✦ 先人からの知慧を授ける ✦

　チャルコパイライトはユニークな風貌の通り、マイペースな落ち着きとゆとり、どこか達観したような寛大さを秘めた石です。過去の出来事、先人の知慧と深くかかわる力があり、それらから生きるための教え、最適なヒントを選び出し、優しく示してくれます。窮地に直面したときには、過去の知識からそっと解決方法を伝え、救い出してくれるのです。また、探し物を見つけてくれる石、生きる力を高める石として、古くから大切にされてきました。この石のパワーには超能力的な派手さや強さはありませんが、古来、脈々と受け継がれてきた大切な経験と情報に気づかせてくれる力が潜んでいます。頼りがいのある存在の石ですね。

相性の良い石

メテオライト
事物を理解する能力を強め、多様な価値観を受け入れる柔軟な精神を育む。

アベンチュリン
穏やかに落ち着いた心で周りを温かく包みこむ。

ヘマタイト
精神力の強さ、成功へ導くエネルギーを高める。

同じグループの石
- パイライト
- マーカサイト

✦ 予知能力を与えて危険を回避
【黄鉄鉱（おうてっこう）】
パイライト

石の言葉　「邪気祓い、危機回避」

主な産地　スペイン、ペルー、アメリカ、イタリアなど
硬度　6～6.5
結晶　等軸晶系
成分　FeS$_2$

【効果的な使い方】原石、丸玉、アクセサリー
【処理の有無】特になし
【取り扱いの注意】酸化により変色、水・湿気に弱い

石のいわれ
✦ 古代より火打ち石として使われる ✦

　「硫黄」と「鉄」が結合してできた硫化鉱物の一種で、黄金と見間違うほど金色の鉱物。硫黄が豊富で、火山活動の活発な所に多く産出し、日本にも岩手「仙人鉱山」をはじめ、各地に産地があります。その結晶の形は人工的にカットされたような美しい立方体（正六面体）、正十二面体、八面体など独特です。

　名前の「パイ」はギリシャ語で「火」という意味で、叩くと火花が散るため、古代から火打石として使われてきました。18世紀頃には研磨され「マルカジット」という名でダイアモンドの代用品として使われ、今もアンティークジュエリーとして人気です。また「同質異像」のマーカサイト（白鉄鉱）は同じ鉱物だと考えられていましたが、その後、違う種類と分かりました。

石の特徴・効能
✦ 天界との交信を繋ぐ ✦

　インカ帝国ではこの石を鏡のように磨き呪術や予言を得る儀式に用いたと言われますが、ネガティブな波動を跳ね返す強い力を持ち、直面する問題や危険などを遠ざけ、持ち主を保護します。特に立方体のパイライトは知識を蓄積する能力をアップさせ、知性と本能など両極にあるもののバランスを整えます。

　また、アメリカインディアンの間でも、古くから天界との交信を活性化させ、高次元な世界とのパイプ役となり、一種の予知能力を与えるツールとして大切にされてきました。またパイライトは多くの選択肢がある場合、冷静な判断力で危険な道を回避、より良い未来に繋がるものを選ぶ能力を磨きます。確信の持てない懸案事項を抱えている時に力を発揮する石と言えるでしょう。

相性の良い石

アベンチュリン
自分にとって不利な状況を覆し、優位な環境を作る。

ルチルクォーツ
インスピレーションを高め、迷いや不安を払拭。最善の選択へと促す。

サファイア
知性と冷静な判断をもたらす。邪気を祓い、心身の不調を整える。

同じグループの石
・チャルコパイライト
・マーカサイト

✦ 陰と陽のバランスを整える

【月長石（げっちょうせき）】
ムーンストーン

石の言葉　「直感力を高める、感情を鎮める」

主な産地	スリランカ、インド、ブラジル、マダガスカルなど
硬　度	6～6.5	結　晶	単斜晶系
成　分	K [ALSi$_3$O$_8$]

【効果的な使い方】ブレスレット、ペンダント、リング、丸玉
【処理の有無】一部含浸処理
【取り扱いの注意】特になし

石の いわれ　✦ 古来より神秘性で崇められた ✦

　ムーンストーンは宝石名、鉱物学的にはオーソクレース「正長石」の仲間です。アルミニウム、ケイ素、酸素をベースにカリウム、ナトリウム、カルシウムなどがさまざまな割合で含まれることで種類が分かれます。無色、乳白色、グレー、オレンジ、グリーン、イエローなど色調も幅広く、月の光を閉じ込めたような淡い輝きが特徴です。実際に月との関連が深い石で、月の満ち欠けによって輝きや大きさが変化するとされ、古くから、再生、豊かさ、予知、願いを叶える「幸運の石」として崇められてきました。ヨーロッパでは、闇夜を照らし、進むべき道を守る「旅人の石」とされ、旅の安全祈願に持参したとか。また、インドでは「聖なる石」として聖職者が身に付け、農夫たちは豊穣を祈り農具につり下げました。

石の 特徴・効能　✦ 若さと魅力を生み出すお守り ✦

　月は女性の象徴。ムーンストーンには月の女神のパワーが宿ると信じられてきました。月の満ち欠けにも影響される繊細な女性の生理的サイクルに働きかけ、ホルモンのバランスを整え、情緒を穏やかに支えます。その結果、内面の美しさが輝き、若々しく、自分らしい魅力が目覚めるのです。また、愛が成就するように手助けしてくれるのも、この石の素敵なパワー。愛する誰かがいる人に有効なのはもちろん、今はシングルでも、あなたの中にある愛の種を発芽させてくれるはず。女性として生まれた喜びや愛することの豊かさと深い意味に気づかせてくれる、女性にとって最高の守護石です。また、直感力や透視力を高め、ムーンストーンを口に含むと、未来のビジョンが見えるという言い伝えがあります。

相性の良い石

ピンクオパール
内面だけでなく、肉体的にも女性らしい柔らかな魅力を引き出してくれる。

アマゾナイト
希望に満ちた創造力をもたらし、芸術性を高めてくれる。

マラカイト
体のリズムを整え、邪悪なものを祓い、安眠を助け、心安らかな日々へと導く。

同じグループの石

・オレンジムーンストーン
・グリーンムーンストーン
・ペリステライト

chapter.4 ✦ パワーストーンのデータベース

✦次なる段階への変化をもたらす
【金紅石入り水晶（きんこうせきいりすいしょう）】
ルチルクォーツ

石の言葉	「強運、革新、信念」

主な産地	ブラジル、マダガスカル、インドなど
硬度	7
結晶	六方晶系（三方晶系）
成分	$SiO_2 + TiO_2$

【効果的な使い方】ブレスレット、ネックレス、原石、丸玉、彫刻品
【処理の有無】一部含浸処理
【取り扱いの注意】特になし

石のいわれ　✦強い意志を感じる黄金の輝き✦

　水晶の生成過程で二酸化チタン鉱物のひとつである針状のルチル（Rutile＝金紅石）を内包したものをルチルクォーツと呼び、英名では「ルチルレイテッド・クォーツ」、「キューピッドアロー」と言う愛称もあります。内包するルチルの特徴により様々な名称があり、黄金に輝く「ゴールデンルチルクォーツ」、ルチルが繊細なものを「エンジェルヘア」「ヴィーナスヘア」、太く力強いものを「タイチン」、母岩から放射状に成長するものを「太陽ルチル」、細い針が同じ方向に並び一条の光が浮かぶものを「キャッツアイルチル」などと呼びます。名前はラテン語の「燃えるような」を意味する「rutilis」に由来。人気の石ですが、採掘が制限され、入手困難になっています。

石の特徴・効能　✦癒し効果も絶大✦

　自分を変えたいという思いに素早く反応し、煌めく光で夢への道筋を照らし、迷わず目標に到達できるよう力強く保護します。風水の教えでは災厄を祓い、健康運、家庭運、事業運などあらゆる幸運をもたらす全能の守護石とされます。良い運気に守られる安心感は正確な判断力と行動力を育て、ポジティブな生き方が身に付きます。その結果、この石が持つ最強のパワー「財運」が開けてきます。この「財」は金銭的な財産に限らず、知識、品格、人材など様々。単純に「金運」を呼ぶのではなく、必要な経験を積んだ副産物として金運がもたらされる感じです。また、癒し効果、信頼、集中力、直感力、洞察力などを高める、『次への一歩を踏み出す勇気の石』としておすすめです。

相性の良い石

ラブラドライト
ソウルメイトとの出会い、活力、直感、インスピレーションを与えてくれる。

レッドタイガーアイ
金運、仕事運を高める。自信と勇気が持てるようになる。

ホークスアイ
大局を見て即決する力を与える。金運、商売運などを高める。

同じグループの石
・キャッツアイオレンジルチルクォーツ
・シルバールチルクォーツ
・プラチナクォーツ
・レッドルチルクォーツ

✦ 最強の財運と繁栄を授ける

【猫目針水晶（ねこめはりすいしょう）】
キャッツアイオレンジルチルクォーツ

石の言葉　「強運、家庭の平和、誇り」

主な産地　ブラジルなど
硬度　7　**結晶**　六方晶系（三方晶系）　**成分**　SiO_2+TiO_2
【効果的な使い方】　ブレスレット、丸玉、彫刻品
【処理の有無】　特になし
【取り扱いの注意】　特になし

石のいわれ 石の特徴・効能　✦ みなぎる向上心と情熱 ✦

　細いルチルがびっしりと同一方向に成長し、キャッツアイ効果が現れるオレンジゴールドのクォーツはルチルの輝きと密度、水晶の透明度で価値が決まります。全ての方向を照らす明るいきらめきで、財運、人徳、繁栄を無限に引き寄せるパワーが珍重されています。極めて稀少なこの石は、出会うべき時機に現れ、隠れた努力を惜しまない人や飛躍のエネルギーを秘めた人をサポートすると言われています。

✦ 内面を磨き、魅力を高める

【銀針水晶（ぎんはりすいしょう）】
シルバールチルクォーツ

石の言葉　「貞節、良縁、善良」

主な産地　ブラジル、マダガスカルなど
硬度　7　**結晶**　六方晶系（三方晶系）　**成分**　SiO_2+TiO_2
【効果的な使い方】　ブレスレット、丸玉
【処理の有無】　特になし
【取り扱いの注意】　特になし

石のいわれ 石の特徴・効能　✦ 品格を高め、信頼を築く ✦

　ルチルの反射率と水晶の屈折率の関係で針が銀色に輝きます。内的世界を冷静に分析し、自己嫌悪感や狭い考え方を克服し、自分の全てを受け入れ、人格を高めます。銀の針は「魔力を持つ矢」を象徴し、好意を寄せる人を惹きつけ、悪意を持つ人を避ける守護石として最適です。対人関係における緊張感、わだかまりを解消、恋人だけでなく家族や社会において深い信頼関係を築きます。また貯蓄能力もアップします。

✦爽やかな明るさで豊穣をもたらす

【檸檬水晶（れもんすいしょう）】
レモンクォーツ

石の言葉	「壮健、明朗、フレッシュ」

- 【主な産地】ブラジル、アメリカなど
- 【硬度】7
- 【結晶】六方晶系（三方晶系）
- 【成分】SiO_2

- 【効果的な使い方】ブレスレット、ペンダント、丸玉
- 【処理の有無】一部加熱処理
- 【取り扱いの注意】紫外線に弱い

石のいわれ ✦人工と天然で色味が違う✦

　サルファー（硫黄）の成分が混入したことによりレモン色に発色した水晶。天然の「イエロークォーツ」は少し傷をつけただけで硫化水素の匂いがしますが、市場に出回るほとんどが水晶やスモーキークォーツに加熱処理して色を変化させたもの。貴重な天然ものは微細な硫黄成分が不均一に混入し、半透明の柔らかなレモン色。一方、加熱処理した人工的なものは透明で鮮やかです。同じ柑橘系の名前を持つ黄色の水晶「シトリン」と混同されたり、間違われたりしますが、この2つは発色の原因が違います。鉄分の影響で発色し、ゴールドに近い黄色のシトリンに比べて、こちらは爽やかな色合いをしています。ちなみにシトリンもアメシスト等に加熱処理をして人工的に発色させたものがほとんどです。

石の特徴・効能 ✦不安を解消し心を鎮める✦

　黄色は金運・財運の象徴で、この石もそのような作用があり、明るく陽気なパワーで、昔から繁栄・豊穣の石とされました。また、黄色は第3チャクラを活性化させる波動を持つので、みぞおちにあるチャクラの不調を整え、不安や混乱、閉塞感を解消し、感情の昂りを鎮める力があります。大切な臓器の集まる腹部ですから、常に明るく力強いエネルギーで満たすと、地に足のついた安定した状態となり、疲労が解消。若さを保つ効果につながります。さらに、落ち込んだ気分が上向き、清々しい気持ちに変わるため、周囲にも溌剌とした印象を与え、人望が高まります。これらの作用は、黄色の成分である硫黄による効果が大きいので、人工的なものより天然のほうがより深くエネルギーの恩恵を受けられます。

相性の良い石

カルサイト
感情をコントロールし精神的に安定させる。ストレスを軽減し前向きな気持ちになる。

チャロアイト
外部からのネガティブなエネルギーを遮断し、心の安定を保つ。

ローズクォーツ
優美な女性的魅力を引き出し、見た目よりも若々しい印象を与える。

同じグループの石

- シトリン
- スモーキークォーツ
- プラシオライト

チャクラ 4

✦温かく明快な喜びをもたらす

【緑閃石（りょくせんせき）】
アクチノライト

| 石の言葉 | 「頭脳明晰、潔い、洞察力」 |

主な産地	ネパール、スイス、タンザニア、中国、カナダ、ロシアなど
硬度	5〜6	結晶	単斜晶系
成分	$Ca_2(Mg,Fe^{2+})_5[OH|Si_4O_{11}]_2$

【効果的な使い方】原石、ブレスレット、ペンダント
【処理の有無】特になし
【取り扱いの注意】繊維状のものは取扱いに注意

石のいわれ
✦薬石としても愛される緑色の守護石✦

　青や緑の結晶が放射状に集合、語源はギリシャ語で「放射光」という意味の「Aktis」。「角閃石族（かくせんせきぞく）」の一種で微細な針状結晶の集合体で産出されます。繊維のように加工でき「石綿（せきめん）」と総称され、火の中に入れても燃えない耐熱性、耐久性で、古代より魔法の石として珍重されていました。工業製品としても広く利用されましたが、人体に害を及ぼすことが分かり現在では使用が禁止されています。「トレモライト（透閃石（とうせんせき））」と共に高密度の塊状となった鉱物が「ネフライト（軟玉（なんぎょく））」で、古来より聖なる守護石として、装身具・彫刻品・玉器・武具などに使われてきました。他の鉱物に内包されることも多く、水晶に針状に内包しているものを「アクチノライト・イン・クォーツ」と呼びます。

石の特徴・効能
✦ネガティブな波動を遮断する✦

　透明感のある緑、力強い黒の結晶には霊的な障害や災難から身を守る力があると言われ、古くから世界各地で護符や宗教的儀式に使う道具、戦いを勝利に導く武具などに用いられてきました。外部からのネガティブな波動を遮断し、粘り強く目標を達成させる力を授け、洞察力、第六感を磨き、重要な局面で迷わず最善の答えを引き出すと言われます。

　また、中国医学では「温腎壮陽（おんじんそうよう）」の効能を持つ「陽起石（ようきせき）」と呼ばれ、この石の粉末を石薬として服用。男性は、活力が高まり、生殖能力が回復する。女性は、血流が整い細胞が活性化するため、下半身と子宮が温まり、ホルモンバランスが整うなどの効果があると言われています。

相性の良い石

クリソベリル
停滞しているマイナスのエネルギーを清め、幸運へと導く。

コスモクロア
ネガティブな思いを消し去り、明るく強い心を養う。

パール
子孫繁栄の守護石。女性としての幸せ、美しさを守る。

同じグループの石

- トレモライト
- ネフライト
- ヘキサゴナイト

✦ 真実を見極める

【砂金石（さきんせき）】
アベンチュリン（クォーツ）

石の言葉	「直観力、気づき、疲労回復」

- **主な産地** インド、ネパール、ブラジルなど
- **硬度** 7
- **結晶** 六方晶系（粒状集合体）
- **成分** SiO_2

【効果的な使い方】ブレスレット、ペンダント、タンブル
【処理の有無】特になし
【取り扱いの注意】特になし

石のいわれ
✦ 光り輝くアベンチュレッセンス ✦

「アベンチュリン」は石自体の呼び名ではなく、18世紀にイタリアで偶然発見された「アベンチュレッセンス（光学現象）」を指します。「アベンチュレッセンス」とは鉱物などの小片が混ざりキラキラと輝く現象です。自然界にも同じ現象を持つ石があり、インドで「フックサイト」を含み、キラキラと輝く「グリーン・アベンチュリン・クォーツァイト（砂金石）」が発見され「アベンチュリン」の代名詞となりました。その後、市場では「緑色の水晶」のイメージが強くなり「アベンチュレッセンス」の無いケイ岩も「アベンチュリン」の中に含まれていましたが、現在では区別されています。美しい緑を翡翠（ジェダイト）に見立て「インド翡翠」と呼ばれていますが、まったく異なる鉱物です。

石の特徴・効能
✦ 包容力を高め、不安を解消 ✦

高次元な視点から物事を理解し、先入観や固定概念に捉われず、真実を見極められるようになります。チベットでは洞察力を高め、真理を見抜く石として崇められ、目やサードアイに当たる部分にこの石をはめ込んだ仏像があります。植物との繋がりも深いこの石を眺めていると木漏れ日のさす森にいるようなリラックス効果を感じます。心身の疲労を回復して緊張を解きほぐし、本来の自分らしい情緒を取り戻せるでしょう。自然に苛立ちが鎮まり、誰にでも大らかな気持ちで対応できるようになるので、人間関係でのストレス、中でも介護や子育ての不安を解消するのに長けています。「繁栄」「子宝」「円満」をもたらす石と言われるのも、優れた愛と癒しのパワーによるものでしょう。

相性の良い石

ヘマタイト
健康維持に良い組み合わせ。心身をリラックスさせ循環機能を高める。

プレナイト
悩み、悪縁など、自分にとって不要なものを排除し、心身を軽くする。

ジェダイト
ストレスを解消し、心を穏やかに保つ。意識を高め、広い視野を持てる。

同じグループの石
- オレンジ・アベンチュリン・クォーツァイト
- ブルー・アベンチュリン・クォーツァイト
- マスコバイト

✦ 大きな包容力で希望の道を拓く

【天河石（てんがせき）】
アマゾナイト

石の言葉	「時流に乗る、約束、目標達成」

主な産地	アメリカ、ロシア、ペルー、マダガスカル、ブラジルなど
硬度	6～6.5
結晶	三斜晶系
成分	K [AlSi$_3$O$_8$]
【効果的な使い方】	ブレスレット、ペンダント、ピアス、タンブル
【処理の有無】	一部含浸処理
【取り扱いの注意】	熱に弱い、一定方向に割れやすい

石のいわれ　✦ 青緑色の希望の石 ✦

「フェルドスパー（長石族）」の中の「マイクロクライン（微斜長石）」の青緑色の変種で、水色から明るい緑色をした石を「アマゾナイト」と呼びます。発色は微量の鉛イオンなどによるものです。青緑色と白色（アルバイト）の不連続な層（パーサイト構造）が特徴ですが、近年、ペルーでこの構造が肉眼で見えないタイプも発見されています。原産地はアマゾン川から遠く離れたブラジルの鉱山ですが、名称はアマゾン川とギリシャ神話の「アマゾネス」が由来ではないかと考えられています。

以前から市場では、よく似た青緑色の石「ブルークォーツァイト（ケイ岩）」が「アマゾナイト」として流通していますが、成分も構造も異なる石です。

石の特徴・効能　✦ 対極のバランスを調和させる ✦

「強力なエネルギー」「浄化作用」「対極性」を兼ね備えた石です。大地を浸食し雄大に流れる大河のように男性的でアグレッシブなパワーが自分の中に流れていることに気づかせ、トラウマや恋愛面での悲しい記憶を浄化します。「精神と肉体」「生と死」「陰と陽」など、対極を成す事柄のバランスを調和し、生きることに対して前向きなパワーで満たすと言われています。

また、真実を正しく理解させ、次の行動へつなげる「ホープストーン（希望の石）」と称され、明るい希望に満ちたエネルギーを授けます。両極を調整する優れたエネルギーを持つため、クリスタルヒーラーにとってはカウンセリングの「要の石」として大切にされています。

相性の良い石

ターコイズ
障害から身を守り、希望を持って夢を実現させる。可能性を引き出す。

トパーズ
直感力を磨き、自分の進むべき道を教えてくれる。探し物が見つかる。

スピネル
不屈の精神で目標を叶えていく力を与える。理想を現実的なものにする。

同じグループの石

・アルバイト
・マイクロクライン
・ムーンストーン

✦優しい波動で元気をくれる

【緑簾石（りょくれんせき）】
エピドート

石の言葉　「祈り、自由、発想力」

- **主な産地**　ブラジル、パキスタン、マダガスカル、タンザニアなど
- **硬　度**　6〜7
- **結　晶**　単斜晶系
- **成　分**　$Ca_2Fe^{3+}Al_2[OH|O|SiO_4|Si_2O_7]$
- **【効果的な使い方】**　原石、ブレスレット、ペンダント、リング
- **【処理の有無】**　特になし
- **【取り扱いの注意】**　一定方向に割れやすい

石のいわれ　✦ 多面性をもつユニークな石 ✦

　エピドートは同じ性質を持つ10種類を超す鉱物グループ名の総称です。通常は柱状の連晶を成し、簾（すだれ）のように見えることから和名では「緑簾石」と呼ばれ、多彩な色を有することから、英名はギリシャ語で「増加」を意味する「epidosis」が由来と言われます。多色性でアルミニウムを多く含むと黄緑色から灰色に、鉄分が多いと深緑色から黒色に変化します。エピドートグループは、他にもクリノゾイサイト（斜灰簾石）、ピーモンタイト（紅簾石）、チューライト（桃簾石）、ゾイサイト（灰簾石）などがあり、「ユナカイト」の黄緑色の部分もエピドートの一種です。

　近年、タンザニアで鮮やかな赤紫色の「マンガン・エピドート」を含む水晶が発見され、人気が高まっています。

石の特徴・効能　✦ 状況に応じて活躍する変化の石 ✦

　世界中に産地があり、多彩な色と豊富な産出量で、装飾品、彫刻品、建材などに広く使われ、常に人々と共に歩んできた鉱物です。穏やかで温かいエネルギーを送り続けるこの石は元気がない時にはそっと寄り添い、優しい波動で包みこみます。過去の経験からの思い込みや偏見、嫉妬などから心を開放してくれるので、固定概念を飛び越した自由な発想を与えてくれるでしょう。平凡な毎日に不満や疑問を感じる時には特に効果を発揮し、繰り返される日々の中に潜む、喜び、面白さ、大切な教えを今までにない新しい視点で見つけられるように変化させてくれます。

　足りない部分を補い、多すぎる部分に目を向け、改善させる最適なケアを受けるには、石の意識を深く感じることが大切です。

相性の良い石

ピンクカルセドニー
明るい発想力で若々しい印象を与える。他人からの信頼感を高める。

カイヤナイト
自分は守られていると言う安心感を強め、不安感や消極性を消す。

アベンチュリン
優しい波動で包みこみ、緊張をほぐし、心のゆとりを生み出す。

同じグループの石

- クリノゾイサイト
- ゾイサイト
- チューライト
- ピーモンタイト
- マンガン・エピドート
- ユナカイト

✦ 精神を高次へと導き、真実を見抜く

【翠玉・緑柱石（すいぎょく・りょくちゅうせき）】
エメラルド

石の言葉	「叡智、癒し、温情」
主な産地	コロンビア、ザンビア、ブラジル、ロシア、マダガスカルなど
硬度	7.5～8
結晶	六方晶系
成分	$Al_2Be_3[Si_6O_{18}]$

【効果的な使い方】リング、ペンダント、原石、ブレスレット
【処理の有無】オイル処理、含浸処理
【取り扱いの注意】衝撃、紫外線に弱い

石のいわれ
✦ クレオパトラを魅了した高貴な緑 ✦

　古代エジプトで絶世の美女クレオパトラが自分専用の鉱山を所有していたほど愛してやまなかった宝石として有名です。精霊の宿る石、聖職者の権威の象徴と言われ、古来、世界各地で神聖視されていました。六角柱状鉱物「ベリル（緑柱石）」グループに属し、淡青色は「アクアマリン」、ピンクは「モルガナイト」、黄色は「ヘリオドール」、無色は「ゴシェナイト」に分類。エメラルドの高貴な緑は「クロム」などによる発色とされ、鉄の含有量によって変化します。ベリル系鉱物の中でも産出量が極端に少ないため、宝石としても稀少性が高く、高価です。内部に無数のインクルージョンを持ち、割れやすい性質があるため、ほとんどがオイルや樹脂含浸などで保護処理をしています。

石の特徴・効能
✦ 進むべき道が見える ✦

　古代より「富や権力の象徴」と認識されており、クレオパトラも石の美しさだけでなく、その恩恵に預かりたいという願望を託していたと思われます。強いヒーリング効果で心身の調和をはかり、自然治癒力を高めます。昂った感情を沈め、高次な精神レベルに導き、真実を見抜く眼力や洞察力を養ってくれるでしょう。多忙な時にはこの石を胸に当て、深呼吸すると、精神をクールダウンさせ、進むべき道が見えるようになります。

　また古くから「眼を酷使した後、エメラルドを見ると視力が回復する」と言われる石。美しく輝く瞳で異性を魅了するパワーを高め、恋愛成就、幸せな結婚のお守りとしても用いられます。他人を気づかい、慈しむ心も養う石です。

相性の良い石

ブラックオニクス
邪気を祓い、心身の調和を保ち、自然治癒力を高める。

ブルーカルセドニー
人間関係のトラブルの解消。興奮した感情を抑え、冷静な判断を下す。

ブラッドストーン
家内安全、繁栄、妊娠・出産のお守り。生きる喜びを与える。

同じグループの石
- アクアマリン
- ゴシェナイト
- ヘリオドール
- モルガナイト

✦富への堅実な歩み

【庭園水晶（ていえんすいしょう）】
ガーデンクォーツ

石の言葉　「蓄財、事業の発展、信頼」

主な産地	ブラジル、中国、インド、アメリカなど
硬度	7
結晶	六方晶系（三方晶系）
成分	SiO_2 ＋混合物

【効果的な使い方】ブレスレット、ペンダント、リング
【処理の有無】特になし
【取り扱いの注意】長時間の直射日光は避ける

石のいわれ　✦雄大な風景を閉じ込めた水晶✦

　水晶の中でも特に癒し効果が強いこの石。成長過程で様々な色や形状の鉱物を内包し、それがまるで山河、草原、渓谷などの雄大な自然の風景、あるいは庭園を閉じ込めたように見えることから名付けられました。一般的には「クローライト（緑泥石）」を内包したものが多く、「苔入り水晶」とも呼ばれています。実際に眺めてみると、この自然が創り出した箱庭の美しさに感動するでしょう。ルチル（金紅石）や山の陰影のようなファントムが入っているものは、さらにヒーリング効果が高くなります。
　中でもドーム状に研磨し、内部の風景が浮かび上がって見える「シャーマニックドリームクリスタル」は、創造の世界や霊的次元と繋がる水晶として人気が高まっています。

石の特徴・効能　✦財運を安定させる堅実な波動✦

　水晶に閉じ込められた風景を眺めていると、煩悩だらけの日常から解放され、誰にも邪魔されない自分だけの時間の中で心の平安を取り戻し、乱れてしまった心身が整っていくのを感じるでしょう。邪気を消し、外部からのマイナスの波動をブロックする力も強いので、苦手な人に会う時などに有効です。ファントムのあるものは、持ち主の潜在能力を引き出し、才能を開花させるエネルギーがあると言われています。
　大地との関係も深く、グラウンディングのパワーも強力。ルチルクォーツに似た「財運の隆盛」に繋がる繁栄の石としても知られ、特に土地や環境に関わる運気を上げると言われます。心身を安定させるため長寿・健康・成長の守護石としても有名。

相性の良い石

ルチルクォーツ
仕事運を高める商売繁盛の守護石。瞑想に用いると運気を高める。

モルダバイト
金銭関係のトラブルを解消する。現実的な問題を柔軟に対処する。

オブシディアン
表面に出ていない問題を浮き上がらせて解決。地道に生きる力を与える。

同じグループの石

- アクチノライト・イン・クォーツ
- ファントムクォーツ
- ルチルクォーツ

✦ 自然の摂理を知識に変える

【珪孔雀石（けいくじゃくせき）】
クリソコラ

石の言葉	「芸術性の開花、繁栄、思いやり」

主な産地	アメリカ、ペルー、コンゴ、メキシコ、ナミビアなど
硬度	2〜4
結晶	斜方晶系
成分	$Cu_4H_4[(OH)_8|Si_4O_{10}]_n H_2O$

【効果的な使い方】ペンダント、原石、ブレスレット
【処理の有無】一部含浸処理
【取り扱いの注意】水や熱に弱く割れやすい

石の いわれ ✦ 地球の姿を思い出させる石 ✦

金の精製に使われたことから、ギリシャの哲学者で植物学の祖であるテオフラストスが、金「chrysos」と膠「kolla」を意味する言葉を用い命名。主に銅鉱床の酸化帯で、マラカイト、アズライト、キュープライトなどと共に産出されます。純粋なものは青一色ですが、多くは不透明な緑色から青色、赤褐色の鉱物と混ざり、神秘的な模様が地球の姿と重なります。硬度が低く脆いのですが、彫刻のしやすさと鮮やかな色彩が珍重され、古くから装飾品などに使われてきました。

アメリカ・アリゾナ州で「クリソコラ」に石英が浸透し、ケイ化した透明度の高いスカイブルーの石「ジェムシリカ」が産出され、その後ペルーやアフリカ等でも見つかっています。

石の 特徴・効能 ✦ 自然の優しさで魅力を引き出す ✦

大地との繋がりが強く、持ち主の中に自然のエネルギーを取り入れ、本来の暮らしのリズムに戻してくれます。不規則な生活をしている人、不眠症に悩まされている人におすすめ。思考をシンプルにしてくれるので、物事を深刻に考えがちな人は、精神的に楽になれるはず。また、温かな波動で「女性性の目覚め」をサポートするのも、この石の特徴です。精神的にも経済的にも自立しているのに、女であることを忘れて頑張りすぎてしまい、潤いを失くし、幸せそうに見えないのは残念ですよね。そんなときは、石の力を借りて、女性本来の優しさや柔らかさを取り戻しましょう。良縁と子宝のお守り、美への探究心と創造性を高める芸術の石としても効果があります。

相性の良い石

ピンクオパール
優しさ、美しさなど、女性としての魅力を内側から引き出す。

ロードクロサイト（インカローズ）
眠っていた情熱や積極性を回復。新しい出会いを招く。

ラブラドライト
自分が自然体でいられる良い環境へと導く。進学、転職のお守り。

同じグループの石

・アズライト
・キュープライト
・ジェムシリカ
・マラカイト

✦果敢な力で未来の展望を広げる

【緑玉髄・緑翠（みどりぎょくずい・りょくすい）】
クリソプレーズ

石の言葉	「自己実現、不安解消」

主な産地	オーストラリア、インドネシア、ブラジル、タンザニアなど
硬度	7
結晶	六方晶系（潜晶質）
成分	$SiO_2 + Ni$

【効果的な使い方】ペンダント、ブレスレット、ネックレス、リング
【処理の有無】特になし
【取り扱いの注意】直射日光に弱い

石のいわれ
✦勇気を与える鮮やかな緑✦

青リンゴのような爽やかな緑色をしたカルセドニー（玉髄）の一種です。ケイ酸溶液中に混入した微量のニッケル成分の影響で緑に発色します。産出量が少ないため、カルセドニーグループの中で最も価値が高く、20世紀に発見されたオーストラリア・クィーンズランド州の鉱山が主産地です。古くは黄金から生まれた宝石と信じられ、ギリシャ語の「金」と「韮」が語源と言われます。美しい緑を翡翠に例え「オーストラリアンジェイド」とも呼ばれますが翡翠とは異なる鉱物です。古代ギリシャ、ローマの時代からカメオ等の装飾品に加工。アレクサンダー大王が愛用したのは、この石の勇気を与え勝利を掴みとるパワーを感じとったからでしょう。

石の特徴・効能
✦未来へのビジョンを示す✦

強運と勝利を象徴し、目的の達成を強くサポートしてくれます。伸びやかな新芽のような、その力は開拓の意気に富み、野心的。潜在能力を引き出し、将来の展望を広げ、未来へのビジョンを示し、希望と明るさを与えます。前が見えない状況は不安なものですが、先が見えると精神が安定し前向きに対処できるようになります。この石は孤独感や劣等感を払拭し、物事のプラス面を見つけられるようにするため、社会全体や自分自身の未来に対し不安を感じる人には進むべき道を教示。夢のために大きな壁を乗り越えようとしている人を助け、前進させます。何事にも愛を持って対処できる人間性を養い、周囲からも認められるようになります。

相性の良い石

トパーズ
自分だけの喜びにつながる目的が見つかる。希望を持って生きていける。

ロードクロサイト（インカローズ）
恋愛における不安や劣等感を払拭し、一歩前へ踏み出す勇気を与える。

スティブナイトインクォーツ
潜在的な能力を引き出し、新しい価値観を見つける。

同じグループの石
- カーネリアン
- カルセドニー
- ブルーカルセドニー

✦ 先を見通す眼、強い意志を育む

【金緑石（きんりょくせき）】
クリソベリル

石の言葉 「次のステップ、栄誉、予知力」

主な産地	ブラジル、スリランカ、マダガスカル、ジンバブエなど
硬度	8.5
結晶	斜方晶系
成分	$BeAl_2O_4$

【効果的な使い方】リング、ペンダント、原石、ブレスレット
【処理の有無】特になし
【取り扱いの注意】特になし

石のいわれ ✦ キャッツアイ効果のある変種が有名 ✦

ベリリウムとアルミニウムを主成分とする酸化鉱物で、「エメラルド」や「アクアマリン」などのベリルとは別の鉱物。名前はギリシャ語で金色のベリル（緑柱石）を意味し、特に双晶が人気の黄色、黄緑色、褐色、透明の石です。特殊な効果で宝石として有名な二種の変種があり、ひとつは、チューブ状インクルージョンが平行に成長した結晶をカボションカットすることで中央に猫の目のように一条の光が輝く「クリソベリル・キャッツアイ」。もう1つは、ロシア皇帝アレクサンダー二世の名前が由来で、人工照明では赤系、自然の太陽光では緑系と光源によって色が変化する「アレキサンドライト」。両方の効果を備えている貴重な石は「アレキサンドライト・キャッツアイ」と呼ばれます。

石の特徴・効能 ✦ 人生の転機におけるサポート役 ✦

鋭いキャッツアイ効果で、古くから邪眼を退けるパワーがあると信じられてきました。ヨーロッパでも夜にはびこる悪魔から身を守る護符として使われていたようです。サードアイに輝きを与え、先見の明をもたらし、自分の描く理想に近づけるように成長させる効果も素晴らしく、人生の転機において大いなるサポート役となってくれるでしょう。さらに、金と緑の波動は豊かさと繁栄をもたらすと言われます。外へ放つパワーが強力な石なので、時間をかけて関係を深め、石と同調すると心強いパートナーとなります。この石との出会いで得られる自信はうぬぼれと言う偏ったものでなく、思いやりの心、無償の愛で、人を助け励ますことに対して喜びを感じる深い人間性を与えます。

相性の良い石

アクチノライト
高い浄化作用でマイナスの気を消し、運気を好転させる。

タンジェリンクォーツ
目標に向かい前進するために必要な先を見通す力を磨く。

ダイオプテーズ
人生の転換期に必要な人材と出会う機会をもたらす。

同じグループの石

- アレキサンドライト
- アレキサンドライト・キャッツアイ
- クリソベリル・キャッツアイ

chapter.4 ✦ パワーストーンのデータベース

✦ 慈しみ深い無量の愛
【勁輝石・リチア輝石（ゆうきせき・りちあきせき）】
クンツァイト（スポジュミン）

石の言葉　「無限の愛、自然の恵み、気高さ」

- **主な産地**　ブラジル、アフガニスタン、パキスタンなど
- **硬度**　6.5〜7　　**結晶**　単斜晶系　　**成分**　$LiAl[Si_2O_6]$
- **効果的な使い方**　ブレスレット、ネックレス、ペンダント、リング、原石、丸玉
- **処理の有無**　一部含浸処理
- **取り扱いの注意**　日光や熱に弱い、一定方向に割れやすい

石のいわれ　✦ 宝石にすると名前が変わる ✦

リチア輝石と呼ばれるケイ酸塩鉱物に属するパイロクシーン（輝石）の一種。加熱で砕け、灰色に変化するため、ギリシャ語の「燃えて灰になる」という意味の「spodumenos」が語源です。200年以上前から白いスポジュミンの存在は知られていましたが、1877年にブラジルでイエローの「トリフェーン」が、1879年にアメリカ・ノースカロライナ州でグリーンの「ヒデナイト」、が発見されました。中でも人気は、高い気品と妖艶な輝きが魅力のピンクから薄紫の「クンツァイト」。鉱物学者のクンツ博士にちなみ命名され、同じ結晶でも産地によって色合いや特徴が異なります。近年、主産地であるパキスタンやブラジルの産出量が激減し、さらに稀少性が高まっています。

石の特徴・効能　✦ 慈悲深い心を目覚めさせる ✦

気品あふれる輝きと至高の愛、清く慈悲深い心を目覚めさせる力を持っています。「クンツァイト」に惹かれるあなたは、心のどこかで安らぎを求めているのではないでしょうか。また、優しい人間でいたいと思いながら、うまく愛情表現ができていないと感じているのかもしれません。この石は相反する気持ちの葛藤に橋を架け、両者をほどよく統合します。また、本来持つ優しさと芯の強さを呼び起こし、愛されたいという想いばかりでなく、自らが愛を与える喜びに気づかせてくれるのです。他者にも寛大になり、穏やかな気持ちで接することができるでしょう。毎日にゆとりが生まれ、プラスの方向に価値観を変えてくれます。人生のステージを上げてくれる石として人気があります。

相性の良い石

アマゾナイト
物事をいろんな側面から見ることができるポジティブな視点を養う。

ヌーマイト
ネガティブな波動を排除する。精神力を高め、魂と向かい合う。

ピンクオパール
子育てや介護などのストレスを軽減、毎日を前向きに変える。

同じグループの石
- トリフェーン
- ヒデナイト

✦ 宇宙からのメッセージに気づく

【コスモクロア輝石（こすもくろあきせき）】
コスモクロア（ユレーアイト）

石の言葉	「肉体と精神の調整、感情」

主な産地	ミャンマー、日本など
硬度	6
結晶	単斜晶系
成分	$NaCr[Si_2O_6]$
【効果的な使い方】	ネックレス、ブレスレット、リング、ペンダント、彫刻品
【処理の有無】	特になし
【取り扱いの注意】	特になし

石のいわれ　✦ 隕石の中から発見 ✦

ジェダイト（翡翠輝石）のアルミニウムがクロムに置換した緑色から黒緑色の岩石で、アンフィボール、クローライト、フェルドスパーを含みます。メキシコで発見されたトルカ隕鉄に含まれ、当時は地球に存在しない宇宙由来の鉱物とされ、ギリシャ語の「宇宙」と「緑色」から「コスモクロア」と名付けられました。他にも、宇宙化学の発展に寄与したアメリカのハロルド・ユーリー博士にちなみ「ユレーアイト」とも呼ばれます。その後、ミャンマー産の「マウシッシ」と呼ばれる緑色翡翠の中にも同じ鉱物が含まれることが判明、様々な名称で流通するようになりました。翡翠輝石に非常に似た化学組成のこの鉱物は、岡山県大佐山や新潟県糸魚川など日本の翡翠産地からも発見されています。

石の特徴・効能　✦ 大らかな心を育む ✦

コスモクロアは発見当初、メキシコに飛来した隕鉄だけに含まれる宇宙由来の未知の鉱物と言われました。その後、ミャンマー産「マウシッシ」など、世界各地の輝石に含有することが判明し話題となったこの石は、鮮やかな緑と深い緑の濃淡に白と黒の斑が混じり合い、果てしなく静かな宇宙の雰囲気を放っています。コスモクロアは自然、人、物など自分をとりまく環境から、本当に必要な知識を採り入れ鋭い感性と判断力を備えるように導くとされています。また、物事の両極を意識しすぎたり、人間関係などで悩んだりする精神を落ち着かせ、他人に対する慈愛の心やどんな事にも穏やかに対処できる大らかな人間性を育みます。

相性の良い石

フローライト
気持ちが安定し、新たな闘志、次への意欲が湧いてくる。

ロードナイト
忍耐強く、物事を受け止め、適切な答えや行動を導き出す。

インパクトガラス（リビアングラス）
相手の気持ちを理解する力が高まり、対人関係の問題が好転する。

同じグループの石
・オンファサイト
・ジェダイト
・マウシッシ

✦ 自律を促し、旅立ちを応援する

【蛇紋石（じゃもんせき）】
サーペンチン

石の言葉 「保護、旅の安全、創造性」

主な産地	南アフリカ、オーストラリア、カナダ、中国、日本など
硬　度	2.5〜3.5
結　晶	単斜晶系
成　分	$Mg_6[(OH)_8|Si_4O_{10}]$
効果的な使い方	ネックレス、ブレスレット、ペンダント、彫刻品
処理の有無	一部含浸処理
取り扱いの注意	衝撃に弱い

石のいわれ　✦ 蛇のウロコに似た模様が名前の由来 ✦

　サーペンチンは16種の鉱物グループ名で、「アンチゴライト」「クリソタイル」「リザーダイト」という3種のサブグループに分けられます。多くは混在するため、肉眼での判別は困難で大部分が塊状、繊維状などで産出されます。色は半透明から不透明の黄緑色、暗緑色、褐色、白色などで表面に樹脂または油脂状の光沢を持ちます。この質感と模様が蛇の皮に似ているため、ラテン語の「蛇」「serpentinus」を由来に命名されました。特に黄緑色は「翡翠」と同じエネルギーを放つと言われ、世界中で守護石とされています。近年、オーストラリア・タスマニア島で紫色の「ステッチサイト」を含むサーペンチンが発見され「アトランティサイト」と名付けられ流通しています。

石の特徴・効能　✦ 危険から身を守る ✦

　古代ローマでは、「死と再生」と「旅の安全」を守る石として、死者とともに石を埋葬し、天上への旅路の平安を祈ったと言われています。アメリカ先住民は「危険から身を守る石」として、狩猟、採集の際の護符としていたようです。直感力を高め、目に見えない魔物が近づかないように守り、持ち主が目指す目的地まで安全に連れていってくれます。この石はまるでボディーガードのように、行く道の障害を取り除き、勇気を持って前進させてくれるのです。穏やかな波動で、心身と魂をしっかりと繋げて、持ち主の気力を安定させる作用もあり、将来への不安、憂鬱な気分を癒し、自立を促します。また、霊性を開花させ、集中力と洞察力を高め、昂った精神を鎮めるとも言われます。

相性の良い石

オウロヴェルデクォーツ
変化を受け止め、次のステップへ前進する心の準備を整える。

セレナイト
内なる自分と向き合い、霊的な目覚めに対する感覚を磨く。

スモーキークォーツ
不安や恐怖心を払拭し、本来の自分を取り戻し、自身を見つめ直す。

同じグループの石

- アトランティサイト
- アンチゴライト
- インフィナイト
- クリソタイル
- リザーダイト

✦ 豊富な色と強靭な石質で崇められる

【翡翠輝石（ひすいきせき）】
ジェダイト

石の言葉	「長寿、避邪、権威の象徴」

主な産地	ミャンマー、日本、ロシア、グアテマラ、メキシコなど
硬度	6.5～7
結晶	単斜晶系
成分	$NaAl[Si_2O_6]$
【効果的な使い方】	ブレスレット、ネックレス、リング、ペンダント、彫刻品、丸玉
【処理の有無】	一部ワックス処理
【取り扱いの注意】	特になし

石の いわれ　✦ 世界最古の守護石「玉」 ✦

　輝石を主成分とする「硬玉」は、紅、緑、白、青、薄紫という多彩な発色を鮮やかなカワセミ（翡翠）の羽にたとえ「ジェダイト（翡翠輝石）」と呼び、現在は「ネフライト（軟玉）」と区別して分類されています。

　日本では縄文時代の遺跡から「勾玉」が出土。アジアでは不老不死や富貴を象徴。アステカ文明では治療や呪術に使われるなど、古代より世界各地で聖なる石として崇められてきました。宝石としても、白から無色透明で純粋なものは「アイスジェダイト」、チタンによる上品な紫は「ラベンダー」、クロムと鉄でエメラルドグリーンに発色したものは「インペリアル（琅玕（ろうかん））」と称され、稀少性と美的価値も高く評価されています。

石の 特徴・効能　✦ 高尚な夢を叶える、再生・復活の象徴 ✦

　東洋・西洋を問わず、世界中の人々を守護してきたジェダイト。「魂や細胞を再生・復活させる」という霊力だけでなく、認識力や直感力を高め、未然に事故や災難を防ぐ力をもつと言われています。特に中国では、五徳（仁、義、礼、智、勇）を高める宝玉として時の権力から多大な寵愛を受けてきました。知恵を授け、人徳、魂、品格を高め、金品への執着を消し、潜在能力を引き出す翡翠は、高潔な願いに応える度量の大きな石と言えます。この石は黒、白、紫、緑など色に関係なく、夢や願望を潜在意識に刻み込み、それらを叶えるための事象を引き寄せるパワーを持っています。したがって明確な理想像を持っている人ほど、そのサポートを強く感じられるといえるでしょう。

相性の良い石

ロードナイト
コンプレックスを消し、あらゆる愛を受け入れる包容力を与える。

アンバー
不老長寿、福徳円満をもたらし、子孫繁栄につながるエネルギーを高める。

アズライト
起業、転職を考えるとき、ひらめき、行動力を与え、夢の実現をサポート。

同じグループの石

- アイスジェダイト
- オンファサイト
- コスモクロア

chapter.4 ✦ パワーストーンのデータベース

✦ 新しい風を呼び込む愛の守護神

【苺水晶（いちごすいしょう）】
ストロベリークォーツ

石の言葉　「恋愛、若さ、魅力」

主な産地　メキシコ、カザフスタン
硬　　度　7
結　　晶　六方晶系（三方晶系）
成　　分　SiO_2

【効果的な使い方】ブレスレット、リング、ペンダント、原石
【処理の有無】特になし
【取り扱いの注意】特になし

石のいわれ
✦ **苺のように魅力的な水晶** ✦

　細かな小片状のレピドクロサイト（鱗鉄鉱）、繊維状のゲーサイト（針鉄鉱）を内包し、淡い赤やピンクに見えるのが特徴です。内包するレピドクロサイトとゲーサイトは褐鉄鉱の一種、同じ成分で結晶が異なる「同質異像」の鉱物なので、ふたつを鑑別するのは困難です。最初に赤系の石がメキシコ・ソノラで発見されましたが産出量が少なくすぐに枯渇。その後、カザフスタンでピンク系の石が見つかり、良質な石が採掘されていましたが閉山になり、非常に稀少価値が高まっています。最近は、インドやアフリカ等でもワインレッド系のゲーサイトやレピドクロサイトを内包する水晶が産出されていますが、メキシコ、カザフスタン産を超えるものはありません。

石の特徴・効能
✦ **自然な女性美をひきだし、高める** ✦

　女性の守り神の代表と言える愛と美を象徴する石です。眺めていると内面から慈愛の心が湧き上がり、人に対してだけでなく、すべてを愛する気持ちが高まります。ゆとりや潤いの不足した肉体と精神を癒し、安定させ、女性らしい優しい表情や所作を自然に出せるようになります。女性ホルモンの働きにも作用し、明るく若々しい雰囲気を与え、魅力を高めてくれるでしょう。
　好奇心と探求心を刺激し、積極的な行動につなげて停滞した空気に新しい風を呼び込みます。また、仕事や学業などで行き詰まっている時には、ひらめきを与えます。恋愛においてはマンネリを解消したいカップルにおすすめ。勝負運も高めるので、試験や面接、愛の告白の際に強い味方となってくれるはずです。

相性の良い石

チューライト
自分を大切に思う心と共に、他人の良さに気づき、尊重する心を養う。

エンジェライト
心身の緊張を解きほぐし、感受性を高める。優しい雰囲気を身にまとう。

グリーンガーネット
心身を活性化させ、若々しさを保つ。アンチエイジングに良い組み合わせ。

同じグループの石
・ハーレクインクォーツ
・レピドクロサイトインクォーツ

145

✦ 才能を際立たせ、周囲の賞賛を得る

【くさび石・チタン石（くさびいし・ちたんせき）】
スフェーン（チタナイト）

| 石の言葉 | 「永久不変、純粋、柔軟な精神」 |

【主な産地】タンザニア、ロシア、カナダ、パキスタン、マダガスカルなど
【硬度】5～5.5　【結晶】単斜晶系
【成分】$CaTiSiO_5$
【効果的な使い方】ブレスレット、リング、ペンダント
【処理の有無】一部含浸処理
【取り扱いの注意】衝撃に弱い

石のいわれ　✦ ダイヤモンドをしのぐ輝き ✦

結晶がくさび状のため、ギリシャ語の「くさび」に由来し命名。また、チタンを含むケイ酸塩鉱物なので「チタン石」「チタナイト」とも呼ばれます。一般的に宝石業界ではスフェーン、鉱物業界ではチタナイトと呼び分けています。黒や褐色、淡い黄色や緑色まで色彩豊かで、最大の特徴は石の照りの強さと、ダイアモンドさえもしのぐ分散率です。分散率とは、石を通過する光が散らばりキラキラ煌めく効果のこと。ゴージャスに輝くのですが、硬度が低く、脆いのが難点です。でもコレクション価値は高い石です。クロムによる美しい発色とエメラルドを超える輝きを持つロシア・ウラル山脈産「クロム・スフェーン」は、人気が過熱、入手困難となっています。

石の特徴・効能　✦ 周囲を惹きつける魅力 ✦

永久不滅、純粋、しなやかな精神を象徴するこの石は、豪華な輝きで、周囲の注目を集める魅力を授けます。得意分野や好きなことに関し、才能を開花させ、内面を輝かせるだけでなく、高貴さや個性を表面に出して存在感をアピール。夢や目的を達成させ、最高の幸福感に浸らせてくれます。そのお陰で知らず知らずのうちに人気が高まり、舞台の中央に押し出されるでしょう。また、周りからの賞賛に見合うように、持ち主の意識も向上させ、金色系の石は経済面での成功をもたらし、緑色系は美的センスを高めます。このように良いことづくしのパワーですが、その力に振り回されてしまうことがあるので、水晶と一緒に用いてエネルギーをコントロールすると良いでしょう。

相性の良い石

アクアマリン
永遠の愛を見つける。幸せな結婚。芸能・創造的分野で成功する。

オレンジカルサイト
仕事運を向上させ、富と名声を得る。希望に満ちた日々に変える。

ローズクォーツ
女性としての魅力をアピールし、異性を惹き付ける。

同じグループの石
・グリーノバイト
・クロム・スフェーン
・バナジウム・スフェーン

✦内なる子供を癒す母親の優しさ

【菱亜鉛鉱（りょうあえんこう）】
スミソナイト

石の言葉	「尽きぬ愛、包容力、慈悲」
主な産地	メキシコ、アメリカ、ナミビア、オーストラリアなど
硬度	4～4.5
結晶	六方晶系（三方晶系）
成分	$Zn[CO_3]$

【効果的な使い方】原石、ペンダント、タンブル
【処理の有無】特になし
【取り扱いの注意】表面が傷つきやすい

石のいわれ　✦金属イオンを含むと多彩に変化✦

　カルサイトグループに属す亜鉛の二次鉱物で和名は「菱亜鉛鉱」。ブドウ状や結晶質の皮殻状などで見つかることが多く、結晶化することは稀で、「シデライト（菱鉄鉱）」や「ロードクロサイト（菱マンガン鉱）」と固溶体を形成することもあります。元来、色は無色か白色ですが、結晶構造上、発色性の高い金属イオンなどを取り込みやすく、コバルトやマンガンを含めばピンク色、銅は青・緑色、カドミウムは黄色へと多彩に変化します。古くはギリシャ神話の王の名から「カドモスの石」という意味の「カドメイア」と呼ばれていましたが、19世紀に入って、「スミソニアン博物館」の創立者で、鉱物学者であるJ・スミソンの名にちなんで、「スミソナイト」と命名されました。

石の特徴・効能　✦愛の渇きを癒す母性の石✦

　「深い母性の石」と言われ、豊かな包容力と大らかで明るい気質に満ちています。ネガティブなエネルギーを払拭し、重たい空気を一瞬で軽くするようなパワーを持っています。限界に達しているようなストレスをも解消し、抱きしめるような優しさで癒してくれます。

　インナーチャイルドと呼ばれる「内なる幼少期の記憶」、子供時代に実現できなかった本来あるべき自分へ働きかける力は特筆すべきです。理想とは違う幼少期の経験から生まれる、愛されない、必要とされないといった悲しさ、虚しさなどを修復し、他人への愛も育てると共に細やかな感性も与えます。東洋医学では目や皮膚の炎症を抑える石薬として用いられています。

相性の良い石

エンジェライト
心の深い傷を癒し、日々の中に喜びを感じられるようになる。

アイオライト
エネルギーを協調し、精神の奥にある過去生を整え、未来へつなぐ。

ペリドット
ストレスを解消し、ポジティブな気持ちに変え、人生の希望を見つける。

同じグループの石

・アラゴナイト
・カルサイト
・ロードクロサイト

✦ 天使の優しさで心を治癒する

【緑泥石（りょくでいせき）】
セラフィナイト（クリノクロア）

| 石の言葉 | 「平穏、平安、順応」 |

主な産地	ロシアなど
硬度	2～2.5
結晶	単斜晶系
成分	$(Mg,Fe)_5Al(Si_3Al)O_{10}(OH)_8$

【効果的な使い方】原石、ブレスレット、ペンダント、丸玉
【処理の有無】一部含浸処理
【取り扱いの注意】表面が傷つきやすい

石のいわれ ✦ 天使の羽が舞う緑の石 ✦

　主にマグネシウムと鉄を主成分とし、10種類以上あるクローライトグループの鉱物で、代表的なものはガーデンクォーツやモスアゲートに内包される緑色鉱物「クローライト（緑泥石）」。中でも、雲母のようにはがれやすい性質を持ち、結晶形状が葉片状のものは「セラフィナイト」と名付けられ、不透明で艶やかな濃緑色の結晶内部に白や銀の薄片状のインクルージョンを持ちます。白く柔らかい天使の羽のような模様は「フェザーインクルージョン」と言われ、セラフィナイトの語源である最高位の天使「セラフィム」にちなんでおり、高次元の意識と繋がる「天使の石」として人気が高まっています。柔らかく繊細な波動を持ち「新時代のヒーリングストーン」と呼ばれています。

石の特徴・効能 ✦ 純粋な心が豊かな人脈を生む ✦

　「クリノクロア」を代表する「セラフィナイト」は、愛の炎に燃え、六枚の翼と全てを見抜く眼を持つ「セラフィム」のように慈悲深さを伝える石で、些細な心の動きにも反応できる繊細なエネルギーを持っています。日常の何気ない時間を楽しんだり、喜んだりできるような感受性を育み、表現能力を豊かにして、素直に感謝の心を表現できるようにしてくれます。リラックス効果も高く、張りつめた感情や神経を鎮め、心を優しくケアします。また、どんな人とでも上手に関係を築く力を与えるため、引っ込み思案な人や対人関係に苦手意識を持つ人におすすめ。相手に合わせ響くような心で接することができるようになり、人脈が広がります。

相性の良い石

アメシスト
体の変化に細かく反応し、体調管理を行い、頑張りすぎを回避。

ソーダライト
周囲からの干渉を大らかに受け止め、適切に感情をコントロールする。

ネフライト
心地よく良質な眠りで癒し、忙しすぎる人を休息させる。

同じグループの石

・ガーデンクォーツ
・ケンメレイト
・モスアゲート

✦ 理性的な力で悪習慣を断つ

【透輝石（とうきせき）】
ダイオプサイト

| 石の言葉 | 「理性、知性」 |

主な産地	ブラジル、ロシア、南アフリカ、マダガスカル、インドなど
硬　度	5.5〜6.5
結　晶	単斜晶系
成　分	$CaMg(Si_2O_6)$

【効果的な使い方】ブレスレット、ペンダント、リング、原石
【処理の有無】一部含浸処理
【取り扱いの注意】衝撃に弱い

石のいわれ
✦ 透明度の高い緑の輝石 ✦

語源はギリシャ語で「二つ」と「視る」いう意味の「dis」と「opsis」が由来と言われています。見る角度によって色が変わる多色性を持つカルシウムとマグネシウムを含む鉱物で、含有する鉄やクロムなどによって淡い緑色から深緑色に変化します。

最も美しいものは、クロムを多く含む深いグリーンの石でエメラルドに似た美しさと輝きがある「クロムダイオプサイト」です。マグネシウムが鉄に置換わると「ヘデンバージャイト」に、微量なマンガンを含むと「ビオラン」になります。

針状の「マグネサイト（菱苦土石）」がインクルージョンすることで、キャッツアイ効果や十字形のスター効果が見られる黒いダイオプサイトは「ブラックスター」と呼ばれています。

石の特徴・効能
✦ 悲しみを癒し、心を一新させる ✦

感情、行動、肉体のバランスを整える知性と理性の象徴の石で、混乱しがちな感情を安定させ、冷静に判断できるように導きます。現在の感情だけでなく、過去の経験でいまだに治癒しきれていない悲しみや怒りを消化し、心を開放し、一新させ、より高い次元へと歩き出す原動力を与えてくれます。大変理性的な石で、ギャンブルやドラッグ、アルコールなどに依存する悪い習慣を断ち切るようサポートしてくれます。

グリーンのクロムダイオプサイドは浄化力が強く、トラウマが原因のストレスを排除し、自尊心を育み、精神的な成長を促します。黒色のブラックスターは、ネガティブな波動を排除し、持ち主のエネルギーを強化し、大地と結びつけ落ち着きを与えます。

相性の良い石

チャロアイト
過去の傷やトラウマを癒し、未来に向かって前進させる。

ペリドット
知的でポジティブに楽しい日々を送る。充実した人生を謳歌。

ホークスアイ
視野を広げ、より高い目的に向かって忍耐強く、達成をめざす。

同じグループの石
・クロムダイオプサイト
・ビオラン
・ブラックスター
・ヘデンバージャイト

✦ インナーチャイルドへの高次の癒し

【翠銅鉱（すいどうこう）】
ダイオプテーズ

石の言葉　「デトックス、調和、受容」

主な産地	コンゴ、ナミビア、カザフスタン、チリなど
硬度	5
結晶	六方晶系（三方晶系）
成分	$Cu_6(Si_6O_{18})\cdot6H_2O$

【効果的な使い方】原石、ペンダント
【処理の有無】一部含浸処理
【取り扱いの注意】一定方向に割れやすい、酸に弱い

石のいわれ
✦ エメラルドと思われた緑色 ✦

1785年、カザフスタンの銅鉱床で発見された当時は高い透明度や鮮やかなグリーンからエメラルドと思われ、長く産出の事実が秘められていました。その後、この石の結晶が極めて小さい短柱状や菱面体で、内部には劈開(へきかい)が見られ、成分も異なることがわかり、六角柱状結晶のエメラルドとは別の鉱物であることが判明、ギリシャ語で「光を通して見える」という意味の「dioptase」と名付けられました。エメラルドによく似た美しいブルーグリーンは銅による発色で、和名は「翠銅鉱」と言います。

エメラルドの代用にできそうですが、一定方向に割れやすい性質があり、硬度が低く、大型結晶の産出が少ないため、主に原石が鉱物標本として扱われ、宝石としての流通は稀です。

石の特徴・効能
✦ 人と人との絆を強める ✦

活き活きとした緑色の「ダイオプテーズ」は、植物と似た波動を放ち、森林浴で得られるような癒しと調和を与えてくれます。樹齢何百年もの樹木には、神がかったパワーが宿っていますが、この石も高次な精神性を秘め、知的な働きが強く、達観した視点ですべてのものを愛し、受け入れようとします。私利私欲に走らず、その場の和を尊重し、最善へと導きます。争いごとを好まない親愛の力で、人との絆も強めてくれるでしょう。気品あふれるオーラで、上品な風格も与えてくれます。

また、強い癒しの力でハートのチャクラを開き、言いようのない悩みや不安を解消し、幼少期の痛みを抱えたままのインナーチャイルドに作用し、心身を健やかにしてくれます。

相性の良い石

ペリステライト
同性・異性を問わず好感をもたれ、良い交際ができるように導く。

デザートローズ
二つ一緒に置くと、マイナスの関係を断ち、良縁が生まれる。

クリソベリル
転機を無事に切り抜けるための協力関係を築き、運気を向上。

同じグループの石
・クリソコラ
・マラカイト

✦ なすべきことを示し、可能性を広げる

【灰簾石（かいれんせき）】
タンザナイト（ゾイサイト）

石の言葉	「自己表現、行動力」

主な産地	タンザニアなど		
硬　度	6〜7	結　晶	斜方晶系
成　分	$Ca_2Al_3(SiO_4)_3(OH)$		

【効果的な使い方】ブレスレット、リング、ペンダント、原石
【処理の有無】一部加熱処理
【取り扱いの注意】一定方向に割れやすい

石のいわれ　✦ ティファニー社も認めた美しさ ✦

「ゾイサイト」はエピドートグループの一種で、バナジウム等を含むバイオレットブルーの「タンザナイト」、マンガンを含むピンクの「チューライト」、ルビーと共存する「ルビーインゾイサイト」、グリーンの「アニョライト」があり、古代ケルトでは「霊力を授ける石」として崇められ、その歴史も古いものです。

「ゾイサイト」の中でも特に人気の「タンザナイト」は、1967年にアフリカのタンザニアで「ゾイサイト」でありながら、美しい青色で透明感をもつ変種が発見され、ティファニー社により命名された石です。とても高価な宝石で、光の種類や照射角度によって微妙な発色を示す多色性を持ち、白熱球の下では紫色になり、蛍光灯の下では青色に変化します。

石の特徴・効能　✦ 進むべき方向性を示す ✦

守護霊や守護天使という存在を感じさせてくれるほど霊的なパワーを秘めています。魂を浄化してくれるだけでなく、自分の進むべき方向性を示します。人生の岐路や困難な状況に陥った時には、問題を解決する術を与えてくれるでしょう。

また、インスピレーションを高め、自分のすべきことを見せてくれる効能もあります。今すべきこと、あるいはこの世界で果たす使命という大きなテーマなどに気づかせてくれます。心身からパワーがみなぎり、これまでできないと思っていたことにも挑戦したくなります。「こういう方法をとれば出来る」といった具体的なアイデアが湧き、可能性の領域が広がっていくのです。石の導きに従ってみると、驚くような発見や経験ができるはずです。

相性の良い石

ガーネット
人生の大きな局面で良い方向に導いてくれる。進学や就職のお守り。

カイヤナイト
自己認識を高め、自分が何をしたいか、何をすべきなのかを教える。

ダイアモンド
人生を勝利に導く。オーラに力を与え、カリスマ性をもたらす。

同じグループの石

・アニョライト
・エピドート
・クリノゾイサイト
・ルビーインゾイサイト
・チューライト

✦ 天の啓示をキャッチするヒラメキの石

【電気石（でんきせき）】
トルマリン

| 石の言葉 | 「心身の強化、成功へ導く、吸引力」 |

主な産地	ブラジル、アメリカ、ナイジェリア、モザンビーク、パキスタンなど
硬　　度	7〜7.5
結　　晶	六方晶系（三方晶系）
成　　分	種類によって異なる

【効果的な使い方】リング、ペンダント、ブレスレット、原石
【処　理　の　有　無】一部加熱処理
【取り扱いの注意】衝撃に弱い

石のいわれ
✦ 静電気を帯びる「電気石」 ✦

　結晶は両端で形が異なる「異極像」を呈し、複雑な鉱物組成をもち、圧力、熱、摩擦などで静電気を帯びる性質から「電気石」「エレクトリックストーン」と呼ばれています。色の変化も透明度も多彩な石で、化学式によれば、硼素を含む5分類13種類からなるケイ酸塩鉱物グループ。宝石としての価値も様々で、流通の際は色によって名前がつけられています。最高級品はブラジルで発見された明るいネオンブルーに輝く「パライバ」。次にブルーサファイアのような「インディゴライト」。そして赤からピンクの「ルベライト」、紫の「シベライト」、西瓜のような緑とピンクの「ウォーターメロン」、緑の「ベルデライト」、無色の「アクロアイト」、漆黒の石は、「ショール」と呼ばれます。

石の特徴・効能
✦ 直感や予感を的確にとらえる ✦

　色によって作用が変わりますが、共通して「天からの助けを授ける石」と言えます。その助けとは直感や予感と言ったもので、アメリカインディアンたちの間では「ひらめきを与える聖なる道具」として活用されていたようです。現代なら、通信機器における「ブースター」。微弱な信号を増幅、変換してくれる機器のように、肉体と天界を繋げ、天からのかすかなメッセージを持ち主に伝わりやすくしてくれます。この石を選ぶ人は、何かの役に立ちたいという想いがあると言われていますが、それはこの石自体に「与える」というエネルギーがみなぎっているからです。体調不良の時などには、自然からの治癒のエネルギーを取り込めるようにサポートしてくれる効果もあります。

相性の良い石

ロードクロサイト（インカローズ）
女性の体調を整え、活性化させ、肉体的、精神的に潤いを与える。

ダイオプサイト
協調性をもたらし、人間関係を安定させ、心を落ち着かせる。

アベンチュリン
大地からのエネルギーを体内に取り込み、ストレスを緩和する。

同じグループの石
・ウバイト
・エルバイト
・ショール
・ドラバイト
・リディコタイト

chapter.4 ✦ パワーストーンのデータベース

イエロー系

黄金色からグリーンを帯びたものなど、幅広い色調と透明感があり、強く輝くイエローの石は宝石として評価されます。この石を選んだあなたは、人間関係に悩んでいるのかもしれません。社交性や外交力を高めてくれるこの石が、あなたを元気づけてくれるでしょう。コミュニケーションをサポートし、苦手な人と自然に接するゆとりを与えます。

グリーン系

グリーン系は数種類あり、この石を選んだあなたは、サナギが蝶に変わるような、大きな変化の訪れを予感しているはず。あなたは今、充実したエネルギーを感じていて、もはやそれを自分の中に留めておけなくなっているでしょう。「自分のエネルギーを与える」という行動をおこす、スタートラインに立っているのです。

ピンク系

ピンク系の「ルベライト」は、その色から察する通り、愛をサポートする力があります。この石を選んだあなたは、愛されたいと願いながらも、なぜか一歩を踏み出せない状態かも。そんな臆病な自分に苛立っているはずです。そんな心の焦燥感を、この石は和らげてくれます。自然体の自分自身を認め、勇気が持てるようになるでしょう。

ピンク&グリーン系

グリーンの中にピンクが包み込まれた西瓜のような、「ウォーターメロン」は、自己の内なる傷を癒してくれるピンクの力と、グリーンの内から外へ発揮する深い癒しエネルギーを合わせ持つユニークなトルマリンです。自尊心と自己愛、善と悪、男性と女性など、両極の放つバランスを調和し、持ち主を強く保護するお守りとしても有効です。

ブラック系

鉄分を多量に含む黒系の「ショール」は和名「鉄電気石（てつでんきせき）」で環境改善にも利用されています。この石を選んだあなたは、何かに行き詰まっていて、強いストレスの中にいるはずです。この石は、行く手を塞ぐネガティブなパワーを正常に戻し、ひらめきや天からの啓示を与えてくれるでしょう。

ブルー系

ブルー系の「パライバ」「インディゴライト」は、宝石としての価値が高く、特に「パライバ」は、年々稀少価値が高まっています。この石を選んだあなたは、今の自分に満足できていないのでしょう。この石は、高すぎる目標に苦しんでいる人に、ありのままの自分を認める心のゆとりと「今のままで十分よ」と言う優しいメッセージをくれるでしょう。

153

✦ 自然と人を繋げる神聖な石

【軟玉（なんぎょく）】
ネフライト

石の言葉	「繁栄、健康、高貴」

主な産地	グアテマラ、カナダ、ロシア、スイス、中国など
硬　度	6～6.5
結　晶	単斜晶系
成　分	$Ca_2(Mg,Fe^{2+})_5[OH|Si_4O_{11}]_2$

【効果的な使い方】ブレスレット、ネックレス、彫刻品
【処理の有無】特になし
【取り扱いの注意】特になし

石のいわれ
✦ 生命再生の願いを託した石 ✦

「ジェイド（翡翠）」には、ヒスイ輝石を主成分とする「ジェダイト／硬玉（硬度6.5～7）」、角閃石を主成分とする「ネフライト／軟玉（硬度6～6.5）」の二つの種類があります。古来、同じ鉱物と考えられていましたが、18世紀ミャンマーで硬玉が見つかり二つを区別するようになりました。緑、白、紫など色彩豊かなジェダイトに対し、軟玉は深みのある緑、黒、白が特徴です。また、ジェダイトは自分自身の潜在意識に作用するのに対し、ネフライトは自然界へ繋がる作用を持つとされます。中国では、生命再生の石と信じられ、死者の口や耳などにこの石を詰めて埋葬する風習がありました。中南米、ニュージーランドなどでも儀式に用いられ、世界中で神聖な石とされています。

石の特徴・効能
✦ 自己実現のための強い味方 ✦

語源はギリシャ語の「nephros」で「腎臓」という意味。中南米では古くから「温石（おんじゃく）」として、腹部を温め、大切な臓器の不調を癒す治療に用いられました。中国ではかけがえのない珠宝を意味する「玉」と称され、「ジェダイト」と共に永遠不変の権威・富貴の象徴として大切にされています。また、世界各地で肉体と霊性を司る「聖なる再生の石」として古くから神聖な儀式に用いられました。宇宙や自然のエネルギーと交信するための仲介役となり、インスピレーションを高めると言われています。鋭い感性と洞察力を育み、持ち主の精神を粘り強いものに変えて、鍛えてくれるこの石は、自己成長や自己実現を果たしたい人におすすめの頼もしい存在です。

相性の良い石

スピネル
目標に突き進んでいく活力を与え、自己実現を叶える。

ジャスパー
宇宙や自然との交信を強くサポートしてくれる。芸術性が高まる。

ブラックオニクス
邪念を祓い、瞑想に意識を集中させる。目標達成や成功へ導く。

同じグループの石
・アクチノライト
・ジェダイト
・トレモライト

✦取捨選択し要点をつかむ

【葡萄石（ぶどうせき）】
プレナイト

石の言葉　「健康美、洞察力、聡明」

- **主な産地**　オーストラリア、マリ、パキスタン、インドなど
- **硬度**　6〜6.5　　**結晶**　斜方晶系
- **成分**　$Ca_2Al[(OH)_2|AlSi_3O_{10}]$

- 【効果的な使い方】ブレスレット、ペンダント、原石
- 【処理の有無】特になし
- 【取り扱いの注意】特になし

石のいわれ　✦瑞々しいマスカットのような石✦

　オランダの鉱物収集家で軍人のプレーン大佐が南アフリカの喜望峰で発見したことから「プレナイト」と命名、鉱物名に個人の名が冠された、最初の石と言われています。和名は、マスカットに似た色合いと形状から「葡萄石」と呼ばれ、その原石は葡萄のような粒状の集合体となることもあります。火山岩の割れ目や空洞に沸石や方解石、エピドートを伴って産出されます。色は白や無色、黄みがかったものなどありますが、たいていは淡く若々しいグリーンのマスカットカラー、半透明の柔らかな光沢が魅力的です。オーストラリアなどで産出される透明度の高いものは、宝石として流通。繊維状の結晶は「キャッツアイ」が現れるようにカットされ、稀少価値の高さから人気があります。

石の特徴・効能　✦深く分析し、不要なものを整理✦

　プレナイトに強く惹かれる人は過剰なプレッシャーを感じていたり、頭と心が混乱している状態なのかもしれません。この石には、感情の波を整え、忍耐力を高め、心の奥深くに蓄積された余分な知識や過去の痛みをひとつひとつ見直し、不要なものを消していく作用があります。忙しさから気持ちに余裕がなくなっている時、誰を信用していいか疑心暗鬼になっている時など、冷静な目を与えてくれるでしょう。また、瞑想のトレーニングを積んだ人なら、自然や宇宙の叡智を授かり、予知能力が促進されると言われています。天とのつながりを意識することで心の安らぎを回復し、至福の喜びを感じるでしょう。

相性の良い石

ソーダライト
冷静な判断ができ、正しい決断を下せる。脳を活性化させる。

アベンチュリン
人間関係を整理する。悪縁を断つ。騙されやすい人におすすめ。

マラカイト
時代を先読みする力。必要な事を察知する能力が高まる。

同じグループの石

なし

✦ 脳を活性化させる受験のお守り

【蛍石（ほたるいし）】
フローライト

石の言葉	「ストレス軽減、集中力、感性」
主な産地	アメリカ、スペイン、イギリス、ペルー、中国など
硬度	4
結晶	等軸晶系
成分	CaF_2
【効果的な使い方】	原石、ブレスレット、ペンダント、タンブル
【処理の有無】	特になし
【取り扱いの注意】	一定方向に割れやすい

石のいわれ ✦ 色彩豊かな優しい石 ✦

　和名「蛍石」は、火の中に投じるとパチパチと音を立てて蛍光を発して飛び交うことから名付けられました。熱以外にも一部の蛍石は紫外線による「フローレッセンス（蛍光現象）」で美しく神秘的に発光します。結晶の形は生成時の温度などに影響され低温で「六面体」、高温で「八面体」に結晶すると考えられています。色彩の幅がとても広く産出量の多い順に、紫・緑・無色・水色・黄・藍・ピンク色となり包有する希土類元素の違いが影響するようです。中には各色が縞状の層を成すものもあります。中でも、青紫、白、黄色が縞模様となったイギリス・ダービーシャー産蛍石は「ブルージョン」と呼ばれ、18～19世紀にかけて壺や装飾品などに加工され人気を博しました。

石の特徴・効能 ✦ 煮詰まった気持ちを再起動させる ✦

　現状をリセットするパワーを秘めたこの石は、例えばコンピューターがフリーズした時に、再起動し回復するような効果をもたらします。煮詰まった状態を一掃し、気分を変え、問題解決になる糸口を示してくれるので、多忙な現代人におすすめの石と言えます。

　また「知性の石」と呼ばれ、脳を活性化させ、記憶力を高める力があります。凝り固まった思考回路を解きほぐし、柔軟性を与え、行き詰まった考えを再編成し、整理する能力にも長けています。固定概念に縛られた頭を解放し、自由な想像力を高めてくれるでしょう。とくにグラデーションカラーのものは、芸術的な領域に作用し豊かな創造性を生み出す力もあります。

相性の良い石

ムーンストーン
忙しい人、受験生におすすめ。頭をクリアにし、切り替えが早くなる。

ガーデンクォーツ
混沌とした心身を整理する。過度なストレスを遮断する。

コスモクロア
安定したエネルギーを与え、穏やかな心を呼び戻す。

同じグループの石
・ブルージョン

グリーンフローライト

　透明感のある淡い色合いが優しいグリーン。フローライトの中でも、癒しパワーを発揮する石です。心の奥の自分と向き合い、苦手意識を克服させるので、内気な人や、対人関係にコンプレックスのある人に、とくにおすすめ。環境に応じた円滑なコミュニケーションをサポートし緊張を和らげ精神面の安定と成熟を促してくれます。

パープルフローライト

　神秘的で穏やかな紫には、スピリチュアルな波動があり、瞑想や思考の質を高めます。精神を高次元に導き、理解力や分析力をアップ。物事を大局からとらえ、理知的に分析する力を深めるので、現状を変えたいと願う人には、大きな励みを与えるでしょう。未来を案じる臆病な心を捨てさせ、迷わず前に進めるように背中を押してくれるはずです。

ブルーフローライト

　深く澄んだ爽やかなブルー。新たな知識を得たい時に身につけると、集中力や記憶力がアップします。物事の本質を見抜く確かな眼を養いトラブルの際には冷静に寛大に対処することができるようになります。また、知的な表現力を育て、魅力的な会話で人間関係を豊かにします。穏やかな波動で睡眠の質を高めます。

✦ 本来持っている魅力を取り戻す

【橄欖石（かんらんせき）】
ペリドット（オリビン）

石の言葉	「太陽、夫婦和合、前進」

主な産地	アメリカ、中国、ミャンマー、パキスタンなど
硬度	6.5～7
結晶	斜方晶系
成分	$(Mg,Fe^{2+})_2[SiO_4]$

【効果的な使い方】ペンダント、ブレスレット、リング、原石
【処理の有無】特になし
【取り扱いの注意】特になし

石の いわれ　✦ かつて「太陽の石」と呼ばれていた ✦

　宝石名「ペリドット」、鉱物名「オリビン」、名称はこの石がオリーブ色をしていることに由来します。複屈折という性質で夜の照明に映えることから「イブニングエメラルド」という別称を持ちます。マグネシウムとケイ酸などから成り、微量のニッケルが含まれることで緑に発色。色合いとしては無色に近い黄色から茶系まで幅があります。

　3500年前、紅海に浮かぶセント・ジョン島で発見され、当時は「トパジオス」と呼ばれていました。暗闇の中でもわずかな光をとらえ輝くため、古代エジプトでは太陽神に見立て「太陽の石」と崇拝されました。その後、宇宙から飛来した「パラサイト（石鉄隕石（せきてついんせき））」からも見つかっています。

石の 特徴・効能　✦ 自らの過ちに気づきを与える ✦

　「暗闇に光をもたらす神秘の石」「太陽神の象徴」と言われる強い輝きで、逃避的な考えを改め、自分のミスを素直に認めさせる力を持っています。邪推や他人への誤解、嫉妬心、罪悪感といったものをぬぐい去ることで、自分を肯定し、新たな行動力を与えるため心が軽く明るくなり、持ち主本来の魅力が回復します。この石に強く惹かれる時は、心の奥にあなた自身が原因の悩みがあるのかもしれません。自らの非に気づき認めたあとは、とたんに解決に向かって前向きになれるでしょう。

　豊かな知恵と思慮深い分別で夫婦や家族、恋人、仕事のパートナーなどの身近で重要な人間関係を良くしてくれる「和合・親睦」の効果も古くから伝えられています。

相性の良い石

アクアマリン
他人に愛想良く対応できない人におすすめ。対人ストレスの軽減。

トパーズ
成功を引き寄せるための直感力、判断力を高め、自信を与える。

サンストーン
自己肯定感を高め、明るく包容力のある人間性に変える。

同じグループの石

- ファヤライト
- フォルステライト

✦ 独創性を与えるひらめきの石

【白雲母（しろうんも）】
マスコバイト（モスコバイト）

石の言葉	「健康促進、目標達成、想像力」

主な産地	アメリカ、ブラジル、パキスタン、ロシアなど
硬 度	2.5〜4
結 晶	単斜晶系
成 分	$KAl_2(Si_3Al)O_{10}(OH,F)_2$

【効果的な使い方】原石、ブレスレット、タンブル、ペンダント
【処 理 の 有 無】一部含浸処理
【取り扱いの注意】もろく剥がれやすい

石のいわれ ✦ 水にも火にも影響されない霊石 ✦

「マスコバイト」は、マイカ（雲母）グループの一種でカリウムを主成分としアルミニウムを多く含むケイ酸塩鉱物です。名称はウラル産雲母がモスクワ経由でヨーロッパに輸入されたことが由来です。日本ではその光沢から「きらら」とも呼ばれています。

結晶は六角から菱形のシート状を成し、稀に双晶で星形（スターマイカ）となるものもあります。色は主に白、黄、無色ですが、包有する成分で異なり、クロムを含むと緑色の「フックサイト（クロム白雲母）」、マンガンを含むと赤色の「マスコバイト（マンガン白雲母）」になります。微細な結晶の集合体「セリサイト（絹雲母）」は化粧品、薬品、工業原料分野に幅広く利用されています。雲母は中国では不老長寿の薬石とされています。

石の特徴・効能 ✦ 新しい観点や発想を与えてくれる石 ✦

ポジティブなパワーに満ち、ユニークで斬新な発想を与えてくれます。理性的で知的でありながら、固定概念を覆すような新しい視点や束縛から解放されたのびのびとした発想や、周囲に一目置かれるような魅力的なアイデアを与えてくれます。多方面に挑戦し、混乱を招きそうな状況になっても失敗せずに対応できる柔軟さも育みます。創造的な分野の人はもちろん、あらゆる分野でこの石の授けるアーティスティックなセンスは注目されるはずです。また人と違うことを恐れる人には自信を持たせ、自分らしさをアピールできるようにしてくれます。

この石は第4チャクラへの働きかけでなく、第三の目を活性化し、霊視や予知の能力を高めるとも言われます。

相性の良い石

アベンチュリン
自信を与え本来の自分を取り戻す。自律神経を整え、健康を維持する。

ルチルクォーツ
インスピレーションを高め、ユニークなアイデアを生み出す。

ガーネット
精力的に行動できるよう意識を変える。血流を整え、生命力を高める。

同じグループの石
- スターマイカ
- セリサイト
- フックサイト
- マイカ

✦ 心身の苦悩を吸収、邪気を跳ね返す

【孔雀石（くじゃくせき）】
マラカイト

石の言葉 「緊張を和らげる、洞察力」

主な産地	コンゴ、ナミビア、オーストラリア、ロシアなど
硬 度	3.6～4.5
結 晶	単斜晶系
成 分	$Cu_2[(OH)_2|CO_3]$

【効果的な使い方】ネックレス、ペンダント、丸玉
【処理の有無】一部含浸処理、コーティング処理
【取り扱いの注意】表面が傷つきやすく酸に弱い

石のいわれ　✦ クレオパトラも愛用していた ✦

　色合いの似た地中海原産の植物「ゼニアオイ」のギリシャ語「malache」が名前の由来です。孔雀の羽根に似ているため、和名は「孔雀石」と呼ばれています。

　銅を主成分とする美しい緑の石で、古くから装飾品、化粧品、顔料、染料として珍重されてきました。人類は紀元前4000年頃には、この石を火であぶると「金属銅」ができることを発見しており、金属を精錬することを普及させた最初の石と言われ、人類史においても重要な鉱物の一つです。古代エジプトではこの石を砕いて化粧品や薬品、魔除けとして利用しており眼の保護や虫除けとしても使われていました。クレオパトラも化粧品として目元を飾ったという逸話が残っています。

石の特徴・効能　✦ 負のエネルギーを吸収してくれる ✦

　世界各地で護符として扱われ、お守りとしての歴史が非常に古い石。負のエネルギーを吸収する強いヒーリング効果を持っています。エネルギーの不調和で起きる心と体に潜む苦悩や苦痛をスポンジのように吸収、デトックスしてくれます。また、この石の縞模様や「眼」のような丸い模様に邪気祓いの効果があり、縞目がはっきりしたものほど強力と言われます。

　この石は持ち主のために内と外から負のエネルギーを吸い取ってくれるのですが、その負のエネルギーを石に蓄えてしまうので、こまめな浄化が必要です。汗や酸に弱く細かい傷がつきやすいので、身に着けていると表面のツヤが無くなりマットな感じになりますが石の特性なので心配はいりません。

相性の良い石

カイヤナイト
人生の方向性を決めることができる。進路に迷っている時など有効。

天眼石
どちらの石も縞状の目を持ち、魔除けとして強力なパワーを持つ組み合わせ。

ヘマタイト
邪気を払い、生命力を活性化させる。子供のお守りとしても良い。

同じグループの石
・アズロマラカイト
・クリソコラマラカイト

chapter.4 ✦ パワーストーンのデータベース

✦宇宙起源のパワーでスピリットを癒す
【モルダウ石（もるだうせき）】
モルダバイト

石の言葉　「自然の掟、生命力、調和力」

主な産地	チェコ
硬度	5〜6
結晶	非晶質
成分	SiO_2+Ca,Al,Fe,Na,Mg 他

【効果的な使い方】ブレスレット、ペンダント、リング
【処理の有無】特になし
【取り扱いの注意】衝撃に弱い

石のいわれ　✦隕石の衝突によりできた石✦

　チェコ・モルダウ川流域だけで発見される深い緑色の「モルダバイト」は、宇宙から飛来した隕石だと信じられてきた神秘的な石です。近年、研究が進み、その起源は約1450万年前にドイツ・バイエルン州ネルトリンゲンに落下した巨大隕石によるものと判明。隕石本体は高温により蒸発してしまいましたが、落下のすさまじい衝撃と高温で地表の岩石などが融解、気化し上空に巻き上げられ固まり、非常に珍しい緑色の「テクタイト（天然ガラス）」となり、モルダウ川流域に飛散したと言われています。

　「モルダバイト」は、その稀少価値の高さから人工ガラスの模造品が大量に流通しています。肉眼では鑑別できない精巧なものまで作られていますので注意が必要です。

石の特徴・効能　✦人類の起源につながるエネルギー✦

　宇宙と地球のエネルギーが融合されて作られたという誕生の特殊性に起因し、モルダバイトには人類の起源に深く作用する癒しの効果が秘められています。そのエネルギーの強さゆえに、石との相性を感じたり、違和感を覚えたりする人もいるでしょう。宇宙と地球の調和を促進する働きがあるため、地上にはじめて降り立った魂（スピリット）が抱く戸惑いや孤独感と言った感情や、誕生のルーツにまで作用し、多くの気づきを与えます。

　紀元前から神聖なパワーを持つ聖石として崇められ、チェコでは永遠の愛を約束する石と伝えられ大切に守られてきました。1960年後半から台頭してきたニューエイジと呼ばれる人々は魂を解放し、霊的な目覚めをもたらすこの石のエネルギーを絶賛しました。

相性の良い石

タンザナイト
前世から持ち越した課題を解消する手助けをする。人生を好転させる。

アゼツライト
心身の回復。脳波をリラックスさせ、感情の波を穏やかにする。

ジャスパー
人の意見に左右されない強さを育て、社会的な評価を高める。

同じグループの石
・ダーウィングラス
・テクタイト
・リビアングラス

✦ トラウマを解消。新たな信頼関係を築く

【ユナカ石（ゆなかせき）】
ユナカイト

石の言葉 「バランス、安心感、再生」

主な産地 アメリカ、オーストラリア、南アフリカなど
硬度 6.5～7　　**結晶** 鉱物の集合体
成分 多種類の鉱物

【効果的な使い方】ブレスレット、タンブル、ペンダント
【処理の有無】特になし
【取り扱いの注意】特になし

石のいわれ ✦ 個性的な模様が特徴 ✦

　火成岩である花崗岩の一種で「エピドート」を主成分に、「フェルドスパー」「クローライト」「クォーツ」などが集合した岩石です。エピドートは黄緑色、フェルドスパーはピンク色、クォーツは白色、クローライトは濃緑色に発色しています。様々な石が合わさっているため、硬度や色彩にばらつきがあり、フェルドスパーやクローライトを多く含むものは硬度が低く、石英を多く含むものは硬度が高くなり、一般的に色彩が豊かでガラス光沢があるものが上質と言われます。

　個性的な模様と産出量の多さから、彫刻などの芸術品、室内装飾品などにも用いられました。語源は原産地であるアメリカ・ノースカロライナ州のユナカ山地に由来します。

石の特徴・効能 ✦ 迷いや閉塞感を消し未来へ ✦

　複数の石が混ざり合うこの石には、独特なヒーリング効果があります。メインとなる黄緑色の「エピドート」はとても人懐っこいエネルギーで、どんな時にもそばにいてくれるような優しい波動を持っています。そこに明るさの「フェルドスパー」と心身を安定させる「クォーツ」の力が加わることで、心の深い部分にある怒りや悲しみを少しずつ表に出し、負のエネルギーを一掃させる力を持っています。過去の経験による傷やトラウマなども解消し、未来に向かって進んでいこうとする意欲を抱かせます。むやみな恐怖心が消えることで、誰かを信じ、愛する余裕も生まれてくるでしょう。誰とでも友だちになれた幼い頃の自由な心を呼び戻す温かさに満ちたパワーストーンです。

相性の良い石

モリオン
霊的なパワーで邪気を祓う。ネガティブなエネルギーから守る。

マラカイト
心身を浄化、治癒し、本来の自分らしい心を取り戻す。

セラフィナイト
心の傷を癒し、穏やかな精神状態にする。病気の療養中によい組み合わせ。

同じグループの石
・アプライト
・ピクチャーサンドストーン
・ライオライト

✦情熱と官能をまとう女王の風格

【紅玉（こうぎょく）】
ルビー

石の言葉	「愛の炎、活力、情熱」

主な産地	ミャンマー、タイ、マダガスカル、南アフリカなど
硬度	9
結晶	六方晶系（三方晶系）
成分	Al_2O_3

【効果的な使い方】リング、ブレスレット、ペンダント
【処理の有無】一部加熱処理、一部含浸処理
【取り扱いの注意】特になし

石のいわれ　✦鮮やかな赤は女王の風格✦

　女王の風格をもつ真紅のルビー。ダイアモンドに次ぐ硬さのコランダム（鋼玉（こうぎょく））という鉱物グループに属し、赤をルビー、それ以外をサファイアと呼んでいます。この燃えるような赤はわずかに含まれるクロムイオンによるもので、他の成分が多くなるとルビーと鑑別されずピンク、またはパープルサファイアとなります。最高峰とされるミャンマー・モゴック産「ピジョン・ブラッド（鳩の血）」は、妖しいほど美しい赤で、ダイアモンド以上の価格で取引されます。また、ルチルを繊維状に内包したルビーを半球形にカットすると、六条の光の筋が生まれる「スタールビー」となります。美しい赤色に近づける為、加熱処理されますので、純天然・非加熱ルビーは最高の価値を持つ宝石です。

石の特徴・効能　✦強力なパワーで高揚感が高まる✦

　古代ローマでは軍神マルスの石として兵士たちがお守りとして身に付けていたと言います。勝利を掴む力、権力者としてのカリスマ性を高める力は、古来より認知されていました。実際、そのエネルギーは絶大で精力的に活動したい人が身に付ければ、精神が高揚し、いつも以上の力を発揮できるでしょう。世の中の悪や不正と戦う勇気とそれを正しい方向に変えていく信念、弱い立場の人たちを守りたいと思う愛、秘めた情熱を呼びさまし、本能的な感性を高め、人間性を深めます。また、女性には華やかで官能的な魅力を与えると言われます。

　背中を力強く押して前進させてくれるので、運気の停滞している人や消極的になっている人にこそ必要でしょう。

相性の良い石

タイガーアイ
精神と肉体のバランスを整え、本来持つ強さ、運をつかむ力を高める。

ガーネット
精神に自信と開放感を与え、情熱的な行動へと導く。

ペリドット
自分の存在感を高め、周囲にアピール。女性の守護石。

同じグループの石
・サファイア
・ルビーインゾイサイト

✦ 愛する歓喜を教えてくれる

【紅水晶・薔薇石英（べにずいしょう・ばらせきえい）】
ローズクォーツ

| 石の言葉 | 「慈愛、女性の美しさと健康」 |

主な産地	ブラジル、マダガスカル、南アフリカなど
硬　度	7	結　晶	六方晶系（三方晶系）
成　分	SiO_2

【効果的な使い方】ブレスレット、ペンダント、丸玉
【処理の有無】特になし
【取り扱いの注意】長時間の直射日光は避ける

石の いわれ　✦ 無償の愛や平和の象徴 ✦

「紅水晶」という和名の他に「薔薇石英」とも呼ばれ、愛と美の女神・アフロディーテに捧げられた薔薇に由来し「ローズクォーツ」と名付けられたと言われています。優美なピンクは微細なチタンイオン、アルミニウムイオン、燐イオン、デュモルチェライトなどの含有による発色とされ、繊維状のルチルを内包しスター効果の現れる「スターローズクォーツ」もあります。産地による発色の差も大きく、鉱物学的に様々な説があるようです。また、この水晶は多くが「塊状」に成長します。

無償の愛や平和を象徴するこの石は、古代ローマ時代から、さまざまな彫刻や印章、装飾品に用いられ、淡いピンクのかわいらしい「愛と美しさの石」として女性に人気です。

石の 特徴・効能　✦ 前向きになれるようにサポート ✦

「恋人が欲しい！」「憧れの彼と両思いになりたい！」など、目的達成を願って石選びをされることが多い石ですが、そのパワーはもっと奥深いもの。ローズクォーツを求めている時は「愛することにブレーキをかけている自分」が存在するのです。心を開放し、積極的になれるようサポートされることで、前向きに変わっていくと、自然に笑顔が増えて心身ともに活性化し、本来の魅力が引き出されます。そのようなプロセスを経ると、これまで自分自身をちゃんと愛してあげていなかったことに気づいてくるのです。愛の成就にブレーキをかけていたのは、実はあなたの中にくすぶっていたトラウマや自己嫌悪だったと教えてくれます。これこそが、「愛を叶える石」の神髄と言えるでしょう。

相性の良い石

アクアマリン
愛する人と幸せな結婚へ導くサポートをしてくれる。

モルガナイト
愛の本質に気づかせて、思いやりの心や魅力を引き出す。

トルマリン
エネルギーを循環させて心身を回復させる。精神的な疲労を癒す。

同じグループの石
・アメシスト
・スターローズクォーツ
・スモーキークォーツ
・ミルキークォーツ
・ルチルクォーツ

✦ 心の傷を克服し、愛を呼び込む

【菱マンガン鉱（りょうまんがんこう）】
ロードクロサイト（インカローズ）

石の言葉　「情熱、豊かな感受性」

- **主な産地**　アルゼンチン、ペルー、アメリカ、日本など
- **硬度**　3.5〜4
- **結晶**　六方晶系
- **成分**　$Mn[CO_3]$
- 【効果的な使い方】ペンダント、ブレスレット、原石
- 【処理の有無】一部含浸処理
- 【取り扱いの注意】表面が傷つきやすく酸に弱い

石のいわれ　✦ 結晶の形状が名前の由来 ✦

　ギリシャ語の「rhodon（薔薇）」「chroma（色）」、つまり「薔薇色の石」が名前の由来です。アルゼンチンにある世界最古のロードクロサイト鉱山でインカ帝国時代に、層状のこの石をカットしたところ表面に「薔薇の花」が浮かび上がったことから「インカローズ」とも呼ばれます。マンガンを含むカルサイト系の鉱物で特有の菱形の結晶を成すため、和名は「菱マンガン鉱」と名付けられました。純粋なものほどピンクで、鉄分を含むと赤みが増します。菱形、犬牙状、葡萄状、腎臓状、鍾乳石状、厚い層状など、産地や鉱床により形や色のバリエーションが豊かな石ですが、ほとんどの鉱山が閉山してしまい、美しいものはとても少なく、高価で貴重な石となっています。

石の特徴・効能　✦ 過去の傷を癒す ✦

　「愛を叶える石」として定評のある「ローズクォーツ」同様、ロードクロサイトも愛を成就させる力があるとし、太古から女性たちの間で珍重されてきました。しかし、両者には似て非なるパワーがあります。この石は心の深い傷を修復する力があり、トラウマとも少しずつ向き合えるようにして、古傷を癒していきます。そしてリセットしたところで、積極的に愛に向かわせるパワーを授けます。なかなか恋ができなかった人には運命の相手と巡り会わせてくれるでしょう。つまり、過去の恋愛で傷ついている人には、ローズクォーツだけではやや力不足。再び情熱を目覚めさせるロードクロサイトと組み合わせれば最強と言えるのです。

相性の良い石

ローズクォーツ
自信を持てるようになり、愛に積極的に向かわせる。恋愛成就の最強の組み合わせ。

ムーンストーン
過去の傷を癒してくれる。生きることの喜びを感じられる。

アクアマリン
深く愛し合える恋愛関係、情熱的で幸福な結婚へと導く。

同じグループの石
- カルサイト
- ピンクカルサイト
- マグネサイト

✦ 復活愛の守護石

【薔薇輝石（ばらきせき）】
ロードナイト

石の言葉	「秘めた情熱、不安からの解放」

主な産地	オーストラリア、ブラジル、ペルー、日本など
硬度	6
結晶	三斜晶系
成分	$(Mn,Ca)Mn_4[Si_5O_{15}]$

【効果的な使い方】 ブレスレット、ペンダント、ネックレス
【処理の有無】 一部含浸処理
【取り扱いの注意】 長時間の直射日光は避ける

石の いわれ　✦ 薔薇の花びらの色合い ✦

ギリシャ語の「rhodon（薔薇）」に由来。和名は「薔薇輝石」と名付けられていますが、その後の研究で「輝石」ではなく、カルシウムやマンガンを含むケイ酸塩鉱物「準輝石」であることが判明しています。しかし、その和名が印象的で馴染んでしまっていることから、訂正されず今でも使用されています。

ずっしりと重い石で、色合いも淡紅色から深紅まで豊かです。鉄の含有量が高いと褐色を帯び、二酸化マンガンを多く含む場合は黒い筋状の層を伴います。通常、大きな塊状で産出されますが、ごく稀に赤く透明度の高い宝石質のものが産出され、その美しさから「インペリアル・ロードナイト」と呼ばれています。

石の 特徴・効能　✦ 復活愛に効果的 ✦

ローズクォーツ、ロードクロサイトと同じように「愛の成就」の効能が有名ですが、ロードナイトは「壊れた関係を修復し、本来の姿に回復させる」という重要な特徴があります。別れた恋人と復縁したい、家族や親友と仲直りしたいなど、いわゆる「復活愛」の願いに効果的です。心身にも良い影響を与え、新陳代謝を促進し、体を快調にする作用にも繋がり、ストレスなどですり減った神経を癒してくれます。

アメリカインディアンの儀式でこの石に託される一番大切な働きは、クリスタル界で言う「グラウンディング」。人間と地球の間に交わされているエネルギーの流れを改善し、本来あるべき姿に戻すというものです。

相性の良い石

ローズクォーツ
女性としての魅力を高める。自分の気持ちを打ち明ける勇気を与える。

ロードクロサイト（インカローズ）
過去の恋愛で傷ついた心の修復。未練のある恋人とよりを戻す。

クリソコラ
恋愛運を高める。対人関係でのコミュニケーションを円滑にする。

同じグループの石
- ナンブライト
- パイロクスマンガン
- バスタマイト

chapter.4 ✦ パワーストーンのデータベース

✦ 大いなる海のような浄化と包容力

【藍玉・藍柱石（らんぎょく・らんちゅうせき）】

アクアマリン

| 石の言葉 | 「幸せな結婚、和合、勇敢」 |

主な産地	パキスタン、ブラジル、中国、モザンビークなど
硬　度	7.5〜8	結　晶	六方晶系
成　分	$Be_3Al_2[Si_6O_{18}]$

【効果的な使い方】原石、ルース、ブレスレット、ペンダント
【処 理 の 有 無】一部加熱処理
【取り扱いの注意】特になし

石の いわれ　✦ エメラルドと同じベリル族の石 ✦

　ラテン語のアクアが「水」、マリンが「海」を意味し、海や水と関係の深い石です。人魚の涙が宝石になったと言われ、太古から船乗りたちの間で豊漁と航海の安全を約束する守護石として大切にされてきました。魚座が位置する三月の誕生石としても、よく知られています。穏やかな海のような水色で、深い包容力を秘めています。鉱物学的にも興味深く、「ベリル」という鉱物に属し、混入元素によって多彩に変化、名称は緑色は「エメラルド」、黄色は「ヘリオドール」、淡紅色は「モルガナイト」、無色透明は「ゴシェナイト」となります。欧米ではアクアマリンを「天使の石」と呼び、結婚、子宝の守護石としています。

石の 特徴・効能　✦ 羽毛に包まれたような安堵感 ✦

　水のエネルギーを受容するアクアマリンは、心に滞った負の要素を洗い流してくれる、浄化のパワーを持っています。海や川を眺めていると、様々なわだかまりが解消されるように、この石にも優れた鎮静作用があるのです。アクアマリンを手で軽く握ると、穏やかな波動が感じられ、だんだんと平和な気持ちになれます。これはイライラが落ち着くといった日常生活レベルのヒーリングではなく、生命そのものの居心地の良さ、まるで羽毛の寝具に包まれたときのような、心に湧きあがる安堵感なのです。他の石では感じられない、ユニークな感覚です。
　また、身の安全を守ってくれる守護のパワーとともに、健康とアンチエイジングのパワーストーンとも呼ばれています。

相性の良い石

ムーンストーン
幸福な結婚。包容力を高める。相手の気持ちを読み取りやすくなる。

ラブラドライト
カルマを解消し、魂レベルの目的に気づくことができる。

ロードクロサイト（インカローズ）
女性的な魅力を引き出し、恋愛成就をサポート。運命の出会いを導く。

同じグループの石

- エメラルド
- ゴシェナイト
- ヘリオドール
- モルガナイト

✦ 大切な人との絆を強める

【燐灰石（りんかいせき）】
アパタイト

石の言葉	「本当の意志、自己主張」

主な産地	マダガスカル、カナダ、ブラジル、メキシコなど
硬度	5
結晶	六方晶系
成分	$Ca_5[(F,OH)|(PO_4)_3]$

【効果的な使い方】 ブレスレット、ネックレス、原石
【処理の有無】 一部含浸処理
【取り扱いの注意】 もろく衝撃に弱い、日光で褪色

石のいわれ
✦ 骨や歯と同類の成分 ✦

　鉱物的にはフッ素燐灰石で、それが和名に反映。興味深いことに、人間の骨や歯の主成分「水酸燐灰石」と同類で、両者を比べるとフッ素燐灰石のほうが硬度が高く丈夫です。このため、整形外科や歯科では、このフッ素燐灰石を人工骨や義歯の材料として利用することがあります。「アパタイト」の語源は、ギリシャ語の「apate」、その意味はなんと「裏切り」「ごまかし」「惑わす」。色、形状、光沢、すべてが他の鉱物とよく似ていることから名付けられました。とくにアクアマリン、アメシスト、ペリドットとは硬度が違うもののほとんど見分けがつきません。アパタイトに透明、ピンク、黄、緑、青、紫など、多彩な色調と宝石のような輝きがあることにも由来しています。

石の特徴・効能
✦ コミュニケーションの円滑 ✦

　人間の骨や歯と同じ成分を持つ鉱物ということで、私たちの波長に素直に同調し、穏やかに働きかけ何かと何かを結びつける高い能力を持っています。その能力で、恋人、家族、職場の人間関係を深めたり、苦手な相手とのコミュケーションを円滑にしてくれたりします。精神と肉体、思考と表現なども協調してくれるため、日常的なもどかしさを解消してくれるでしょう。また霊的なパワーも強いと言われ、異次元の世界との繋がりを強める、根源的な愛を実感させる、固定概念や環境に影響されることなく主張できる、などのパワーも、この石の持つ調和作用から来ています。逆に言えば、この石に強く惹かれるときは、心身がうまく結びつかず、情緒不安定な状況に苦しんでいるときなのかもしれません。

相性の良い石

ルチルクォーツ
浪費癖や買い物依存を治し、入ってきたお金を安定させる。

ロードナイト
喧嘩している相手と仲直りさせる。自分の本心をうまく相手に伝える。

アベンチュリン
ストレス解消、心身のリフレッシュ。健康を維持する組み合わせ。

同じグループの石

- グリーンアパタイト
- ゴールデンアパタイト
- ピンクアパタイト
- ブルーアパタイト

chapter.4 ✦ パワーストーンのデータベース

✦自分を素直に解放する
【硬石膏（こうせっこう）】
アンハイドライト

| 石の言葉 | 「大切なもの、博愛」 |

主な産地	ペルー、メキシコ、日本など
硬度	3〜3.5
結晶	斜方晶系
成分	Ca[SO_4]

【効果的な使い方】原石、タンブル、ブレスレット
【処理の有無】一部含浸処理
【取り扱いの注意】表面が傷つきやすい、水分・汗・湿気に弱い

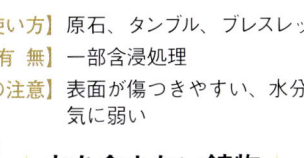

石のいわれ ✦水を含まない鉱物✦

　海、塩湖の水が蒸発することで生成される硫酸塩鉱物の一種で岩塩の鉱床でドロマイトやカルサイト等と一緒に生成します。英名は「無水物」、和名は「硬石膏」「無水石膏（むすいせっこう）」とも呼ばれています。成分的に石膏に似ており、硬く変化した石膏と思われていましたが、近年になり別種の鉱物として分類されるようになりました。色合いは、無色、白色、灰色、青灰色、淡紅色、淡紫色など多彩で、底面は真珠のような、その他の面はガラス状の光沢をもちます。アンハイドライトの一種「エンジェライト」は、硬石膏にストロンチウムなどが含まれ青灰色に発色したもの。天使の石として愛されていますが、硬度が低く水分や汗で変質しやすいため、流通しているものは表面を保護する処理がなされています。

石の特徴・効能 ✦不老長寿の石と伝えられる✦

　困難に屈しない強さと強靭で豊かな博愛の精神を与えてくれる石とされ、各地で広く崇められてきました。また古代ギリシャでは、不老長寿の石であると信じられていました。自分を強く信じて生きることを促してくれるこの石のパワーで、心の奥にしまい込んでいた自分らしさを素直に表現することで、若さと活力が得られるのかもしれません。また、感性を高め、自分を支える眼に見えない「存在」に気づきを与え、不思議なエネルギーを授けます。この石の放つ天使のように優しい波動を感じることで、周囲を思いやる余裕も生まれ、人を惹き付ける魅力が溢れてきます。知らないうちに人気の的となるよう導いてくれる石なのです。

相性の良い石

ムーンストーン
恋人との関係を強める。感受性を豊かにし、表現力を高める。

クリソコラ
おおらかな愛、包容力を持つ。創造力アップ、芸術センスを養う。

カイヤナイト
目標に向かう強い意志と自分の魅力を伝える表現力を養う。

同じグループの石
- エンジェライト
- ジプサム
- セレナイト

✦ 思考や感情を整理し、道を切り拓く

【藍晶石（らんしょうせき）】
カイヤナイト

石の言葉	「平安、感情のバランス」

主な産地	ブラジル、タンザニア、ネパール、アメリカなど
硬度	4〜7.5	結晶	三斜晶系
成分	$Al_2[O|SiO_4]$		

【効果的な使い方】ブレスレット、ペンダント、原石
【処理の有無】一部含浸処理
【取り扱いの注意】一定方向に割れやすい、衝撃に弱い

石のいわれ

✦ 二つの硬度を持つ石 ✦

　同じ成分でありながら違った特徴を持つ石のことを、「同質異像」と言いますが、「カイヤナイト」は「紅柱石（こうちゅうせき）」、「珪線石（けいせんせき）」と同質異像の関係で、他の石より、低温で高圧な条件下で生成されています。また「柱状結晶（ちゅうじょうけっしょう）」という縦方向に細い繊維が走るような構造で、繊維と平行方向に割れやすく、直角方向では非常に割れづらい性質があります。このような鉱物は「二硬石（にこうせき）」と呼ばれ、方向によって硬さが違うことから、硬度「4〜7.5」と幅のある数値になっているのです。

　近年、若草色や橙色のカイヤナイトが発見されていますが、典型的なものが藍青色。「カイヤナイト」の語源もギリシャ語の「暗い青色」という意味で、和名にもその色を示しています。

石の特徴・効能

✦ 本当に必要なことを決断する力 ✦

　肉体と精神と感情のバランスを保ち、ひとつの大きな活力とする力を持っています。直感や洞察力を高め、霊的な感受性を養うことで、自分の気持ちと雑念を整理できるようにサポートしてくれます。また、情報分析力や判断力を磨き「本当に必要なこと」を決断する力を高めてもくれます。さらには混乱した考えや曖昧な感情を明確にするパワーも強く、自分自身で気づいていない心の傷、正体のわからない不安、自分に対する甘さなどを解消するのに一役買ってもくれるのです。人生のターニングポイントや大きな変化がある時にこの石を身に付けると明確なヴィジョンが見え不安が無くなるでしょう。多忙のあまり身辺がバタバタしてしまう人にも非常に効果的です。

相性の良い石

タンザナイト
人生全体に対する疑問や方向性などに根本的な答えを見つける。

サファイア
依存心を除く。自分の意思で人生を切り拓いていく自立心を養う。

ラブラドライト
甘えを断ち切り、根気強く信念を貫けるようになる。

同じグループの石

・アンダリュサイト
・シリマナイト

✦宇宙的真理を悟る直感力を与える

【カバンシ石（かばんしせき）】
カバンサイト

石の言葉	「想像力、発想力、宇宙意識」
主な産地	インド、アメリカなど
硬度	3〜4
結晶	斜方晶系
成分	$Ca(V_4+O)Si_4O_{10}\cdot 4H_2O$

【効果的な使い方】原石、ペンダント
【処理の有無】特になし
【取り扱いの注意】もろく壊れやすい

石のいわれ ✦含有成分を組みあわせた名前✦

　鮮やかな青色、花のように外に向かって伸びるたくさんの柱状結晶が愛らしいカバンサイト。この美しいブルーは主成分の「バナジウム」によるもので、鉱物名も、含有される「カルシウム」「バナジウム」「シリコン」を組み合わせて名付けられました。この石と同質異像の関係にある「ペンタゴナイト」や「スティルバイト（束沸石）」と共に採掘され、スティルバイトの上に乗った真っ青のカバンサイトを標本などでよく目にします。1973年にアメリカのオレゴン州で発見され、その後、インドに晶洞が見つかりましたが、産出の限られた稀少鉱物です。もろく壊れやすい鉱物ですが、最近は研磨されペンダント等にも加工されています。

石の特徴・効能 ✦プレッシャーを取り除く✦

　鮮やかな青色は空と海、宇宙的な力の象徴で、ラリマーやターコイズ同様に、この石にも神秘的なパワーが宿っています。特に強いのは、直感力を高める力。自然の摂理や不変の真理を悟るインスピレーションを授け、それを受け入れられるだけの叡智を与えてくれます。とても精神性が高く、持ち主の心に平穏な静寂をもたらすでしょう。恐怖心や不安、プレッシャーなどを取り除き、合理的で競争心を煽る日々の疲れから解放してくれます。

　また、刺激的で忙しく動き回ることだけが充実した毎日であるとはいえないことを、この石は教えてくれます。一見何もない、退屈な風景の中に様々な美しさがあることに気づけるような、豊かな感受性を育む石とも言えます。

相性の良い石

ブルーアパタイト
本来の魅力を高め、自分を愛する心を育む。

ヘマタイト
大地に根差した安定した精神、生きる指針を授ける。

アメシスト
精神状態を安定させ、心身と魂を協調させる。

同じグループの石
・ペンタゴナイト

✦ 穏やかな愛に満ちた石

【玉髄（ぎょくずい）】
カルセドニー

石の言葉　「先見の明、冒険心、良縁」

主な産地	ブラジル、インド、ウルグアイ、ギリシャなど
硬度	6.5〜7
結晶	六方晶系（潜晶質）
成分	SiO_2
【効果的な使い方】	ブレスレット、原石、タンブル、ルース、彫刻品、丸玉
【処理の有無】	一部加熱処理、着色処理
【取り扱いの注意】	紫外線で褪色

石のいわれ　✦ 様々な色彩が特徴 ✦

　ケイ酸を含む鉱液が岩石の隙間などに沈殿してできる石英の集合体で、加熱、着色処理で美しく発色します。生成過程と成分がほとんど同じで、美しい縞模様を持つ「アゲート（瑪瑙）」、不純物を多く含む不透明な「ジャスパー」、色が均一でインクルージョンや縞模様のない「カルセドニー」に区別されます。カルセドニーの中でも色や含有成分により名称が変わり、赤は「カーネリアン」、緑は「クリソプレーズ」に分類。「ピンクカルセドニー」「ブルーカルセドニー」「シーブルーカルセドニー」の優しい色は人気で、色によってエネルギーも変わります。古代文明の時代から権力の象徴として珍重され、語源は良質な原石の産地だったギリシャのカルセドンにちなみます。

石の特徴・効能　✦ 本来の力を出せるようになる ✦

　優しく穏やかに成長を促し、根気強く見守る力を持っています。高いリラックス作用で、緊張感や周囲からのプレッシャーを解きほぐし、本来の力が出せるようにしてくれます。集中力と判断力も高めるので、受験や面接などにも効果的。持ち主の人間性を向上させることによって、良い縁をもたらしてくれるでしょう。また思いやりと慈愛を持って接するように教え、心地よい人間関係が築けるように手助けもしてくれます。

　母性愛に満ちたこの石は妊娠中や育児中の女性にもおすすめ。母性を高め、不安定な時期のイライラを抑制してくれます。また、孤独な子育てをしている人には、深い愛情を持って寄り添い、悩みを話し合える友との出会いを手伝ってくれるでしょう。

相性の良い石

サンストーン
落ち込んだ気持ちを払拭し、人生を前向きに進んでいく。人生の喜びを見いだす。

プレナイト
柔らかな波動で感情に落ち着きを与え、ストレスを軽減する。

エピドート
前向きな心で若々しさを保ち、本来の能力を発揮する。

同じグループの石
・アゲート
・ジャスパー

シーブルーカルセドニー

　透明な海のように爽やかなブルーは、2002年にドイツの宝石加工技術者たちが開発した特殊な処理方法で発色させた新色です。心をほっこりと和ませる穏やかな波動で人気が高まっています。コミュニケーション力を向上させ、相手に優しく誠実な印象を与え、周囲と良い関係を築けるように導いてくれます。ただ、紫外線や蛍光灯の光による褪色には注意が必要です。

ブルーカルセドニー

　青味がかった乳白色の柔らかな色合い。天然の青は貴重です。精神を穏やかにする作用が強く、古くは心の治療に用いられました。孤独を感じて落ち込む心を優しく癒すだけではなく人との縁を繋げる力もあり、恋人や家族、友人との関係にできた溝を修復してくれます。また対人関係に苦手意識を持つ人にも有効です。紫外線や蛍光灯の光による褪色に注意が必要です。

ピンクカルセドニー

　淡く可憐なピンク色は見ているだけで優しい気持ちが溢れてきます。思いやりの心を育て、良い縁を結び、真の信頼関係を築く力を授けてくれます。疲労により停滞した気の流れを良くし、心身に潤いを与えます。肉体的には全身に十分な栄養を行き渡らせ、若々しい魅力を高めるアンチエイジングの効果もあるといわれます。忙しさのあまり女性らしさを忘れがちな人におすすめです。

✦ 様々なパワーが合わさった万能ヒーラー

【珪孔雀石・石英（けいくじゃくせき・せきえい）】
クォンタムクワトロシリカ

石の言葉	「創造性、希望」

主な産地	ナミビア		
硬　度	2〜4.5	結　晶	斜方晶系
成　分	$Cu_4H_4[(OH)_8|Si_4O_{10}]・nH_2O$		

【効果的な使い方】原石、ペンダント、ブレスレット
【処理の有無】含浸処理
【取り扱いの注意】衝撃に弱い

石の いわれ　✦ 4種類以上の鉱物の集合体 ✦

　鮮やかな青の中にグレーや緑、黒などが複雑に混ざり合い不思議な存在感で見る者の目を惹き付けます。近年、ナミビアで発見された比較的新しい石です。「クォンタムクワトロシリカ」と言うのは鉱物名ではなく、いわゆる流通名。クォンタムは「量子」、クワトロは「4」、シリカは「二酸化ケイ素」という意味で、「クリソコラ」「シャッタカイト」「マラカイト」「スモーキークォーツ」（まれに「ダイオプテーズ」が含まれる）などの4種類以上の鉱物に「シリカ（石英）」が浸透した石です。産出量が少なくあまり流通していませんが、意識を高め、時代を変える石として、別名「エンジェルストーン」と呼ばれ、世界中のクリスタルヒーラーから注目されています。

石の 特徴・効能　✦ 相乗効果でパワーを発揮 ✦

　美しく混ざりあう色に見惚れると同時に、この鉱物の秘めたパワーを感じるでしょう。幸福と創造の象徴で霊性を高める「クリソコラ」、邪気を祓う清浄の石「マラカイト」、強い保護の力と高次との繋がりを持つ「シャッタカイト」、調和と安定を促す「スモーキークォーツ」、そこに精神を純化する「ダイオプテーズ」がまれに加わり、互いに共鳴し合い、相乗効果でパワーを発揮するのです。宇宙の普遍的な真理を授け、自分がどのような存在なのかを内観させます。悟りに近い石とのワークで魂の奥から癒され、心身とも平穏な温かさに包まれます。イマジネーションを刺激し、希望に満ちたヴィジョンを描き出し、自分らしい世界観と存在感をもたらしてくれるはずです。

相性の良い石

ターコイズ
ストレスを払拭し、心を楽にする。自分らしい人生を切り開く。

スモーキークォーツ
洞察力、コミュニケーション能力を高める。人間関係を円滑にする。

クリソコラ
心身のバランスを取り、感受性を豊かにする。自己愛を育てる。

同じグループの石
・エイラットストーン
・キューブライト
・クリソコラ
・シャッタカイト
・ブランシェアイト
・マラカイト

✦ 落ち込みを回復させる癒しの石

【天青石（てんせいせき）】
セレスタイト

石の言葉　「清浄、霊性、回復」

主な産地　マダガスカル、イタリア、スペインなど
硬度　3～3.5　　**結晶**　斜方晶系
成分　Sr[SO$_4$]

【効果的な使い方】原石、タンブル、丸玉
【処理の有無】一部含浸処理
【取り扱いの注意】紫外線、衝撃に弱い

石のいわれ　✦ 天国のような淡いブルー ✦

　1781年にイタリアのシチリア島で発見された石です。その語源は英語で「天空の色」という意味の「celestile」、和名も「天青石」と名付けられています。色は無色や青白色、青灰色、黄色や赤色がかったものもありますが、天使のように優しく淡いブルーが代表的。その発色は含まれるストロンチウムによるものです。

　結晶は、板状や短冊状のほかに、羽根や葉っぱのような形状など様々。特にマダガスカルは塊状のジオード（晶洞）の中に無数の結晶が育つ美しい原石が産出されることで有名です。残念ながら硬度が低い上に、「劈開性（へきかいせい）」が強いため、ジュエリーなどの細かい加工にはあまり向いていませんので、結晶をお守りやインテリアとして使うのが良いでしょう。

石の特徴・効能　✦ 創造力と表現力を飛躍させる ✦

　ガラス光沢を持つ落ち着いたブルーは眺めているだけで穏やかな気持ちにしてくれます。傷ついた魂に癒しを与え、神々の住む天上の世界へと導く色合いとも言われ、高いヒーリング作用を持っています。ストレスを軽減し、心と身体のバランスを調整し、落ち込んでいた気分を回復させ、自信を取り戻してくれるでしょう。

　また創造力と表現力を飛躍させ、意識を高める力もあり、アーティストにとっては心強いサポート役になってくれるはず。とくに、耳や目への作用があるため、美術や音楽など芸術の世界で力を発揮するといわれるのです。なお空間を浄化する力もあり、寝室に置くと心地よい環境で安眠へいざないます。

相性の良い石

ガーネット
安定した精神と行動力を育てる。自分の感情をうまく出せない人におすすめ。

ジェダイト
隅々まで注意を払う力と物事の全体をバランスよく見る目を与える。

ロードナイト
恋人など近しい人との誤解を解消し、関係を修復する。

同じグループの石

- バライト

✦ 混乱を鎮め、理性的な行動を促す

【方ソーダ石（ほうそーだせき）】
ソーダライト

石の言葉	「夢、決断力」
主な産地	南アフリカ、カナダ、ブラジル、ナミビアなど
硬度	5.5～6
結晶	等軸晶系
成分	$Na_8[Cl_2|(AlSiO_4)_6]$

【効果的な使い方】ブレスレット、ペンダント、タンブル
【処理の有無】特になし
【取り扱いの注意】特になし

石のいわれ
✦ ラピスラズリにも含まれる神聖な青 ✦

古代より深みのある青色が神聖さを示すとされ「ラピスラズリ」と同様の結晶構成を持つ鉱物です。「ラピスラズリ」、「アズライト」とともに神聖視されてきましたが、粉末にすると青色が薄くなってしまい、聖なる顔料として使えないことなどから、次第に価値を失ってしまいました。ソーダライトの亜種、紫外線で色が濃く変化する「ハックマナイト」は、カラーチェンジが楽しめる石。紫外線により変化する石はいくつかありますが、ほとんどが暗い場所でブラックライトを当てないとわかりにくいもの。一方この石は、明るい場所でも色の変化がわかりやすく、しかも紫外線を当て続けなくてもしばらくその変化が持続するため、収集家の間で人気が高まっています。

石の特徴・効能
✦ ネガティブな感情を鎮め知性的に ✦

ラピスラズリと同様に邪悪なものを祓うパワーがありますが、この石は持ち主の中にある不安や混乱などを解消するといった意識面にアプローチします。ネガティブな感情を鎮め、本来の実直さと知性を高め、理性的な行動をとるように促します。誘惑を拒否する意志を与え、目標達成に向けてサポートをしてくれるでしょう。

理路整然とした思考は、良い対人関係を築くのにも必要です。やたら感情的にならず、自分自身を客観視しながら、気持ちを伝えることができるようになるでしょう。とくに自分の感情をうまく言葉にできない人におすすめ。他人の言葉も素直に聞き入れられ、効率的に知識を吸収できるようになるはずです。

相性の良い石

アズロマラカイト
脳を活性化させ、ヒラメキをもたらす。勉強や仕事の能率を上げる。

フローライト
集中力を高め、たくさんの知識を得る。研究職などに携わる人におすすめ。

カイヤナイト
自分が決めたことを曲げずに貫徹する。困難を乗り越え目標を達成する。

同じグループの石
・タグトゥパイト
・ハックマナイト

chapter.4 ✦ パワーストーンのデータベース

✦ 古来より崇められてきた聖なる石

【トルコ石（とるこいし）】
ターコイズ

石の言葉　「神聖な愛、成功の保証」

主な産地　アメリカ、中国、メキシコ、イランなど
硬　度　5〜6　　　**結　晶**　三斜晶系（微細結晶）
成　分　$Cu^{2+}Al_6[(OH)_2|PO_4]_4・4H_2O$

【効果的な使い方】　ブレスレット、ネックレス、ペンダント、タンブル、原石
【処理の有無】　一部含浸処理
【取り扱いの注意】　水・熱に弱い、表面に傷がつきやすい

石のいわれ　✦ 最も古い宝石のひとつ ✦

「ターコイズブルー」という言葉があるほど、澄み切った空のようなブルーが特徴。銅などの含有量で発色が変わり、銅が多いと空色に、鉄が多いと緑になります。人類最初の都市国家を築いたシュメール文明の遺跡からこの石のビーズが出土しており、人類が用いた最も古い宝石の1つと言えます。古代エジプト、インダス、チベットなどでも護符として扱われ、特にアステカ、マヤなど古代中南米文明においては、最高の神を象徴する石とされています。アメリカ先住民の間では多種多様な装飾品として利用されるだけでなく「精霊の宿る石」として珍重されてきました。近年、主な産地であるアメリカ、中国の産出量が激減、価格が高騰し模造品も多く出回っているので注意が必要です。

石の特徴・効能　✦ 大空に向かって深呼吸 ✦

古代から天界の象徴とされたトルコ石ですが、名称にあるトルコでは産出せず、古代イランで採掘された石が当時交易の要衝だったトルコに集められ、隊商により遠くの国々に運ばれたため、旅路を守る「旅人の石」として大切にされるようになりました。

この色からイメージするように、天空との一体感を感じるリラックス効果があります。雑念が消えて、自分の存在をシンプルに感じられるでしょう。空・宇宙・天界のエネルギーと結びつくと言われ、天からのメッセージを受信する力とシャーマニックなパワーが認められています。インスピレーションを高め、身の危険を察知させてくれるので、守護石としても有効です。

相性の良い石

アイオライト
人間関係のトラブルに巻き込まれている時に、事態を沈静化させる。

シトリン
男性をサポートするお守り。仕事運と出世運、金運をアップ。

トパーズ
精神力を高め、リーダーとしての資質、カリスマ性を持たせる。

同じグループの石

・チャルコシデライト
・ファウスタイト

✦ 心の盾を与え、自信を回復させる

【デュモルチ石（でゅもるちせき）】
デュモルチェライト

石の言葉　「判断力、深い思考」

主な産地　ブラジル、マダガスカル、アメリカ、フランスなど
硬度　8～8.5　　**結晶**　斜方晶系
成分　$Al_7(BO_3)(SiO_4)_3O_3$

【効果的な使い方】ブレスレット、ペンダント、丸玉、原石
【処理の有無】特になし
【取り扱いの注意】特になし

石のいわれ　✦ 顔料や絵の具としても使われていた ✦

「ラピスラズリ」や「ソーダライト」に似た青色の鉱物で含まれる鉄とチタンの比率で青の深さが変わり、マダガスカルでは、ラピスラズリに勝る深い青に発色したものが産出されます。アメリカ、フランス、ブラジルなどの主産国以外に、日本でも福島、奈良県などで産出され、彫刻品や建築用装飾材料、顔料や岩絵の具などに加工されてきました。鉱物的には硼素を含むアルミニウムケイ酸塩鉱物で、まれに紫色や茶色、赤紫、ピンクなどになる場合も。アクセサリーとして使われるものは石英等との混合鉱物で、濃い青色に発色したものです。近年、透明な水晶の中に藍色の花が咲いたように結晶したデュモルチェライトが発見され、神秘的な美しさと稀少性で人気に。

石の特徴・効能　✦ 人間本来の強さ、賢さを引き出す ✦

負の感情を消す深い青のエネルギーは、「ラピスラズリ」の霊的な次元とも、「ソーダライト」の意識に働きかけるものともまた違います。外的・内的に影響を与えるストレスに対しても、それをはね返す強靭な心の盾を与え、ストレスの根本を知る思慮深さを養ってくれます。生きていれば嫌なことがあるものだと受け流せるようになり、自信が回復します。心を開放し、本来の自分らしさを取り戻すことで、交流も広がっていくでしょう。

心の奥や次元を超えた世界と繋がり、知識を得る力を高める石ですから、たくさんの人を相手にその人の個性や魅力を見つけ出し、相手のマイナスのオーラに流れず的確にアドバイスを与え、共に成長していく助言の能力も育てます。

相性の良い石

パイライト
自然体でコミュニケーションをとれるように対人関係を改善。

ツインクリスタル
ソウルメイトと巡り会う。信頼できるパートナーと出会う。

ホークスアイ
精神を穏やかに保ち、冷静な目で事物を判断できる。

同じグループの石
・デュモルチェライト イン クォーツ

✦ 昂った感情を落ち着かせ冷静に

【空色縞瑪瑙（そらいろしまめのう）】
ブルーレースアゲート

石の言葉　「交友関係を豊かにする、博愛」

主な産地	南アフリカ、ブラジルなど
硬度	6.5～7
結晶	六方晶系（潜晶質）
成分	SiO_2

【効果的な使い方】ブレスレット、ペンダント、ネックレス
【処理の有無】特になし
【取り扱いの注意】直射日光に弱い

石のいわれ　✦ 日本でも古代の勾玉が出土 ✦

「空色縞瑪瑙」という和名の通り、空に繊細なレースのような薄い雲が漂っているイメージの「アゲート」です。瑪瑙は古くから石器として使われ、国内の遺跡からは勾玉などが発掘され、古くからその神聖な力が認識されてきました。「アゲート」という名は、上質な瑪瑙の産地であったイタリアのシチリア島を流れる川の古い名前が由来。和名の「瑪瑙」は「瑪＝馬」「瑙＝脳」、原石の塊が馬の脳に似ていることから名付けられています。水晶とほぼ同じ成分の鉱物ですが、結晶は「潜晶質」と言う、顕微鏡を用いても区別のできない微細な結晶が集まってできています。縞模様の形態や色は、含まれる混合物によって様々に変化します。

石の特徴・効能　✦ 人間関係でのトラブルを解消 ✦

持ち主を本来の姿に戻してくれる「リセット」パワーを持つ石は多く、その作用には2パターンあります。ひとつは、辛い経験などで萎縮した気持ちを癒す力。もうひとつは、興奮しすぎた感情を鎮静化し、その人本来の穏やかさを取り戻す力です。
「ブルーレースアゲート」は、まさに後者の働き。神経が尖っていつも落ち着かない人や、感情の起伏が激しい人、常に頑張りすぎていてオンとオフの切り替えができにくい人の心身を穏やかにし、休ませてくれます。心が落ち着くと、冷静に物を考えられるようになり、様々な問題が良い方向に進むようになります。人間関係のトラブルを解消し、和やかなコミュニケーションを保てるようになるでしょう。

相性の良い石

アクアマリン
他者とのコミュニケーションをスムーズにし、人間関係を円滑にする。

アンハイドライト
表現力を高め、友人の輪が広がる社交性アップの組み合わせ。

マリアライト
トラウマから精神を解放し、人間関係を改善させ、穏やかな日常に。

同じグループの石

- カーネリアン
- カルセドニー
- ジャスパー

chapter.4 ✦ パワーストーンのデータベース

✦ 新しい風を呼び込む愛の守護神

【曹長石（そうちょうせき）】
ペリステライト

石の言葉　「神秘の力、家族愛、生命力」

主な産地	タンザニア、スリランカ、インドなど
硬度	6
結晶	三斜晶系
成分	$(Na\,[AlSi_3O_8])_{100〜90}\,(Ca\,[Al_2Si_2O_8])_{0〜10}$

【効果的な使い方】ブレスレット、ペンダント、リング
【処理の有無】一部含浸処理
【取り扱いの注意】一定方向に割れやすい

石のいわれ
✦ 美しく特徴的な「ペリステリズム」✦

　アルバイト（曹長石）の変種で、見た目から「ムーンストーン」と混同され、「ブルームーンストーン」の名称で流通しています。鉱物的にはムーンストーンと同じフェルドスパーですが、成分が異なるので区別します。以前はムーンストーンと同じオーソクレース（正長石）で青いシラー効果が見られる石があり「ブルームーンストーン」として流通していましたが、近年、鉱山が閉山してしまい、今は市場に出ることはありません。これも名称が混在してしまう原因と言えます。青白く浮かぶイリデッセンス効果の要因は、アルバイト（曹長石）とオリゴクレース（灰曹長石）が高温状態で混ざり、冷やされて二層が分離し、重なるラメラ構造が生む「ペリステリズム」によるものです。

石の特徴・効能
✦ 心身のバランスを整える ✦

　思わず見惚れてしまう高貴なブルーの輝きは、ペリステライトの特徴である「ペリステリズム効果」によるもので、鳩の喉元の羽にみられる美しい青紫色の閃光に似ていることから、別名「ピジョンストーン」とも呼ばれています。
　この石は永遠に変わらない愛、内側から輝く美しさと若々しさを象徴し、充実し穏やかな時間をもたらすと言われます。優しく浮かびあがる光で心の奥深くまで照らし、温かく深い癒しを与えてくれますので、慈しみと思いやりの感情が育ち、今ある自分の全てを受け入れ、愛せるようになるでしょう。心の中でぶつかりあう事象の原因に気づかせ、精神の均衡を保ち、感性を豊かに広げます。

相性の良い石

ラブラドライト
心身、オーラを修復し、大きな安心感に包まれる。気の流れを整える。

ムーンストーン
自然のリズムと同調し、肉体と精神の協調性を生み、感情を整える。

ローズクォーツ
愛情運を高め、新しい恋の出会いを引き寄せる。

同じグループの石
・アルバイト
・アンデシン
・オリゴクレース
・ムーンストーン
・ラブラドライト

chapter.4 ✦ パワーストーンのデータベース

✦ 心を解きほぐし博愛の心を深める

【曹珪灰石（そうけいかいせき）】
ラリマー（ブルーペクトライト）

石の言葉　「愛と平和の象徴」

主な産地	ドミニカ共和国など
硬度	4.5〜5
結晶	三斜晶系
成分	$NaCa_2[Si_3O_8OH]$

【効果的な使い方】原石、ブレスレット、ペンダント、丸玉
【処理の有無】一部含浸処理
【取り扱いの注意】直射日光に弱い

石のいわれ　✦ 癒し効果が絶大 ✦

　ドミニカ共和国で地質学者ノーマン・ライリングが発見しました。石としての歴史はとても浅いのですが、非常に深い癒しの効果がクリスタルヒーリングの世界で絶賛され、「スギライト」「チャロアイト」と共に世界三大ヒーリングストーンとされているほどです。名前は現地の宝石商の愛娘「Larisa」と海を意味する「Mar」を組み合わせた「ラリマー（ラリマール）」が由来。鉱物名は「ペクトライト」、カリブ海の海と空が一体化したような青色から「ブルーペクトライト」と呼ばれます。また、長い間産地が判明せず、海岸に流れ着いた石が海からの贈り物と思われていたため「アトランティスストーン」「ドルフィンストーン」という別名もあります。

石の特徴・効能　✦ 意思の疎通をスムーズに ✦

　母なる海の清らかさ、美しさ、包容力を思わせるブルーは澄みわたる青空にもたとえられ、「愛」「平和」「希望」の石と称され、人類が地球のみならず果てしない宇宙と一体となり存在していることを気づかせます。本来、人間が備え持つ自然の叡智や勘を呼び起こし、強力な癒しパワーで心身のバランスを整え、最高のステージへと導きます。潜在意識にある不安や怒り、嫉妬、過去のトラウマなどネガティブな心を解きほぐし、博愛の心で明るい未来と平安をもたらします。さらに冷静な判断力と表現力を授けるので環境の変化に対応しなければいけない時や自分をプレゼンテーションするとき、周囲とコミュニケーションする必要があるときに強い味方となってくれます。

相性の良い石

ピンクオパール
表現力を高め、大切な関係を維持する。恋人との仲を深める。

ユカナイト
異なる環境に素早く適応する能力を高める。対人関係を良好にする。

アパタイト
家族や職場の仲間との信頼関係を深め、精神的な繋がりを強くする。

同じグループの石
・ペクトライト

181

チャクラ 6

✦ 行くべき道を示す、人生の羅針盤

【菫青石（きんせいせき）】
アイオライト

石の言葉　「目標に向かって前進、はじめての愛」

主な産地	インド、スリランカ、アフリカ、マダガスカルなど
硬度	7〜7.5	結晶	斜方晶系
成分	$(Mg, Fe^{2+})_2 [Al_2Si][Al_2Si_4O_{18}]$

【効果的な使い方】ブレスレット、ペンダント、リング
【処理の有無】一部含浸加工
【取り扱いの注意】特になし

石のいわれ　✦ 羅針盤として使われていた ✦

　鉱物名は「コーディエライト」、地質学者コルディエの名前に由来します。和名「菫青石」の「菫」は「すみれ」、青紫色のことですが、この石は青紫一色ではなく、見る角度で色が変化します。これは光が鉱物内を通過する際、ある波長の光が吸収されるとその反対色の波長が強調されるという性質。石が黄色がかって見えるときは、青紫の波長が吸収されている状態で、黄緑や灰色、無色のように見えることもあります。

　大航海時代にヴァイキングが羅針盤の代用として、アイオライトを太陽にかざし最も青が美しく見える方向へ船を進めたと言われています。太陽の輝く晴れた空、穏やかな海を思わせる青に航海の無事を祈ったのでしょう。

石の特徴・効能　✦ 人生の指針にもなってくれる ✦

　「ウォーターサファイア」や「海のサファイア」という別名があるように、北欧の深い海のようなパワーを持っています。怒りや苛立ちといった激しい感情を鎮め、穏やかにさせ、強い欲求を抑えてくれることから、ダイエット効果も期待できそうです。また、高い航海術をもつヴァイキングの守護石であったこの石は、人生という旅路の指針ともなってくれます。自分の向かうべき方向がわからなくなり、パニックになりそうな時に、様々な角度から冷静に物を見る眼を養い、進むべき道を示してくれます。ヨーロッパでは娘が大人になった時、両親がこの石を贈る習慣があります。この石を身につけると恋愛面での迷いを消し、一途な愛を貫き、幸せな人生を送れると言い伝えられているからです。

相性の良い石

アメシスト
激しい感情を抑え、冷静な判断を下せるようになる。

クンツァイト
愛する喜びを実感し、愛を与える喜びを知る。活き活きとした恋愛経験ができる。

クリソコラ
自然体の自分でいられる。緊張を和らげ、自分らしい魅力を出せる。

同じグループの石

・コーディエライト

✦天界とつながり、洞察力を高める

【藍銅鉱（らんどうこう）】
アズライト

| 石の言葉 | 「霊性、洞察力、予知」 |

- **主な産地** アメリカ、中国、モロッコ、オーストラリアなど
- **硬度** 3.5〜4
- **結晶** 単斜晶系
- **成分** $Cu_3[OH|CO_3]_2$
- **【効果的な使い方】** 原石、ペンダント、ブレスレット、タンブル
- **【処理の有無】** 一部含浸処理
- **【取り扱いの注意】** 衝撃、水、紫外線、塩、汗に弱い

石のいわれ　✦古墳の壁画の顔料として使われていた✦

銅鉱床の酸化帯にマラカイトなどと一緒に産出される鉱物。マラカイトと混同されやすく、自然に混ざり合った石もあり、それは「アズロマラカイト」と呼ばれています。色はラピスラズリよりも明るいコバルトブルーで、その語源はペルシャ語で「藍色」の意味。古来より壁画等の彩色に用いられ、日本では7世紀末から8世紀初めに描かれた「高松塚古墳」の壁画に、群青色の顔料として使われています。また、紀元前のエジプトやギリシャ、マヤなどの古代文明時代から天界に通じる石と神聖視され、祈祷や予言に使われ、様々な病気の予防や治療が行われました。近年、メキシコ、モロッコ、ナミビアなどで美しい宝石質の見事な結晶が産出されコレクターを驚かせています。

石の特徴・効能　✦内なる才能を引き出す✦

シャーマニックなパワーを持つと言われ、天界と現実世界を繋ぐ介在役となってくれるのがこの石で、天からのメッセージを受信し霊的能力や洞察力を高め、内なる才能を引き出してくれます。ネガティブな思考を手放させ、スピリチュアルな視点を与えてくれます。堂々巡りのパターンから抜け出して斬新なアイデアがひらめくなど、クリエイティブな分野で活躍する人の感性を刺激します。この石を優しく包むように握り深呼吸を繰り返し、ゆったりと瞑想すると、心地良い無の状態となり、次に進むための答えが下りてくるのです。

恋愛に対して前向きになり、異性にアピールする魅力も高めます。新しい出会いのサポート役にもなるでしょう。

相性の良い石

ロードクロサイト（インカローズ）
霊的な感覚を鋭敏にする。第六感のひらめきを与える。

マラカイト
思い切った行動で目標に挑戦。理想を現実のものにする。

ソーダライト
堂々巡りの思考から脱却し、頭脳を活性化、斬新なアイデアを与える。

同じグループの石

- アズロマラカイト
- クリソコラ
- マラカイト

✦ 強い意志で成功をもたらす

【青玉・鋼玉（せいぎょく・こうぎょく）】
サファイア

石の言葉	「尊厳、第六感、誠実」
主な産地	スリランカ、ミャンマー、マダガスカル、インドなど
硬　度	9
結　晶	六方晶系（三方晶系）
成　分	Al_2O_3
【効果的な使い方】	リング、ブレスレット、ペンダント、ネックレス
【処理の有無】	一部加熱処理
【取り扱いの注意】	特になし

石のいわれ　✦「赤」以外のコランダム✦

ダイアモンドに次ぐ硬さのコランダム（鋼玉）の中で、赤色のルビー以外をサファイアと呼びます。その昔は青い宝石をサファイアと呼び、中世では「ラピスラズリ」を指したと言われますが、旧約聖書の『裁きの胸当て』の記述には、サファイアとラピスラズリが区別されており、その真相は不明です。青以外のオレンジ、ピンク、黄、緑、紫などは「ファンシーカラー」と呼ばれ、混じり合う色もまた魅力的。カシミール産の「コーンフラワーブルー」は矢車菊のような青で幻のサファイアと言われる逸品。6条の線が輝く「スターサファイア」は美しさと稀少価値で人気です。近年、スリランカで発見された桃色から橙色の「パパラチア」はその稀少性からキング・オブ・サファイアと呼ばれます。

石の特徴・効能　✦誘惑に惑わされない意志✦

9月の誕生石、石言葉は「信頼」「誠実」「堅固な愛」など、揺らぎない強さを表します。誘惑に打ち勝つ信念、固い意志、鋭い洞察力、判断力を与えると共にカリスマ性と勝負運もアップ。仕事面でも効力を発揮し、心の中に描く理想を明確に伝える能力を高めるため、組織や経営の地盤と人脈を固める時の強い味方になるでしょう。また、古くから神の意志を伝える石として、聖書の世界だけでなく、あらゆる宗教で深く広い守護の力が伝えられています。この石の持つ冷静さが心の奥の邪悪な感情を消し、平安をもたらし、幸福な日々を約束するとのこと。精神レベルの高い石なので、サファイアに惹かれる時は、もっと強く寛大な人間になろうとする願望の現れとも言えます。

相性の良い石

アメシスト
女性事業家におすすめ。堅実な経営を目指す人に良いでしょう。

ルチルクォーツ
使命感に目覚め、それを達成させる。人生の目的を明確にする。

アマゾナイト
イライラした感情を落ち着かせ、心を穏やかにする。迷いを払拭する。

同じグループの石

- スターサファイア
- パパラチアサファイア
- ピンクサファイア
- ルビー

chapter.4 ✦ パワーストーンのデータベース

✦ 高次な世界と繋がる霊性の強さ

【シャタック石（しゃたっくせき）】
シャッタカイト

石の言葉　「保護、霊性の目覚め」

- **主な産地**　ナミビア、アメリカ、コンゴなど
- **硬度**　3.5〜4　　**結晶**　斜方晶系
- **成分**　$Cu_5[OH|Si_2O_6]_2$

- 【効果的な使い方】ブレスレット、原石、タンブル、ペンダント
- 【処理の有無】一部含浸処理
- 【取り扱いの注意】もろく割れやすい

石のいわれ
✦ 滑らかな群青色の銅の鉱石 ✦

　語源は、1915年に発見されたアメリカ・アリゾナ州のシャタック鉱山に由来。発見当時、現地では「マラカイト」の結晶を残したまま環境の変化により内包物が別の鉱物に置き換わる「仮品」の形で産出していました。クリソコラ、マラカイト、プランシェアイト、アホーアイト、キュープライトなどが混じりあう銅のケイ酸塩鉱物で色は不透明な淡青色から青緑。ガラス光沢或いは絹状光沢を呈し、主に塊状や繊維状で産出されますが、稀に針状で球体のものが見つかります。その色合いから、「クリソコラ」や「プランシェアイト」と混同されやすいのですが原石は母岩に微小な結晶体が密生し、光沢のある青い絹の絨毯のような独特の魅力を持ちます。

石の特徴・効能
✦ コミュニケーションをスムーズにする ✦

　非常に霊性の高い石で、近年クリスタルヒーラーたちの間で注目されています。高次の領域と繋がる力が強く、霊的存在とのコミュニケーションを良好に促してくれるため、チャネラーと呼ばれるヒーラーたちのサポート役として用いられています。占いに携わる人にも、インスピレーションを与え、それが示す真の意味をうまく伝えられるようにしてくれるでしょう。また、スピリチュアルな次元ではなくても、コミュニケーションをスムーズにする力で、人間関係を円滑にします。仕事などで苦手な相手とのやりとりの際に持つようにすると良いでしょう。相手の心に響く真実の言葉を生み出すこの石は、政治家や教師、弁護士など、伝えることが重要なスキルとなる職業に貢献してくれるでしょう。

相性の良い石

ピンクオパール
会話力、人間性、魅力を高め、様々な人との出会いを作る。

クォーツァイト
人を許す寛大さ、博愛の心を育み、人間関係の幅を広げる。

マザーオブパール
恋愛も含め、思いやりあふれる人間関係を生み出す。

同じグループの石

- クォンタムクワトロシリカ
- クリソコラ
- マラカイト

✦ケルト民族に崇拝された治癒力

【粗粒玄武岩（そりゅうげんぶがん）】
プレセリブルーストーン（ドレライト）

石の言葉	「天空からの啓示、治癒」

主な産地	イギリス・プレセリ丘陵
硬度	5
結晶	粒状集合体
成分	多種類の鉱物

【効果的な使い方】ブレスレット、ペンダント、ピラミッド
【処理の有無】一部含浸処理
【取り扱いの注意】特になし

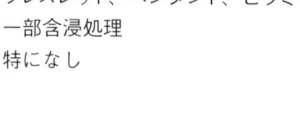

石のいわれ　✦巨石崇拝の基となる石✦

　イギリスの世界遺産「ストーンヘンジ」に使用される石と同じ産地の石で、ストーンサークルの最も内側に配置される石が「プレセリブルーストーン」です。産地はストーンヘンジから約250キロ以上離れた場所にあり、4トンもの巨石をどんな目的のために、どのように運んだのか、いまだに解明されておらず、伝説の魔術師マーリンが巨人に運ばせたという説もあります。この石は「ドレライト（粗粒玄武岩）」という火成岩の一種で、濃い青緑色に白い斑点が特徴。「ダイアベイス（輝緑岩）」とも呼ばれます。イギリスのプレセリ丘陵で産出されたものだけを「プレセリブルーストーン」と呼び、正式に採掘を許可された現地の企業が発行する証明書により厳重に管理されています。

石の特徴・効能　✦大地とつながる安定した波動✦

　まず「ストーンヘンジ」について簡単にお話ししましょう。建設はおよそ5000年前。直立した巨石とそれを囲む土塁で形成された、世界的に有名な先史時代の遺跡です。その目的は、太陽崇拝の祭祀場、神の啓示を受ける聖地、天文台、ケルト民族の礼拝場などの説がありますが、近年の研究では「何らかの治療のため」に作られた可能性もあるとか。そのポイントとなるこの石を遠く離れた地から運んだのは、この石に「治癒力」があると信じられていたからだと言います。心身を安定させ、活性化させるパワフルな力は、古代から崇められていたのでしょう。精神性を高めるとともに、心身を現世にしっかりと繋ぎ止める作用が強く、空想の世界に浸りがちな人に、現実的な感覚を与えてくれます。

相性の良い石

ゼオライト
心身と環境を清め、精神と肉体の調子を整える。

スモーキークォーツ
人間関係のストレスを軽減し。地道で穏やかな生活に変えていく。

ラヴァ
人の本質を見極める賢さを与え、有益な交友関係を築く。

同じグループの石
・ダイアベイス（輝緑岩）

✦成長を促し、人生を大きく飛躍させる

【青金石・瑠璃（せいきんせき・るり）】
ラピスラズリ

石の言葉	「高潔、尊厳、幸運の入り口」

- 【主な産地】アフガニスタン、チリ、ロシアなど
- 【硬度】5〜5.5
- 【結晶】鉱物の集合体
- 【成分】多種類の青色鉱物
- 【効果的な使い方】ネックレス、ブレスレット、ペンダント、丸玉、原石
- 【処理の有無】特になし
- 【取り扱いの注意】傷つきやすい、水や汗に弱い

石のいわれ　✦世界中で古代より珍重される石✦

　神々しいブルーが特徴的な青い鉱物の集合体です。主にラズライト、アウィン、ソーダライト、ノゼアンの4種が混じりあったもので、母岩を成すカルサイトやパイライトの内包で白色や金色の混じるものもあります。宗教的な荘厳さ、神聖さを醸し出す深い青色が尊ばれ、ヨーロッパでは「聖母マリアの石」、古代エジプトでは「真理を示す石」と言われ、仏教では人々を災厄から救う薬師如来の慈悲の光に例えられるなど、崇高な瑠璃色の輝きは世界各地で珍重されています。また、ラピスラズリを砕いた絵の具で描いた壁画や調度品も残存。化粧用顔料、眼病などの薬、布地・革の染料など、実用的にも貴重な原料として大切にされました。

石の特徴・効能　✦揺るぎない信念がもてる✦

　幸運や強運を引き寄せる守護石「ラピスラズリ」。身に付けると、明確で高潔な意志を保てるように支え、洞察力を高めてくれます。しかもその洞察力のレベルはとても高次なもの。強い正義感と揺るぎない信念をともなった行動を促すでしょう。もし潜在的な問題があれば顕在化させ、それを試練として乗り越えさせることもあります。恋愛面でも、偽りのない誠実な関係へ導くため、ふさわしくなければ、たとえ恋人であっても別離を選ばせることもあります。ですから実はラピスラズリに身を委ねるときは、それなりの覚悟が必要だとも言えます。あなたが望む未来のために、時には厳しくあなた自身を高め、そのレベルにともなう大きな幸運を引き寄せてくれるのです。

相性の良い石

アマゾナイト
感性とエネルギーに働きかけ、能力を伸ばす。可能性を引き出す。

ピーモンタイト
芸術的な感性や美意識を高める。ひらめきとインスピレーションを与える。

カイヤナイト
人間関係の修復。相手の考えや感情を掴めるようになる。

同じグループの石

- アウィン
- ソーダライト
- ノゼアン
- ラズライト

✦ 人と人を結びつける愛の守護石

【曹灰長石（そうかいちょうせき）】
ラブラドライト

石の言葉	「信念を貫く、月と太陽の象徴」

主な産地	マダガスカル、フィンランド、カナダ、ロシアなど
硬　度	6～6.5
結　晶	三斜晶系
成　分	(Na [AlSi$_3$O$_8$])$_{50～30}$ (Ca [Al$_2$Si$_2$O$_8$])$_{50～70}$

【効果的な使い方】ブレスレット、ペンダント、タンブルなど
【処理の有無】特になし
【取り扱いの注意】一定方向に割れやすい

石のいわれ

✦ 神秘的な虹色の光 ✦

通常は無色から黄色の石ですが、1770年、カナダのラブラドール沿岸で青灰色に孔雀の羽根に似た煌めく筋が浮かぶ変種が発見され、閃光を放つこの変種の方が広く流通した長石の一種です。この神秘的な光は「ラブラドレッセンス」と呼ばれ、発光のしくみは石の生成プロセスに起因します。多くの鉱石同様、ラブラドライトも最初は地中の高温下で均質な結晶として生成されますが、冷却の過程で一部の元素の移動が起こり、組織の異なる長石の層ができ、光の分散が起きます。そこに「マグネタイト」などの金属鉱物を含む薄い層が重なり光の反射が起き、分散と反射という複雑な光の干渉効果が発生するため、オーロラや蝶の羽にも似た妖しい光を放つのです。

石の特徴・効能

✦ 魂レベルでの交信 ✦

独特な存在感があり、熱狂的なファンを持つこの石の玉虫色の光には遠い宇宙や高次の世界からのメッセージが託されていると言われています。洞察力やインスピレーション、感性を高めるパワーを持ち顕在化されていない魂のレベルで天界と交信しようとします。この石を求める時は、スピリチュアルな次元とコンタクトを取りたいという願望のあらわれと言えますね。

そのほかに、「漠然とした悩みから抜け出せない時、現状を断ち切る勇気と決断を与える」「思い込みが激しい人に、物事の全体像を冷静にとらえる心の目を与える」「自分では気づいていない、眠っている才能を引き出す」「外部からの悪意や嫉妬などネガティブな波動をブロックする」という効用があると言われています。

相性の良い石

ムーンストーン
神経系に作用し、心身を休息。多忙でオンとオフが切り替えられない人におすすめ。

タンザナイト
人生の岐路に立っている時、進むべき道を示してくれる。トラブルからの救出。

クリソコラ
自分に合った環境を作ってくれる。転職のお守りとしてもおすすめ。

同じグループの石
- アンデシン
- ゴールデンラブラドライト
- ホワイトラブラドライト

chapter.4 ✦ パワーストーンのデータベース

✦ 人と人を結びつける愛の守護神

【紫水晶（むらさきずいしょう）】
アメシスト

石の言葉	「恋愛成就、高貴、浄化」

主な産地	ブラジル、ウルグアイ、インド、ザンビア、マダガスカル、アメリカ、南アフリカなど
硬度	7
結晶	六方晶系（三方晶系）
成分	SiO_2

【効果的な使い方】原石、ブレスレット、リング、ペンダント、丸玉
【処理の有無】特になし
【取り扱いの注意】長時間の直射日光は避ける

石のいわれ　✦ 透明で気品あふれる紫色 ✦

　無色透明の水晶が微量の鉄イオンの影響を受けアメシストが誕生します。紫の色が深く、均等に発色し、透明度が高いものほど価値が上がります。原石の形は、玄武岩などの空洞内で細い円錐形に成長した「カペーラ（ポルトガル語でキリスト教の礼拝堂の意味）」、球状の「ジオード（晶洞）」、自由に成長した「クラスター（群晶）」、放射状結晶の「フラワー」など、実に多様です。また、産地により色や結晶に異なる特徴がみられ世界中のコレクターに愛されています。名前はギリシャ語で酒に酔わないという意味の「amethystos」に由来し、2月の誕生石としても有名です。透明で高貴な紫の石は他にはなく、人気の高さから、合成石、模造石も多く出回っています。

石の特徴・効能　✦ 精神的な愛の願いを叶える ✦

　アメシストには水晶の浄化パワーに加え、世界各地の宗教的儀式で必ず使われる紫という色に特別な秘密があります。霊的な次元を高める紫のアメシストを身近に置くと心身を深く癒し、同時に精神を高い次元へ成長させ、冷静な判断力、直感力が備わるのです。また、愛の願いを叶える石とも言われています。それは肉体的欲望からの愛ではなく、精神的に充実した「真実の愛」。家族や職場など、身近な人に対し慈悲深い心を持てるようになるでしょう。この石は第7チャクラに作用しますが眉間の「第三の目」にこの石を乗せて瞑想すると、魂への窓が開くと言われています。風水では、財運を高めるアメシストの原石を家やオフィスの玄関両脇、窓辺に飾ることで気の流れを整えると言われます。

相性の良い石

ジェダイト
トラブルを回避し、持ち主をマイナスエネルギーから守る。

ラピスラズリ
最強の幸運を呼ぶ。心身を回復させる。転職や試験などの合格に。

ローズクォーツ
自分の魅力に気づくことができる。精神的な安定を与える。

同じグループの石

- アメトリン
- シトリン
- スモーキークォーツ
- ローズクォーツ
- ロッククリスタル

エレスチャルアメシスト

主な産地 ブラジル、マダガスカル、インド、ナミビアなど

「スケルタル（骸晶）」を成すアメシスト。スモーキークォーツ、ゲーサイト、レピドクロサイトなどの内包物が幻想的な光を放ちます。人生の変革の時に現れる石と言われ、生きるための智慧を授け、未来への成長を促します。潜在能力を開花させ、運気を好転させるパワーが非常に強く、長年の夢や魂が求める人生の目的を叶えるため、深くサポートしてくれます。

プラシオライト（グリーンド・アメシスト）

主な産地 ブラジル、ウルグアイなど

1954年にブラジル・モンテズマ鉱山で産出したアメシストを偶然650℃で加熱したところ、淡い緑色に変化。ギリシャ語の緑色「プラシノス」が名前の由来です。背伸びをしない、あるがままの魅力を取り戻す力があり、優しい愛の波動で守ります。稀少性が高いため、水晶に照射処理を施し、人工的に緑色にした「グリーン・クォーツ」が流通していますので注意が必要です。

ラベンダーアメシスト

主な産地 ブラジル、マダガスカル、ボリビアなど

ラベンダーアメシストは淡い紫で透明度が高いアメシストです。またさらに淡い色のものを「ピンク（ローズ）アメシスト」と呼びます。ヒーリング効果の高い石で、変化の多い日々に振り回され、自分を見失いそうな時に効果的。ストレスが生みだす漠然とした不安感をぬぐい去り、傷ついた心を治癒し、精神を安定させます。肉体的には血液の循環を整え、安眠へ導くと言われます。

chapter.4 ✦ パワーストーンのデータベース

✦ 全方位から能力を高める
【紫黄水晶（しおうすいしょう）】
アメトリン

石の言葉	「光と影、調和、安定」

- 【主な産地】ボリビア
- 【硬度】7
- 【結晶】六方晶系（三方晶系）
- 【成分】SiO_2
- 【効果的な使い方】ブレスレット、丸玉、リング、ペンダント、イヤリング
- 【処理の有無】特になし
- 【取り扱いの注意】長時間の直射日光は避ける

石のいわれ ✦ 二つの色を持つアメシストの変種 ✦

70年代に流通し始めた南米ボリビアのアナイ鉱山だけに産出するアメシストの変種です。紫のアメシストと黄色の天然シトリンが混ざり合う稀少水晶で、名前も二つの石の名前が由来です。当初、産地も特定できず、その発色は天然なのか人工処理なのか、謎に包まれていましたが、1989年に鉱山のあるボリビアでの採掘が本格的に始まり、ようやく発色の原因を追求できるようになりました。1993年、この色は、非常に特殊な結晶構造、内包するアルミニウム、水素イオン、鉄イオンの濃度差、地中の天然放射線などの影響によるものと推測されるようになりました。産出が少なく貴重なため、ロシア産の合成アメトリンやアメシストに熱処理を加えた加工品が多く出回っています。

石の特徴・効能 ✦ 二つの石が生む理想のハーモニー ✦

二種の鉱物が混合する石はいくつかありますが、同じ水晶グループのアメシストとシトリンの組み合わせは色のハーモニーとエネルギーのすべてが理想的です。アメシストの協調性と高潔な波動による深い癒しの力と、シトリンの富と繁栄をもたらし、気の流れを巡らせる力、両方を発揮する石なのです。心身の不調による精神的な不安定さを解消し、体調を整えるだけでなく、金銭や人間関係のトラブルも解決し、前向きな気持ちにします。精神的な世界に偏りがちな時には現実的になるよう作用し、物質的なものにこだわりすぎる時は心を落ち着け反省する機会を与えます。また偏見や物事を一面で判断する姿勢を改善し、多面的に考えられるようにしてくれます。

相性の良い石

アクアマリン
不安定な心を落ち着かせ、深い癒しで心穏やかな毎日に。

アンバー
家庭に平穏をもたらし、円満にする。夫婦和合の組み合わせ。

アクアオーラクォーツ
潜在能力を引き出す。創造力、自己表現する力を強化し、才能を開花させる。

同じグループの石
- アメシスト
- シトリン

✨霊的な力で、全宇宙の愛を感じる

【杉石（すぎいし）】
スギライト

石の言葉　「献身、浄化、高い霊性」

主な産地	南アフリカ、日本、イタリア、オーストラリアなど
硬度	5.5～6.5
結晶	六方晶系（粒状集合体）
成分	$KNa_2(Fe^{2+},Mn^{2+},Al)_2Li_3[Si_{12}O_{30}]$

【効果的な使い方】ブレスレット、ネックレス、ペンダント
【処理の有無】特になし
【取り扱いの注意】長時間の直射日光は避ける

石のいわれ　✨三大ヒーリングストーンのひとつ✨

　1944年に瀬戸内の岩城島（いわぎじま）で岩石学者の杉健一教授らに発見された「うぐいす色の石」は、教え子たちの尽力で1976年に新種と判明、恩師の名に因み「スギライト」と命名されました。その後1980年頃に南アフリカのウィーセル鉱山から、紫色の「マンガン・スギライト」が発見され、癒しの石として人気が高まり、「三大ヒーリングストーン」のひとつとなりました。ナトリウム、カリウムなどを含むケイ酸塩鉱物で、鉄やマンガン、アルミニウムを含み、その成分バランスで発色の違いが生まれ、鉄分を多く含むものは濃い紫、アルミニウムの多いものはピンクになります。稀に青色のリヒテライトやペクトライトと共存するものや、石英化し透明感のあるピンクスギライトも産出されます。

石の特徴・効能　✨永遠不滅の愛を約束✨

　高い霊性と強いパワーを持ち、心と身体を深い部分から浄化し、ネガティブなエネルギーを除去、活性化させます。絶望や怒りなども鎮め、情緒を安定させます。また、内なる知恵と洞察力、想像力を高め、普遍的な真理を追及する力をもたらします。愛の石として永遠不滅の愛を約束するとも言われています。この愛は現実的な「誰か」に対してだけでなく、全宇宙に対するような壮大なものでもあるのです。この石を使って瞑想すると、何とも言えない至福感に満たされるはずです。

　なお、肉体とそれを取り巻く世界にも働きかけ、病気や身体の異変の原因となるエネルギーの流れを本来の流れに戻し、病気の根源を鎮めると言われます。

相性の良い石

モリオン
霊障害を受けやすい人のお守りとして、邪気を祓い高い相乗効果を発揮。

アマゾナイト
エネルギーのバランスを保ち、スギライトの強さを調整する。

アメシスト
内なる激しい感情を抑え、適切な判断を下す。洞察力、直感を高める。

同じグループの石
・ピンクスギライト
・マンガンスギライト

chapter.4 ✦ パワーストーンのデータベース

✦ 強力なヒーリングで全身をデトックス

【チャロ石（ちゃろせき）】
チャロアイト

石の言葉 「無条件の愛、精神の安定」

主な産地	ロシア・サハ共和国
硬度	5〜5.5
結晶	単斜晶系（繊維状）
成分	$(K,Na)_5(Ca,Ba,Sr)_8[(OH,F)|(Si_6O_{16}|(Si_6O_{15})_2)]\cdot nH_2O$

【効果的な使い方】ブレスレット、ネックレス、イヤリング、ペンダント、丸玉
【処理の有無】一部含浸処理
【取り扱いの注意】熱や酸に弱い

石のいわれ ✦ 幻想的な天使の羽根模様が特徴 ✦

1949年、シベリアのチャロ川流域で発見された当時は角閃石（かくせんせき）の一種と思われていましたが、鉱物学者ベーラ・ロゴワ女史の研究で新鉱物と判明、1978年に「チャロアイト」として認証されました。ロシア語で「魅惑」という意味の「charo」が名前の由来と言われています。微量なマンガンによる美しいラベンダーからバイオレットをベースに、灰色のマイクロクライン、黒色のエジリン、白色のポタシウム・フェルドスパー、黄緑色のカナサイト、淡黄色のティナクサイトなどの鉱物がマーブル状に混在、天使の羽根のような幻想的な模様が特徴的。ラリマー、スギライトと共に世界三大ヒーリングストーンのひとつとされ人気ですが、産地が限られ、産出量も少ないため稀少価値が高い石です。

石の特徴・効能 ✦ 負の感情をリセットする ✦

高貴な紫にグレーと白が絡み合うマーブル模様を眺めていると、心の奥に隠された恐怖心やコンプレックス、過去世からの痛みが浮かび上がってくると言われています。心理学で使われる「ロールシャッハテスト（模様を見てイメージしたものから精神状態を診る検査）」のような作用があるのかもしれません。潜在意識に眠るネガティブなものを克服し、浄化するとともに精神を癒し、安定させます。この石と出会ったなら、心の深くにくすぶっている負の感情をリセットする時が来たということです。また、精神だけでなく体内のデトックスを助けるとも言われます。貴重な石英化したチャロアイトは、深く清らかな波動から「エンジェルシリカ」と呼ばれています。

相性の良い石

ラリマー
心の奥から癒され、生きる喜びを感じられる。危機回避のお守り。

シトリン
霊的なマイナスエネルギー、有害な波動などから身を守る。

ネフライト
情緒を安定させる。心身の新陳代謝を活性化させ、前向きな気分を高める。

同じグループの石
なし

✦ 強いリーダーシップを育む帝王の石

【紫蘇輝石・頑火輝石（しそきせき・がんかきせき）】

ハイパーシーン

石の言葉　「信頼、バランス、頂点」

- 主な産地　カナダ、アメリカ、ブラジル
- 硬度　5.5〜6
- 結晶　斜方晶系
- 成分　$(Mg, Fe^{2+})_2Si_2O_6$

【効果的な使い方】ブレスレット、ペンダント、丸玉
【処理の有無】特になし
【取り扱いの注意】衝撃に弱い

石のいわれ ✦ 漆黒に浮かぶ赤紫の虹色効果 ✦

太陽系が生まれた頃の石質隕石にも含まれる「エンスタタイト（頑火輝石）」の一種。高温に強い耐火性鉱物で同じグループのブロンザイトよりも硬度が高いことからギリシャ語の「超越（Hyper）」、と「力（sthenos）」を合わせ命名されました。黒の単色に見えますが赤みを帯びたイリデッセンス効果（虹色効果）が美しい石です。和名の「紫蘇輝石」はこの石のかけらを顕微鏡で見ると赤紫蘇の色に見えることが由来。以前はマグネシウムと鉄の含有量により、エンスタタイト、ブロンザイト、ハイパーシーン、フェロシライトと細かく分類されていましたが、その後、エンスタタイトに統合。独特の色合いと高いエネルギーで人気の「ハイパーシーン」は今も旧名で流通しています。

石の特徴・効能 ✦ リーダーの素質を磨く ✦

「優れた指導力を授ける石」と言われます。物事を全体的に把握し読み解く力、強い責任感と意志を養い、誠実で思慮深くありながら行動力と決断力に優れ、周囲から信頼される人徳を育む、まさに指導者としての素質を磨く強いエネルギーを持っています。自己の内面を鍛え、他者の模範になれるように勤め、誤った方向や安易な習慣に流されないように保護するパワーもあります。またギャンブルなどの悪習慣を断つ作用もあり、組織のリーダーに必要な石と言えるでしょう。赤紫のきらめきを放つ独特の質感をもつ黒は他の石との相性も良いのですが、女性が身に付ける場合は、女性らしい力を持つ天然石と組み合わせることをおすすめします。

相性の良い石

ガーデンクォーツ
悪習慣を断ち、人間本来の生活リズムを取り戻す。悪縁を切る。

ガーネット
誘惑や周囲の意見に振り回されず、自分自身を強化。責任のある立場の人におすすめ。

フローライト
信頼される人格者でありながら、多彩な面をアピールし、誰からも慕われる。

同じグループの石

- エンスタタイト
- フェロシライト
- ブロンザイト

✦ 自分を癒し、他者を思いやる

【斜燐鉄鉱（しゃりんてっこう）】
フォスフォシデライト

石の言葉	「安定、平和、慈愛」

主な産地	ペルー、アメリカ、ドイツ、マダガスカル、ポルトガル
硬度	4.5～5
結晶	単斜晶系
成分	$FePO_4 \cdot 2H_2O$

【効果的な使い方】ブレスレット、ペンダント、タンブル、丸玉
【処理の有無】含浸処理
【取り扱いの注意】表面が傷つきやすい

石のいわれ ✦ 鉄イオンを含む石 ✦

　優しい薄紫色や青紫色の石で、アルミニウム・燐酸・水が主成分の燐酸塩鉱物「バリサイト（バリッシャー石）」の一種。アルミニウムイオンを含むバリサイトに対し、この石は鉄イオンを含み、「燐鉄鉱（ストレング石）」とは同質異像の関係です。発色の原因は微量のマンガンの影響と考えられています。1669年にドイツの研究者ヘニング・ブラント氏によって発見されました。名前の由来は、ギリシャ語の「光（phos）」と「もたらす（phoros）」を合わせたという説と、「燐（phosphros）」と「鉄（sideros）」を合わせたという説があります。硬度が低く傷つきやすいため含浸処理を施したものが市場に出ていますが、全体の流通量は多くありません。

石の特徴・効能 ✦ 昂った感情を鎮静化させる ✦

　ほっと心を和ませる淡いラベンダー色の石は、2000年以降に流通し始めたので、知名度はまだ低いのですが、マットで優しい色合いと霊性の高さからヒーラーの間で話題となり、人気が高まっています。薄紫のこの石は、精神面に働きかける深い癒しの効果を放ち、昂った感情や不安定な情緒を鎮めて安定させ、マイナス思考をポジティブにして、希望を感じられるように変化させます。また、想像力と洞察力を高め、他者の心を理解できるようになり、誰に対しても思いやりと愛情を持って接するようになるでしょう。お互いを信頼しあう能力も向上し、対人関係のストレスが解消されるのも優れた特徴。カウンセラーや人の相談をよく受ける人におすすめです。

相性の良い石

アメシスト
魂レベルでの目的を思い出させてくれる。心身を癒す。

スギライト
霊的レベルを高め、真実の自己へ変容を遂げる。深いヒーリング効果をもつ。

ロードクロサイト（インカローズ）
過去の経験による痛みを癒し、愛する気持ちを取り戻す。

同じグループの石
・ストレンジャイト
・バリサイト

✦ 風の流れを読んで飛躍させる

【鱗雲母・紅雲母（りんうんも・べにうんも）】
レピドライト

石の言葉	「変革、感情の調整」

主な産地	ブラジル、モザンビーク、アメリカ、アフガニスタンなど
硬度	2.5～4
結晶	単斜晶系
成分	$K(Li,Al)_3[(F,OH)_2|(Si,Al)_4O_{10}]$

【効果的な使い方】ブレスレット、原石、丸玉
【処理の有無】一部含浸処理
【取り扱いの注意】表面が傷つきやすい、衝撃・水・紫外線に弱い

✦ 鱗片状のキラキラとした結晶 ✦

リチウムを多く含む雲母（マイカ）の一種で「トリシオナイト」と「ポリシオナイト」の総称です。リチウムの含有量によってピンク、赤紫色、紫灰色、白色、無色になります。透明ないし半透明で真珠光沢を放ち、一定の方向に鱗片状に劈開するため、ギリシャ語の「鱗（lepidos）」が名前の由来で、鱗片状のキラキラとした結晶が特徴的です。火成岩の一種であるリチウムペグマタイトの中に多く産出しエルバイト（リチア電気石）やクンツァイトなどと共存することがあります。形状も特徴的で「六角板状」「腎臓状」「塊状」など様々です。水晶に含まれるものは古くから彫刻品などにも使われています。硬度が低いため、傷つきやすいので注意が必要です。

✦ チャンスをとらえ次のステージに ✦

「変革の石」と呼ばれているこの石。新しいことに挑戦したいけれど、なかなか一歩を踏み出せない人や、固定概念や常識にしばられ自己を解き放ちたいのにできない人など、変化を怖れ、前に進めない人を支援してくれます。「自分を変える」と言っても、この石はどこか楽観的で受け身な感じ。がむしゃらに努力させるのではなく、人生の変わり目のタイミングを見計らい、一番良い結果が出る方向へと導いてくれます。そして、誰かの力で運ばれるように、思いがけないスピードで飛躍させてくれるでしょう。緊張や不安を感じることなく、流れに身を任せる伸び伸びとした気質こそが、この石の魅力なのです。

相性の良い石

アイオライト
迷いを払拭し、人生を正しい方向に進ませる。自分を変える勇気を持つ。

ヘマタイト
心身を整え、どんな困難でも乗り越える。勝利を掴む。

サンストーン
積極的に新しいことに挑戦。固定概念にとらわれない斬新なアイデアを生む。

同じグループの石
- バイオタイト
- マイカ
- マスコバイト

✦悟りを授けるエネルギーを秘めた水晶

【ヒマラヤ蝕像水晶（ひまらやしょくぞうすいしょう）】
アイスクリスタル

石の言葉	「自然のメッセージ、ビジネスの成功」

- **主な産地** ヒマラヤ山脈
- **硬度** 7
- **結晶** 六方晶系（三方晶系）
- **成分** SiO_2

- 【効果的な使い方】原石、ペンダント
- 【処理の有無】特になし
- 【取り扱いの注意】特になし

石のいわれ ✦氷河から発見された貴重な水晶✦

インドの北、ヒマラヤ山脈西部の氷河地帯で近年の温暖化により氷河が溶解し、後退したことで地表に現れた新しい水晶です。単結晶の状態で見つかるこの水晶は成長過程における鉱床の激しい環境変化による結晶表面のユニークな蝕像が特徴です。表面は半透明で鉄分を含む結晶はピンクがかっていますが結晶内部は透明度が高く、果てしないときを経て形成された証拠。「氷河で見つかる氷のような結晶」という特徴が名前の由来です。地理的に採掘が難しく産出量も少ないことから入手困難。霊性の目覚めを促すことでニルヴァーナ（開悟・涅槃）クォーツとも呼ばれます。本来、発見されることがない水晶が現れたことは、現世に真理を授けるためのメッセージがこめられているものといわれています。

石の特徴・効能 ✦宇宙的な真理を悟らせる✦

水晶の中でも究極のエネルギーを持っていると言っても過言ではないでしょう。悠久のときの中で蓄積された強力なパワーとバイブレーションが宿っています。シャーマニックな力を開花させ、高次の意識とつながり悟りを促します。パワフルでありながらピュアで穏やかな波動で宇宙の真理を悟らせてくれるはず。

また、表面は雪の塊のような芸術的な蝕像が見られ、とても珍しい「トライゴーニック」という逆三角形の窪みが表面に見られるものもあります。この「トライゴーニック」は肉体と意識を宇宙のような多次元の領域へ導くと言われ、魂の自己実現とエネルギーの変容を促します。霊的な力が弱い人も、この石の力を借りることでチャネリングを体感できるかもしれません。

相性の良い石

ゼオライト
高い浄化のエネルギーで心の奥の不安を消し、精神を解放する。

デザートローズ
邪気を祓い、マイナスの感情を鎮め落ち着きを与える。

ハーライト
清めのパワーで思考をクリアにし、新しい感性を生み出す。

同じグループの石

- アゼツライト
- ガネッシュヒマールクォーツ
- トライゴーニッククォーツ
- レムリアンシード

✦光の領域へ導く高次のクリスタル

【水晶・石英（すいしょう・せきえい）】
アゼツライト

石の言葉	「蘇生、許し」
主な産地	アメリカ、インド、ニュージーランドなど
硬度	7
結晶	六方晶系（三方晶系）
成分	SiO$_2$

【効果的な使い方】ブレスレット、原石、丸玉
【処理の有無】特になし
【取り扱いの注意】特になし

石のいわれ　✦光とつながるエネルギー✦

　二十世紀末、次元を超えた世界とつながるチャネラー（媒介者）が宇宙に存在する崇高な意識の集まり「アゼツ」に導かれ、アメリカの有名なパワーストーン研究家に特別な石の存在を伝え、光を秘めた水晶「アゼツライト」を発見しました。その果てしないエネルギーはスピリチュアルな波動と深く結びつき、名もなき光からのメッセージを伝えます。

　初期の「アゼツライト」はノースカロライナ州で見つかり、話題となりましたが間もなく枯渇。求める心に反応する石からのコンタクトを受け、インドなどで次代の「アゼツライト」が見つかっています。光の世界とつながり自らも光を放つこの石は産出量が限られた貴重な石です。

石の特徴・効能　✦魂の真の目覚めをもたらす✦

　崇高な波動で対象を光で照らし、宇宙にあるとされる偉大なる太陽と光の存在に気づきをもたらすこの石は世界中のクリスタルヒーラー、エネルギーワーカーが絶賛する高い霊性が特徴です。すべてのチャクラを活性化し、魂、肉体、意識を高次へ向上させ、深いインスピレーションをもたらします。次元を超越した世界や自然界、過去や未来の存在とのアクセスを可能にし、その教えを伝えます。ときには高く繊細な波動を不快に感じるかも知れませんが、それはあなたの情報を読み取り、弱っている部分を集中的に癒しているためでマイナスに作用しているわけではありません。瞑想の際は魂をいま必要な場所へ到達できるよう誘導すると言われます。

相性の良い石

ラリマー
愛と平和に満ちた心でつつみこむ。瞑想時に用いると幸福感に浸れる。

ムーンストーン
女性特有の不調を整え、女性性を高める。恋愛を成就させる。

ブラックオニクス
ネガティブな波動を遮断し、目的達成に向けて突き進む。

同じグループの石

・アイスクリスタル
・レムリアンシード

chapter.4 ✦ パワーストーンのデータベース

✦ 感性を磨き、すべてを純粋に
【魚眼石（ぎょがんせき）】
アポフィライト

石の言葉　「浄化、解脱」

- 主な産地　インド、イギリスなど
- 硬度　4.5〜5
- 結晶　正方晶系・斜方晶系
- 成分　$KCa_4(Si_4O_{10})_2(F,OH)\cdot 8H_2O$

【効果的な使い方】原石、タンブル
【処理の有無】特になし
【取り扱いの注意】劈開方向に割れやすい。

石のいわれ　✦ 光沢と形状の美しい結晶 ✦

　カリウム、フッ素、水酸基を含むケイ酸塩鉱物です。その割合によって細かく分類されますが、市場に出る鉱物は大半がフッ素を含むもの。無色から薄い緑色、薄い黄色などがあり、結晶表面が魚の目の輝きに似ていることから、和名で「魚眼石」と呼ばれます。鉱物名はギリシャ語で「離れる」という意味の「apo」と、「葉」の意味の「phullon」に由来し、熱を加えると葉片状にはがれる劈開性（へきかいせい）があります。結晶の構造が脆いためビーズ等の加工には向きませんが、原石の形状がとても美しく、特にグリーンは稀少です。

　結晶の先端だけを母岩から切り離したピラミッド型のものは、「アポフィライト・ピラミッド」と呼ばれ、これを眉間に置くと意識をクリアにし、チャネリングを促進するといわれます。

石の特徴・効能　✦ 自然と同調する開かれた意識 ✦

　植物、動物、鉱物、精霊など自然界のあらゆるものと波長を合わせるこの石は精神性を高め、深い直感と洞察力で感性を磨き、進むべき道を歩む行動力を与えます。また、浄化力が強く、心身の疲労や老廃物を流し、体内のエネルギーを濾過、心の中のよどみも流してくれます。とても脆い石のため身に付けることはできませんが、インテリアとして部屋に置くと気の流れを浄化し、リビングや寝室に置けば愛と希望に満ちた波動で、心地よい環境を作ってくれるはずです。

　身体的には全身の水分を効率よく巡らせ整えると言われ、感受性の強い子どもたちを悩ます症状を鎮める作用も。主な産地であるインドでは、瞑想の際にこの石をよく用います。

相性の良い石

タイガーアイ
トラブルの原因を突き止めて、真実をはっきりさせる。

ターコイズ
インスピレーションを高め、霊的なメッセージを受信しやすくする。

セレナイト
リラックスさせ、悩みや焦りを緩やかに取り去る。

同じグループの石

- グリーンアポフィライト
- ナトロアポフィライト
- ハイドロキシアポフィライト

✦ 光の波動をまとうクォーツ

【蒸着水晶（じょうちゃくすいしょう）】
オーラクォーツ

石の言葉　「オーラの開放」

主な産地	アメリカ、中国など
硬度	7
結晶	六方晶系（三方晶系）
成分	SiO_2

【効果的な使い方】原石、ブレスレット
【処理の有無】皮膜蒸着処理
【取り扱いの注意】表面が傷つきやすい

石のいわれ　✦ 時代が生んだニュークリスタル ✦

　結晶表面にシャボン玉のように独特な色彩を持つ「オーラクォーツ」は、加熱された真空内で天然水晶などにイオン化したチタン・金・プラチナなどの金属を皮膜蒸着した処理石です。鉱物愛好家は天然の色彩にこだわりますが、1980年代後半、精神世界に造詣の深いニューエイジ系世代が天然水晶のエネルギーにこだわりつつも、さらに高い霊性を求めてこの石が生まれました。石本来のエネルギーにメタリックな色のもたらすパワーが加わる活力あふれる石です。初めは虹色のホワイトオーラが人気となり、次にコスモオーラやアクアオーラが生まれました。その後も貴金属の配合の研究が深まり、色のバリエーションが増え、ゴールデン、ラベンダー、グリーンなど、次々とニューカラーが増えています。

石の特徴・効能　✦ 自然と化学が融合したパワー ✦

　オーラクォーツは水晶本来の美しさ、自然が伝えるエネルギーと科学の幸せな融合が創り出したクリスタルです。一見、冷たく感じる金属的な光沢ですが、昆虫、真珠、貝、オイル、オーロラなど自然界に存在する実に様々な煌めきを写し取ったパワフルなエネルギーを放ちます。「ホワイトオーラ」は神や天使など聖なる領域へ、「コスモオーラ」「アクアオーラ」などは地球や宇宙の波動へと意識をつなげ、深い気づきを与えます。「ゴールデンオーラ」はインパクトの強い鮮烈な光沢が生命力、豊かな財力をもたらし、キュートに煌めく「ローズオーラ」は心弾む恋愛、「ラベンダーオーラ」の上品で艶やかな煌めきは高い気品を授けると言われます。

相性の良い石

クォーツァイト
つまらないこだわりから解き放たれて、本来の能力を発揮する。

ブラックマトリックスオパール
新しい挑戦を応援する組み合わせ。能力をスムーズに発揮できる。

レインボークォーツ
心の奥の悩みを解決へ導き、本来の輝きを取り戻す。

同じグループの石

- アクアオーラクォーツ
- ゴールデンオーラクォーツ
- コスモオーラクォーツ
- ローズオーラクォーツ

chapter.4 ✦ パワーストーンのデータベース

✦ 両極性を持つ魔力的な守護石

【蛋白石（たんぱくせき）】
オパール

| 石の言葉 | 「才能開花、創造力を高める」 |

主な産地	オーストラリア、メキシコ、アメリカ、ペルーなど
硬度	5.5～6.5
結晶	非結晶
成分	$SiO_2・nH_2O$

【効果的な使い方】リング、ブレスレット、ネックレス
【処理の有無】一部含浸処理など
【取り扱いの注意】乾燥・高温を避ける、長時間の直射日光は避ける

石のいわれ ✦ 虹のような光の効果 ✦

「二酸化ケイ素に水が加わった鉱物」と言われる通り、重量比5％～10％の水分を含む軟らかな石。水を含むことで個体が安定しているので、直射日光や高温の場所などでの乾燥によるひび割れに注意。保管の際にも湿度などの気づかいが必要です。

虹のような「遊色効果」をもつプレシャスオパールが宝石として有名ですが、遊色効果のないコモンオパールも天然石として人気です。また生成のプロセスや採掘場所によって色や透明度に様々な特徴が見られます。日本でも少量産出されますが、オパールのほとんどはオーストラリア産。地下に沈んだ砂層がケイ酸分を含む温水の作用でオパール化したもので、低温でゆっくりできたため透明度は低く、細やかな遊色効果があります。

石の特徴・効能 ✦ 自分らしさを解放する ✦

中世ヨーロッパでは霊能力と直感力を高めることから魔術的なパワーがあると崇拝。また、不思議な輝きで自分の姿を消すことができると信じられ「盗賊の守護石」という異名を持っていた時期も。この石には創造力を高め、才能を引き出し、それを周囲にアピールする力もあり、さらに自分を解放するように導くので、引っ込み思案な人には強い味方になります。ただ、この魅惑的な遊色性が、人によっては捉えどころのない不安感につながるかもしれません。それはこの石の陰と陽の両極性によるもので、自分が前向きなときには希望のパワーを与えてくれますが、逆に、マイナスに働いた場合は八方ふさがりになることもあります。自分の精神状態に合わせて用いてください。

相性の良い石

トパーズ
運命の人、天職との出会い。探し求めていたものと巡り会う。

ブラックオニクス
恋愛関係での絆を強める。お互いの短所を認め合い、関係性を強化。

シャッタカイト
自分らしく生きる力を取り戻し、社交性が次第に身につく。

同じグループの石

- イエローオパール
- ピンクオパール
- ブラックマトリックスオパール
- プレシャスオパール

イエローオパール

鮮やかな黄色は酸化鉄や結晶構造による発色で透明度の高いコモンオパールです。クリエイティブな感性を刺激し、自分らしい表現力、センスを磨きたい人におすすめ。人間関係における自己表現から芸術的な分野での活躍など、様々な目的に対応します。良い縁を引き寄せる力も強いので、持ち主の才能を最適に伸ばせる環境へと導いてくれるでしょう。

ピンクオパール

ピンクオパールは角閃石(かくせんせき)の一種パリゴルスカイトやクリストバライト等を含む薄紅色のコモンオパールです。女性性をイメージさせる優しい色合いと柔らかい波動でホルモン分泌を促し、美肌やアンチエイジングに。否定的な思考を払拭し、希望のパワーに満ちたこの石は芸術性を伸ばすのはもちろん、内面の美しさと才能を引き出し、運命の人を引き寄せると言われています。

ブラックマトリックスオパール

漆黒の宇宙に星たちを閉じ込めたような神秘的な色合い。赤、緑、黄、青など様々な光がきらめく遊色効果の美しさから現地では「フェアリーオパール」とも呼ばれる貴重な石です。斬新な創造力、発想力を授け、新しいことに挑戦する人や人生を大きく変えたい人を強くサポート。孤独感や不安感のある人を温かく包み込みます。美しい結晶の保護のため、含浸処理を施しています。

プレシャスオパール

遊色効果のあるものを、プレシャス(ノーブル)オパール、それ以外はコモンオパールと呼びます。オパールの価値は遊色効果の模様で決まり、「ハーレクインパターン」(大きな菱形のまだら模様)、「パレットパターン」(モザイク状模様)、「ピンファイアーパターン」(針先で突いたような細かい点状模様) など、興味深い名前がつけられています。石の効能はオパールと同様です。

chapter.4 ✦ パワーストーンのデータベース

✦ 智慧と富の神が守るクリスタル
【ヒマラヤ水晶（ひまらやすいしょう）】
ガネッシュヒマールクォーツ

石の言葉 「復活、生命」

主な産地	ヒマラヤ・ガネッシュヒマール
硬　度	7
結　晶	六方晶形（三方晶系）
成　分	SiO_2

【効果的な使い方】ポイント、ビーズ、ペンデュラム
【処理の有無】特になし
【取り扱いの注意】長時間の直射日光は避ける

石のいわれ　✦ 霊峰を写し取った聖なる結晶 ✦

象の頭をもち、学問と財産を司るヒンドゥー教の神ガネーシャに守られるこの水晶はネパールとチベットとの境界に連なる霊峰・ガネッシュヒマールで産出されます。

柱面にくっきりと条線を刻むポイント、レコードキーパー、レーザー、カテドラル、グインデル（ねじれ）、クラスター（群晶）など、ヒマラヤ水晶の中でもひときわ多彩な形状が特徴です。

聖なる水晶は険しい峰で育つため、山岳の民が道なき道を旅して産地に辿りつき、手掘りで丁寧に採掘を行います。

深みのある透明度も特徴ですが、クローライト（緑泥石）、スモーキー、レインボー、アクチノライト（緑閃石）など、結晶内部の内包物にもストーリーを感じます。

石の特徴・効能　✦ 水・緑・星・大地のエネルギー ✦

あらゆる災いを退け、智慧・富・栄誉をもたらすガネーシャ。標高7000メートル級の霊峰が連なるガネッシュヒマールで白くふくよかな神に守られ、この高い波動を放つ水晶が生まれます。美しい雪と氷、上へ上へと成長を続ける霊峰の強い浄化力はヒマラヤ水晶の中でも抜群のヒーリングエネルギーを授けます。

クローライトやアクチノライトを含む結晶は緑の森をイメージさせ、透明な結晶を加工した貴重なビーズは結晶の内部に清らかに輝く光の粒子が浮かんでいます。過去のダメージをどのように受け止め、修復し、乗り越えてきたか、すべての経験を記憶の中に教えとして蓄積し、必要なときに授けます。また、恐怖、後悔、躊躇、焦燥などを消し去り、純粋な落ち着きを与えます。

相性の良い石

タンジェリンクォーツ
優れた浄化力により悪い気が祓われ、生命力と活力を与えてくれる。

ゼオライト
やる気を失った時におすすめ。疲れが取れて意欲が回復する。

ダンビュライト
浄化されると同時に霊性が高まり、何をすべきかが見える。

同じグループの石
- アイスクリスタル
- アゼツライト
- レムリアンシード

✦ 多彩なパワーで、旅立ちをサポート

【方解石（ほうかいせき）】
カルサイト

石の言葉	「明朗な心、次のステップ」
主な産地	メキシコ、ペルー、ブラジル、アメリカなど
硬度	3
結晶	六方晶系（三方晶系）
成分	Ca[CO_3]
【効果的な使い方】	丸玉、原石、ブレスレット
【処理の有無】	一部含浸処理
【取り扱いの注意】	劈開方向に割れやすい

石のいわれ　✦ さまざまな色彩が特徴的 ✦

「カルサイト」という名前は、石の主成分であるカルシウムの語源で石灰を現すラテン語の「calx」に由来。和名の「方解石」は、3方向に完全な形で割れる結晶の性質からつけられています。鉱物的に面白いのは光の屈折が独特なこと。この石を通して物や文字を見ると二重に見えます。光がこの石を通過するとき、まっすぐに進む光と曲がる光の2方向へ屈折する「複屈折」によるもので、透明度の高いカルサイトは偏光望遠鏡などに使われていました。宝石用語ではこの性質を「ダブリング」と言います。透明で四角い箱のようなクリアカルサイトの原石はこの性質がよく観察でき、子どもたちにも人気です。

透明度、色彩は様々で、黄色、ピンク、青などがあります。

石の特徴・効能　✦ 必要としたときに自然とやってくる ✦

色によってパワーの差異がありますが、全体的にネガティブなエネルギーをポジティブに変える力があります。また争いごとを嫌う石とも言われ、対人関係に調和をもたらします。

石とは、持ち主がその力を必要としたときに自然とやって来てくれるものですが「カルサイト」ほど、そのタイミングを見計らって現れる石はないでしょう。この石がそばに来たとき、その人自身が人生に何らかの変化を起こそうとしているのです。それを意識しているかどうかはわかりませんが、確実に言えることは、現状から抜け出し、新しい生き方を選ぶ必要性が高まっているということ。その旅立ちをサポートするのがこの石です。どんな旅立ちなのかは、色によって異なります。

相性の良い石

アマゾナイト
迷いを消し、決断力を高める。希望を持って前に進んでいく。

サンストーン
行動や思考に積極性を与え、明るく朗らかな魅力を高める。

ルチルクォーツ
ネガティブな感情を払拭、気力を高める。クリエイティブな能力を与える。

同じグループの石

- オプティカルカルサイト
- キャッツアイグリーンカルサイト
- コバルトカルサイト
- ステラビームカルサイト
- マンガンカルサイト

chapter.4 ✦ パワーストーンのデータベース

オプティカルカルサイト（アイランドスパー）

　あなたは心身ともに充実していて、何か新しいことにチャレンジしたいと考えているはず。石は「新しいはじまり」をもたらすと同時に「大きな変化」を呼び込む強力な力を持っています。あなたはきっと新しい何かに挑戦しはじめるでしょう。経験したことのない変化に戸惑うかもしれませんが、不安にならずに邁進してください。

オレンジカルサイト

　あなたは精神的にかなり参っている状態かもしれませんね。ひどい場合には鬱状態にあり、何もやる気が起こらず、悪い方にばかり考えているのではないでしょうか。この石はマイナスの作用を排除し、強く生きようとするプラスのエネルギーに変えてくれます。精神的に回復すれば、きっと自信を取り戻せるでしょう。

グリーンカルサイト

　あなたは理由のわからない不安感に押しつぶされているかもしれません。これはスピリチュアルな領域で、感情と肉体のバランスがうまくとれていない状態になっているのです。この石が穏やかなバイブレーションを送り、あなたの中に滞っていた負の要素を一掃してくれるはず。心身が一致する安心感を得られるでしょう。

バイオレットカルサイト（コバルト）

　この石に魅かれるのはあなたに天からのメッセージが届けられようとしていると理解してください。感受性の強い人は、石を見たり触れたりすると、言い知れぬ至福感に満たされ、メッセージを受け取れます。これは意識的に理解できなくても、あなたが精神的に高次な領域へ昇り始めているということなのです。

ピンクカルサイト（マンガン）

　あなたは愛情面で過去につらい経験をし、その記憶にいまだ囚われているのでは？　新しい恋愛に消極的になっているはずです。でもこの石はきっと、あなたのそうした悲しいトラウマを消し去り、新しい愛に積極的になれるように勇気と情熱を与えてくれるでしょう。石の力を借りて愛する喜びを謳歌してください。

ブルーカルサイト

　あなたは神経をすり減らして疲労困憊の状態に陥っているはず。その原因は主に複雑な人間関係です。でもこの石のパワーで、後ろ向きになりがちなあなたの弱った精神から不安を払拭し、以前のような自信を与えてくれるでしょう。そして調和のとれた平穏な対人関係へ導き、ストレスを軽減してくれるはずです。

✦ 過剰なものを捨て、軽やかさを与える

【珪岩（けいがん）】
クォーツァイト

石の言葉	「協調、展開」

- 【主な産地】 インド、ブラジル、中国など
- 【硬度】 7
- 【結晶】 六方晶形（粒状集合体）
- 【成分】 SiO_2
- 【効果的な使い方】 ブレスレット、丸玉、タンブル
- 【処理の有無】 特になし
- 【取り扱いの注意】 特になし

石のいわれ　✦ 原始の地球から誕生 ✦

「クォーツァイト」は、大規模な地殻変動や火山活動が活発に繰り広げられていた原始の地球で、高温の熱水鉱床、激しい気温の変化、厳しい雨風にさらされ変質した「クォーツ（石英）」が、地殻変動などの圧力やマグマの熱などによって変容し、再び結晶した変成岩です。石英を含むため、透明感を持つ白色ですが、マンガン、鉄などの内包物や自然界の放射線などの影響で様々な色合いに変化します。

特にグリーンクォーツァイトのキラキラした輝きは内包する雲母などの影響によるもので、古代より権力の象徴とされ、ギリシャ、ローマなど各地の古代遺跡に多くの彫像や工芸品が残されています。

石の特徴・効能　✦ 本質的な豊かさが分かる ✦

劇的な大地の変化を記憶しながら、穏やかさを感じさせる石で、静かな優しい波動は周りの事象と調和して、より良いものに転換する力を持っています。人間関係の衝突や反発に対しても偏ることなく調停し、雨降って地固まるように、お互いの関係を以前より良好なものに変えていきます。また、争いを避けるためのコミュニケーション能力を養い、思いをうまく伝えられるようにします。自分本位な主張を抑え、無駄なことに執着する心を消してくれるので、本当に必要な真の豊かさに気づくことでしょう。これは、物や情報で溢れた現代社会の中で最も必要な力かもしれません。

セルフヒーリングのエネルギーで日常的な筋肉の緊張も和らげてくれます。

相性の良い石

セレナイト
緊張や悩みを解消し、小さな事にも幸せを感じるようになる。

シャッタカイト
不安定な感情や短気を鎮め、より良い人間関係を育てる。

オーラクォーツ
自信を回復し、隠れていた才能を目覚めさせる。

同じグループの石

- グリーンクォーツァイト
- ブルークォーツァイト
- ホワイトクォーツァイト

chapter.4 ◆ パワーストーンのデータベース

グリーンクォーツァイト

　インド、ブラジルなどで豊富に産出されるフックサイト（クロム雲母）を含む緑色のケイ岩。アベンチュリンと言う名前で流通していますが、これはキラキラ輝くアベンチュレッセンス効果を持つ石の総称です。内包物がキラキラ輝く「グリーンアベンチュリンクォーツ」は産出量が少なく、グリーンクォーツァイトとは別に流通しています。淡い緑色の美しさで優しさと包容力を育み、緊張から心身を解放してくれる癒しの石です。

ブルークォーツァイト

　色合いがアマゾナイトに似ているため、アマゾナイトとして流通している場合もありますが、アマゾナイトの主成分は微斜長石、ケイ岩が主成分のブルークォーツァイトとは異なる鉱物です。落ち着いたブルーはあらゆるものを包み込む大らかで優しい波動を放ちます。激しい地殻変動を経て生まれ変わった結晶の穏やかさとセルフヒーリングのエネルギーは思いやりや、心のゆとりを授けます。

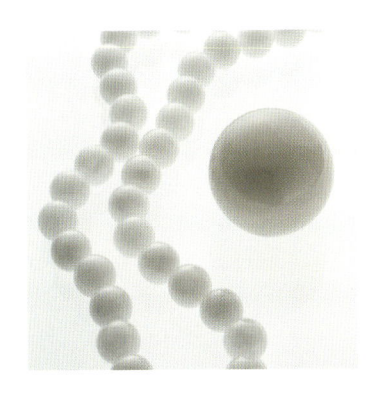

ホワイトクォーツァイト

　乳白色の透明感から「スノークォーツ」とも呼ばれています。その結晶がまるで翡翠のような質感であることから「ホワイトジェイド」と言う流通名もつけられていますが、翡翠とは異なります。周囲のエネルギーを取り込み、クリアにし、温かい調和と響き合いを生み出すこの石は、無垢な存在を保護するエネルギーで、身に付ける人の純粋な精神を引き出します。子どもを守護する石と言われます。

✦ 依存心を取り除き、自立を促す

【柱石（ちゅうせき）】
スキャポライト

石の言葉	「対応、道標」
主な産地	ミャンマー、アフガニスタン、タンザニア、カナダなど
硬度	5.5～6
結晶	正方晶系
成分	『メイオナイト $Ca_4[CO_3|(Al_2Si_2O_8)_3]$』と『マリアライト $Na_4[Cl|(AlSi_3O_8)_3]$』の固溶体
【効果的な使い方】	ブレスレット、原石、ペンダント
【処理の有無】	一部含浸処理
【取り扱いの注意】	一定方向に割れやすい

石のいわれ
✦ カラーバリエーションが豊富 ✦

「スキャポライト」はグループ名、カルシウムとナトリウムの含有量でメイオナイト（灰柱石）、マリアライト（曹柱石）に区別される複合鉱物です。含有率が両者の中間になるものをウェルネライト（ミズゾナイト）と呼びます。結晶が四角柱状に成長するため、語源はギリシャ語でシャフトを意味する「skapos」に由来、和名は「柱石」です。ガラス光沢を持ち、無色、黄色、ピンク、紫色、茶色、黒色などカラーバリエーションが豊富です。内包物の影響で美しいキャッツアイ効果、スター効果が現れる石もあります。良質の原石は光の屈折率・分散率が水晶に近いため、研磨した場合、黄色は「シトリン」、紫色は「アメシスト」と長く誤解されていました。

石の特徴・効能
✦ 決断の力を与えてくれる ✦

この石の直線的で清らかなエネルギーは、純粋な波動を放つ水晶系の石たちと同じように精神、肉体、魂に作用し、それぞれのエネルギーを増幅します。そして、本能的な勘、洞察力を与え、人生の岐路において進むべき方向を選択するときなどに、最善の道へと導いてくれます。甘えや依存心の原因を断ち、自分のことは自分で決められるよう自立を促し、固い意志を授けます。精神を安定させる働きもあり、他人の意見に左右されやすい優柔不断な性格を直したい人におすすめの石と言えます。

また、深い集中力で自分の内側を見つめ直し、芯の強さと新たな人間性を育てる石として信頼されています。

相性の良い石

アマゾナイト
進むべき道を、立ち止まらずに突き進む。迷いを払い、目的に向かう。

シトリン
依存心を排除し、精神的に自立する。状況に左右されない強さを与える。

オーラクォーツ
潜んでいた才能が開花して自信を回復、決断力もアップする。

同じグループの石
・ゴールデンスキャポライト
・スタースキャポライト
・バイオレットスキャポライト
・ブラックスキャポライト
・マリアライト

chapter.4 ✦ パワーストーンのデータベース

✦ 負の感情を解消させる精神を養う

【柱石（ちゅうせき）】
ブラックスキャポライト

石の言葉 「正しい指標を示す保護の石」

- **主な産地** タンザニア、ブラジル
- **硬度** 5.5〜6
- **結晶** 正方晶系
- **硬度** 『メイオナイト $Ca_4[CO_3](Al_2Si_2O_8)_3]$』と『マリアライト $Na_4[Cl|(AlSi_3O_8)_3]$』の固溶体
- 【効果的な使い方】ブレスレット、ペンダント
- 【処理の有無】一部含浸処理
- 【取り扱いの注意】一定方向に割れやすい

石のいわれ・石の特徴・効能 ✦ 高次の意識と繋がる ✦

　黒から褐色のスキャポライトです。丸くカットすると1条のキャッツアイ、6条のスターが現れる石もあります。エゴや甘えなど内面に存在する弱い自分に真正面から向き合うことができるようになります。そして、それらの負の感情がなぜ生まれたかを理解し、解消させるしなやかな精神を養います。高次の意識と繋がる保護の波動で包み、日常に存在する幸せに気づかせてくれるとも言われます。

✦ トラウマを解消し、魂を成長させる

【曹柱石（そうちゅうせき）】
マリアライト

石の言葉 「精神・感情・記憶の修復」

- **主な産地** アフガニスタン、ミャンマー
- **硬度** 5.5〜6
- **結晶** 正方晶系
- **硬度** 『メイオナイト $Ca_4[CO_3](Al_2Si_2O_8)_3]$』と『マリアライト $Na_4[Cl|(AlSi_3O_8)_3]$』の固溶体
- 【効果的な使い方】ブレスレット、ペンダント
- 【処理の有無】一部含浸処理
- 【取り扱いの注意】一定方向に割れやすい

石のいわれ・石の特徴・効能 ✦ 魂の成長を促す ✦

　名前はドイツの鉱物学者の妻の名前に由来。チューブ状の内包物の影響でキャッツアイ効果が現れる石もあります。スキャポライトの中でも特に高い波動を放ち、過去の悲しい経験やトラウマから解放し、自分自身の力で感情や意志をコントロールできるようにしてくれます。未来への不安が解消され、希望を見つけられるようになるでしょう。貴重なピンクからパープルの石は特に人気です。

✦ 穏やかな波動で環境を浄化

【沸石（ふっせき）】
ゼオライト

石の言葉　「浄化、安定」

- **主な産地**　インド、アメリカ、メキシコ、日本など
- **硬　　度**　3〜6
- **結　　晶**　種類によって異なる
- **成　　分**　種類によりさまざま

【効果的な使い方】原石、タンブル、ルース
【処理の有無】一部含浸処理
【取り扱いの注意】表面に傷がつきやすい

石のいわれ　✦ 有害物質を取り除く ✦

「ゼオライト」はグループ名。これに属する鉱物は「スティルバイト（束沸石）」「アナルサイム（方沸石）」など50種余り。火山活動で発生した灰や海水の塩分などが堆積し地殻変動による高い圧力を受け形成されたものです。結晶には無数の微細孔があり高い吸着機能を持つため、分子ふるい、触媒などに利用されています。また、天然鉱物にしては珍しくマイナスイオンを帯び、そのイオン交換機能による放射性物質吸着の実績は高濃度汚染水の除染方法として採用されている他に、土壌改良、浄水、化粧品、飼料などにも利用。語源はギリシャ語の「沸騰」を意味する「zein」に由来。これは加熱すると水分と分離し泡状になり、沸騰しているように見えるためです。

石の特徴・効能　✦ 心地よい環境をサポート ✦

以前から工業・農業用として利用されていましたが、放射性物質の高い浄化能力への期待から、知名度が上がりました。水だけではなく、空気や土壌もきれいにする作用で農作物の成長を助け、マイナスイオンを帯びる特性もあり、そのヒーリング効果は絶大。保護のエネルギーも強いので、人ごみや雑然とした場所、苦手なところなどに持っていくと精神的に楽になります。部屋や枕元に置くと美しく穏やかな波動で落ち着いた心地よい空間を作ってくれます。肉体的、精神的なネガティブ要素だけでなく、オーラにも働きかけ、心身の疲れやストレスで曇ったオーラをきれいにして、持ち主の雰囲気を明るく、魅力的にしてくれるでしょう。

相性の良い石

プレセリブルーストーン
浄化の作用で障害や不運の原因が除かれ、身体も精神も健康に。

アイスクリスタル
緊張した毎日に寛ぎを与える。枕元に置くと悪夢を消す。

ガネッシュヒマールクォーツ
ストレスが軽減し、意欲が回復。仕事の目標を達成できる。

同じグループの石

- アナルサイム
- スコレサイト
- スティルバイト
- ナトロライト
- ヒューランダイト

✦ 邪念を一掃し、豊かな瞑想へ導く

【透石膏（とうせっこう）】
セレナイト（ジプサム）

石の言葉　「天使の領域に近づく、人生の指針」

主な産地	メキシコ、モロッコ、アメリカなど
硬度	2
結晶	単斜晶系
成分	$Ca[SO_4] \cdot 2H_2O$

【効果的な使い方】ランプ、ワンド、丸玉、ネックレス
【処理の有無】一部含浸処理
【取り扱いの注意】表面に傷がつきやすい、水に弱い

石のいわれ　✦ 内面からの神秘的な輝き ✦

　透明感のある無色の石膏を「セレナイト」と呼びます。一方向に割れる性質「劈開性（へきかいせい）」があるため、大きなセレナイトを板状に割り、板ガラスとして使用していたとか。その柔らかな美しさから「聖母マリアのガラス」と呼ばれていました。名前の由来もギリシャ神話の月の女神「セレネ（selene）」から来ています。セレナイト越しに見る光はきっと月光を思わせるような、神秘の輝きを放っていたことでしょう。

　この石の変種に「砂漠の薔薇」という白い薔薇の花のような結晶があります。「これぞ神と自然による芸術！」と見惚れるほどの造形美。砂漠のオアシスが長い歳月をかけて干上がる過程で水のミネラル成分が少しずつ結晶化し生まれた薔薇です。

石の特徴・効能　✦ 悩みや焦りを取り去る ✦

　母性的な優しい波動で持ち主をリラックスさせ、悩みや焦りを取り去ってくれる力があります。この石と心を通わせると雑念が一掃され、思考が極めて明確になり、集中力が高まってきます。まるで瞑想状態のようになり、普段ではできないことができるようになるといわれますが、この石はそんな思考の限界を越えた直感の世界に跳躍させてくれる力を秘めているのです。第六感や洞察力が研ぎすまされ、スピリチュアルな次元とつながり、未来に目が向けられるようになります。

　この石は第8チャクラに作用します。頭頂部の「クラウンチャクラ」にこの石を置き、心を静かに落ち着けてみてください。思いもよらないヒラメキがきっともたらされるはずです。

相性の良い石

ラピスラズリ
転職運アップ。知性を高め、実力以上の自分をアピール。良い職場に恵まれる。

マラカイト
ストレスからの解放、疲労回復。緊張感からの不眠を解消する。

シトリン
対人関係の緊張感を解きほぐす。商売運、事業運のアップ。

同じグループの石

- アラバスター
- オレンジセレナイト
- ゴールデンセレナイト
- ジプサム
- フィッシュテールセレナイト

✦ 成功を約束する最高の輝き ✦

【金剛石（こんごうせき）】
ダイアモンド

石の言葉	「変わらぬ愛、純愛、不変」
主な産地	南アフリカ共和国、コンゴ、ロシア、オーストラリア
硬度	10
結晶	等軸晶系
成分	C

【効果的な使い方】リング、ネックレス、原石
【処理の有無】一部加熱処理
【取り扱いの注意】硬度は高いが、一定方向に割れやすい

石のいわれ ✦ 過酷な地殻変動の賜物 ✦

世界中の人々を魅了する価値ある宝石「ダイアモンド」は炭素のみが結合し形成された「元素鉱物」。同じ炭素の元素鉱物「石墨」とは、まったく異なる鉱物になった原因は、生成環境の違いにあります。ダイアモンドがマントルの中で生成されたのは30億年以上前。地表から約250kmの地底で、摂氏1500℃以上、5万気圧を越す高温高圧の下、炭素が結晶化しダイアモンドとなり、その後の地殻変動でマグマによって地表に吹き上げられ発見に至ったとされています。宝石としての価値は国際指標により評価。無色透明から淡青色の評価が高く、ピンク、青、緑、橙、といったカラーはその稀少性で価値が上がります。地球上で最も高い硬度を持つ鉱物ですが、靭性は水晶などと同じです。

石の特徴・効能 ✦ 不変の価値と霊性 ✦

ダイアモンドは高いカッティング技術が発達するまで宝石としての魅力を評価されていませんでした。しかし、ルビーを凌ぐ高い硬度に魔力が宿ると信じられ、中世ヨーロッパでは高い地位を象徴する強力な護符として尊ばれていました。「ソーヤブル」という、二つのピラミッドの底を合わせたような正八面体の原石は天と地、強い生命力と行動力を表し、戦いの勝利、富と権力の実現、パートナーとの絆、永遠の愛を築く力があるとされ、女性たちは自分の夫や恋人に持たせていたと言われます。ダイアモンドは不屈の精神を養い、夢や願望を実現し、成功へと導きます。また、霊的なパワーも高く、美しさと霊力を備えた魅力的な守護石であることも間違いありません。

相性の良い石

サファイア
表現力とセンスを磨く。美容や芸術的な職業の人におすすめ。

アゲート
家族の絆を強める。永遠の愛を誓う。安産、長寿のお守り。

ロードクロサイト（インカローズ）
女性の性的な魅力を高める。女らしく生きたい人におすすめ。

同じグループの石

- カーボナード
- ピンクダイアモンド
- ブルーダイアモンド
- ブラックダイアモンド

✦あらゆるチャクラに作用し覚醒を促す

【ダンブリ石（だんぶりせき）】
ダンビュライト

石の言葉　「高い霊性、天使の領域への導き」

- **主な産地**　メキシコ、ミャンマー、マダガスカルなど
- **硬度**　7～7.5
- **結晶**　斜方晶系
- **成分**　$Ca[B_2Si_2O_8]$
- **【効果的な使い方】**　原石、ブレスレット、ペンダント
- **【処理の有無】**　特になし
- **【取り扱いの注意】**　長時間の直射日光は避ける、硬度は高いが割れやすい

石のいわれ
✦ 美しく煌めく透明感 ✦

　語源はアメリカ・コネチカット州の産地「Danbury」に由来、「ダンブライト」とも呼ばれます。トパーズとよく似た柱状結晶のケイ酸塩鉱物ですが、劈開性はなく、熱や酸で溶解する性質で識別されます。高い透明度と輝きを持つ結晶が特徴で水晶と比較すると分散率がわずかに高く、水晶以上のきらめきを放ちます。このため、以前はダイアモンドの代用品として用いられていたこともあります。水晶と同等の硬度を持ち、色は透明のほかに、白、黄、淡いピンクなどのバリエーションがあります。

　良質な結晶をカットした場合、優れた光の屈折率でジュエリークラスの美しさとなりますが、カット加工できるほど大きな結晶は産出量がそれほど多くないため貴重です。

石の特徴・効能
✦ 純粋な波動で能力や意識を高める ✦

　とても純粋で高い波動と霊性を高める力で過去の悲しい経験やトラウマ、無意識のうちに抱える負の連鎖を解消し、新しい段階に進めるように深い内面から調整します。知性と高次の意識の両面に働きかけることにより、能力や意識を向上させてくれるのです。この石は第8チャクラだけでなく、あらゆるチャクラに作用すると言われています。まず第三の目のチャクラに作用し、第8チャクラより上の高次の世界と関係の深いチャクラを開くパワーを持つと言われているのです。

　精神を解放し、心の底からこの石と向き合ってみてください。意識の奥に存在する清らかな領域へ導かれ、今、最も必要とする教えに気づくことでしょう。

相性の良い石

プレナイト
自分にとって不必要なものを手放せる。精神的に苦痛な人間関係から解放される。

ブルーレースアゲート
多忙で疲れている心身を癒し、ゆっくり休む時間を与える。

モルダバイト
高次元のバイブレーションで、宇宙的な叡智を授ける。シャーマニックな組み合わせ。

同じグループの石
- オレンジダンビュライト
- ゴールデンタンビュライト
- ピンクダンビュライト

✦ 心身を清めて癒す

【岩塩（がんえん）】
ハーライト (ロックソルト)

石の言葉	「癒し、浄化、精神安定」

主な産地	アメリカ、パキスタン、ドイツ、ボリビアなど
硬度	2
結晶	等軸晶系
成分	NaCl

【効果的な使い方】原石、ランプスタンド
【処理の有無】特になし
【取り扱いの注意】もろく割れやすい、水・湿気で自然溶解する

石のいわれ
✦ 悠久の時を経て塊になる ✦

「ハーライト」と言うと馴染みがないですが、これは塩の塊「岩塩」のこと。海水から作られる塩は、海水を天日や釜で煮詰め水分を蒸発させ結晶を取り出していますが、岩塩は鉱物の世界ならではの悠久のときに育まれています。数億年前の大規模な地殻変動によって、それまで海だったところが陸地になり、干上がった海水が長い時間かけて岩塩の塊になったのです。色は無色や白、黄、橙、赤、青など様々ですが、それは含有する成分や結晶構造の欠陥による発色の変化と言われています。

硬度は低く、空気中の湿気で自然溶解する性質があるので、宝飾品に使用できません。岩塩の塊をくりぬいたランプスタンドも湿度が高いと自然に溶けるので扱いに注意が必要です。

石の特徴・効能
✦ 清め和ませる安らぎの塩 ✦

地球で最初の生命が誕生したのが海。生命と塩は切っても切れない関係です。古代から人々が塩の交易をした「塩の道」が世界各地に残っているほど、人類の歴史とともに歩む貴重な資源です。塩は生きるため必要なだけでなく、ある種の霊力を持つと信じられています。世界各地に悪霊を祓うなどの伝承がありますが、日本人にとっても「清めの塩」は身近です。「塩を撒く」という風習からわかるように、邪気を祓い、同時に浄化をする強い作用があり、心身の不要なエネルギーを除去し、感情と体のバランスを調和させ、マイナス思考や潜在的な負の感情を一掃します。また、岩塩には塩にはないヒーリング効果があり、日々のストレスから優しく解放し、強ばった心と体をほぐしてくれます。

相性の良い石

アイスクリスタル
邪気を祓い、欲望や悪い誘いに負けない心を養う。

トルマリン
感情の起伏を整え、迷いを断ち、次へのステップへと導く。

ロッククリスタル
災厄を避ける霊力と高い清めの力が宿る。

同じグループの石
・ピンクハーライト
・ブルーハーライト

chapter.4 ✦ パワーストーンのデータベース

✦ 海が育む母なる安らぎ

【真珠（しんじゅ）】
パール

石の言葉　「安産、美の追求、回復」

主な産地	日本・オーストラリア、インドネシア、中国など
硬度	2.5 ～ 4.5
結晶	斜方晶系（微粒状結晶）
成分	$Ca[CO_3]$＋有機質＋H_2O

【効果的な使い方】ネックレス、リング、ブレスレット
【処理の有無】一部漂白処理、調色処理
【取り扱いの注意】表面が傷つきやすい、水・湿気・酸・汗・高温に弱い

石のいわれ　✦ 層が交互に積み重なってできる ✦

　天然、養殖、海水、淡水と、様々な環境で生成されていますが、養殖真珠発祥の地である日本では特になじみ深い宝石です。6月の誕生石として、冠婚葬祭用の装飾品として大切にされるパールは貝の体内で生成されるバイオミネラル（生体鉱物）です。カルシウムの結晶と有機質の層が交互に積み重なりパールの層が形成され、二つの層が放つ干渉色によって、オリエント効果と呼ばれるパール特有の光沢が生まれるのです。

　様々な種類の貝で作られ、代表的なものはアワビやアコヤガイの「本真珠」。クロチョウガイの「黒真珠」、マベガイの「マベ真珠」など。最近は加工技術が向上し、淡水貝が生成する「淡水パール」も品質が高まっています。

石の特徴・効能　✦ 女性を美しくさせるパワー ✦

　「月の雫」や「人魚姫の涙」など、その神秘的な美しさで、古くからいろいろな呼び方をされてきたパール。クレオパトラが酢にとかしたパールを服用していた逸話からも分かるように女性を美しくする力を持っています。女性らしい柔らかさを引き出し、優しい感受性と気品を育てます。子宝の象徴でもあり、妊娠や安産の祈願、母性を高める効果もあります。母貝に包まれて育つことから、慈愛に満ちた温かい守護の力が強いと言われ、子どものお守りとしても使われます。

　パールの悲しみを消し、喜びを増す清らかな輝きは、冠婚葬祭の席だけではなく、どのようなシーンでも持ち主を守り、その人間性を高めます。そして、深い安らぎに満ちた時間を与えてくれます。

相性の良い石

トパーズ
月と太陽の組み合わせで、人間的な魅力を高める。カリスマ性を与える。

ローズクォーツ
女性らしい魅力を引き出し、異性から好意をもたれる。恋人を見つける。

コーラル
海の二大宝石の組み合わせ。生命力を高める長寿のお守り。赤ちゃんの成長を守る。

同じグループの石

- アコヤパール
- 黒蝶パール
- コンクパール
- 白蝶パール
- 淡水パール
- メロパール

✦ 優しい輝きで心を潤し、女性力アップ

【淡水真珠（たんすいしんじゅ）】
淡水パール

石の言葉　「穏やかな毎日」

主な産地　中国、フィリピン、インドネシアなど
硬度　2.5〜4.5　結晶　斜方晶系　成分　$Ca[CO_3]$+有機質+H_2O

【効果的な使い方】ネックレス、ブレスレット、リング
【処理の有無】一部漂白処理、調色処理、照射処理
【取り扱いの注意】表面が傷つきやすい、水・湿気・酸・汗・高温に弱い

石のいわれ／石の特徴・効能　✦ 大らかなエネルギー ✦

淡水の河川や湖に生息するイケチョウガイやカラスガイ等によって生成されたものを淡水真珠・湖水真珠と呼びます。一般的にパールはきれいな球体に整形されますが、淡水パールはライスと呼ばれる楕円形、スティック状、ドロップ型などのさまざまな形状とピンク、イエロー、オレンジ、紫など豊富な色が魅力です。大らかで清浄なエネルギーに満ち、ホルモンの分泌を促し、女性らしさ、優しさを授けます。

✦ 安らぎの波動で対人関係を円満に

【白蝶貝・母貝（しろちょうがい・ぼがい）】
マザーオブパール

石の言葉　「母の優しさ、子宝、包容力」

主な産地　オーストラリア、インドネシア、中国など
硬度　3〜4.5　結晶　斜方晶系　成分　種類により異なる

【効果的な使い方】ネックレス、ブレスレット
【処理の有無】特になし
【取り扱いの注意】表面が傷つきやすい、水・湿気・酸・汗・高温に弱い

石のいわれ／石の特徴・効能　✦ 生み出される命の象徴 ✦

真珠を生成する母貝のことです。貝ボタンやビーズに加工される「白蝶貝」が有名です。母貝は白蝶貝以外にも、高瀬貝、黒蝶貝、アコヤガイなど多種に及び、色と風合いがそれぞれ異なります。新しく授かる命の象徴で、母性愛を高め、子どもや弱い存在を保護する力があります。母のような慈しみ、優しさ、たくましさをもたらすことで、人々に愛される存在に。包容力、思いやりを高める石と言われます。

chapter.4 ✦ パワーストーンのデータベース

✦悪意を鎮め、自己啓発を促す
【ハウ石（はうせき）】
ハウライト

石の言葉　「純粋、崇高」

主な産地	アメリカ、カナダなど
硬度	3.5
結晶	単斜晶系
成分	$Ca[B_3O_4(OH)_2・OS_1B_2O_4(OH)_3]$

【効果的な使い方】ブレスレット、タンブル
【処理の有無】特になし
【取り扱いの注意】紫外線に弱い

石のいわれ ✦ マグネサイトとの混同に注意 ✦

1868年、鉱物学者ヘンリー・ハウ氏によって発見されました。ケイ酸塩鉱物の一種で蒸発岩の鉱床から産出される含水硼酸塩鉱物（がんすいほうさんえん こうぶつ）です。地色は白色で、黒っぽい蜘蛛の巣状あるいは縞状の模様が特徴的です。表面が多孔質で染色しやすいことから、「ターコイズ」や「ラピスラズリ」のイミテーションとして表面を染色した石が古くから市場に出回っています。

しかしその後、見た目が非常に似ていて同じく多孔質の「マグネサイト」が広く流通し、いつの間にか「ハウライト」と「マグネサイト」が混同され定着してしまいました。

現在、産出量が少ないハウライトはほとんど市場には出回っていません。本物かどうか、確認するほうが良いでしょう。

石の特徴・効能 ✦ 心の奥に隠していた願望を引き出す ✦

霊的な力で感情を鎮静させ、自己啓発を促す力を持っている石です。ネガティブなエネルギー、特に他人に対する不満や怒り、批判や嫉妬など自分のエゴから生まれる感情を抑制し、冷静さと客観的視点を与えてくれます。その激しい感情がどこから出てくるものなのかを考えさせ、本当は自分自身に原因があることに気づかせてくれるのです。隣人は自分の鏡であることを悟らせ、自分の何に問題があるのか教えてくれます。トラウマを癒し、心の奥に隠していた願望を引き出します。自己実現のために、意識を向上させ、新しい可能性を見いだしてくれるでしょう。そしてさらに成長するようにサポートしてくれます。

ストレスを鎮め、安眠効果もあると言われます。

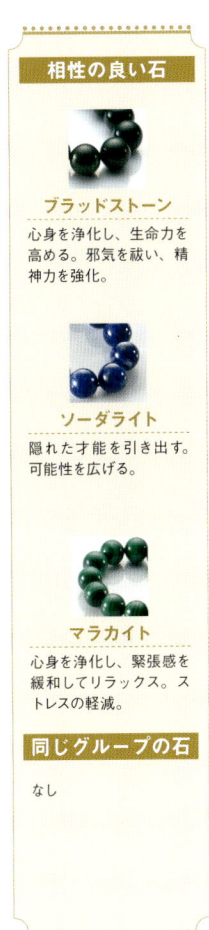

相性の良い石

ブラッドストーン
心身を浄化し、生命力を高める。邪気を祓い、精神力を強化。

ソーダライト
隠れた才能を引き出す。可能性を広げる。

マラカイト
心身を浄化し、緊張感を緩和してリラックス。ストレスの軽減。

同じグループの石
なし

✦ 埋もれた能力を引き出す

【幻影水晶（げんえいすいしょう）】
ファントムクォーツ

石の言葉　「学習能力向上、魂の記憶」

- **主な産地**　ブラジル、マダガスカル、中国など
- **硬度**　7　　**結晶**　六方晶系（三方晶系）
- **成分**　SiO_2
- **【効果的な使い方】**　ブレスレット、ペンダント、原石
- **【処理の有無】**　特になし
- **【取り扱いの注意】**　特になし

石のいわれ ✦ 結晶の成長を伝える ✦

　ファントム（phantom）の意味は、幻影、幻想、映像、幽霊、化身、心象などいくつかあり、この水晶につけられたファントムは「幻影」という意味。内部をよく見ると、幾重もの山形が浮かんで見えます。山の幻影を思わせるこの年輪模様は、水晶が成長する過程で一旦止まり、ときを経てから成長した痕跡だと言われます。それゆえ、人生において障害にぶつかった際、それを乗り越えて成長できる力を与えるとされています。日本でもこの水晶は「山入り水晶」と古くから親しまれ、幻影が富士山の形に似たものは、縁起が良いと珍重されてきました。内包鉱物の成分によりイエロー、グリーン、ホワイト、レッドのファントム層となり幻想的な模様を見せてくれます。

石の特徴・効能 ✦ 自分自身を理解できる ✦

　人の中に眠っている優れた才能を発揮し、意外な自分が内在することに気づきを与えるといわれています。今までよくわからなかった自分の本当の姿が見えてきて、バラバラだった自分のイメージが次第に整理されてくるのです。自分自身を理解できるようになると、生きることへの自信と勇気が湧いてきます。

　そして、もうひとつの素晴らしいパワーは、知的レベルの高い人を引き寄せる力です。あなたが本来の能力に気づき努力を続けると、それをサポートしてくれる知的レベルの高い人々が集ってきます。嬉しいのはこの力が勉強、ビジネス、スポーツ、芸術、芸能等、あらゆる分野で発揮されること。あなたの向上心と力強いサポートで大きく前進するでしょう。

相性の良い石

ルチルクォーツ
金運と財運を高める石。気力、活力、集中力を強化する。

ブラックトルマリンインクォーツ
営業や交渉など、対外的な仕事をサポートしてくれる。勝負運をアップ。

モリオン（ケアンゴーム）
魔除けの石として最大級の効果。邪気を祓い、不幸を寄せつけない。

同じグループの石
- ガーデンファントムクォーツ
- グリーンファントムクォーツ
- ブラウンファントムクォーツ
- リチウムファントムクォーツ

chapter.4 ✦ パワーストーンのデータベース

✦ 最上級の波動を持つ勝者の石

【フェナス石（ふぇなすせき）】
フェナカイト（フェナサイト）

石の言葉　「変身、内面との対話」

主な産地　ロシア、ミャンマー、ブラジル、マダガスカルなど
硬度　7.5 〜 8　　**結晶**　三方晶系
成分　Be_2SiO_4

【効果的な使い方】ペンダント、ブレスレット、原石
【処理の有無】特になし
【取り扱いの注意】特になし

石のいわれ　✦ 名前の由来に反するパワー ✦

　花崗岩質の火成岩中に作られるベリリウムを含むケイ酸塩鉱物で、1883年にロシア、ウラル地方のエメラルド鉱山から発見されました。産出量が少ない鉱物で、無色、黄色、ピンク、淡い赤色などに発色し、ガラス光沢を持ちます。限られた条件下でしか生成されない透明度の高い結晶は非常に貴重で高価です。とても高いバイブレーションを放つ石なので、アクセサリーの他にも原石やタンブルで用いられます。鉱物名は結晶が水晶やトパーズに非常に似ているため、ギリシャ語で「騙す、欺く」を意味する言葉から名付けられました。石の持つ力は名前のマイナスイメージとは正反対で、潜在能力を開き、互いに高め、勝利のエネルギーを授けると言われます。

石の特徴・効能　✦ 意識を高次の世界にアクセスさせる ✦

　これまで発見された石の中でも最上級の波動を持つ石のひとつで、アメリカの有名なパワーストーン研究家が「アゼツライト」と同等の強い力を持つと紹介しています。魂と霊的な波動を浄化し、意識を高次の世界にアクセスする力を持つ、ニューエイジのパワーストーンです。第8チャクラをはじめ全てのチャクラに作用しますが、直観力を高める眉間の第6チャクラと、頭頂部の第7チャクラを活性化させることで深い覚醒を促します。瞑想に用いると、内的なイメージを確認する旅へ誘われるでしょう。無限の可能性を意識に伝え、あらゆる行動の勝利者となるような万能感を得ることができ、次のステップへ進むために必要な智慧と勇気を与えると言われています。

相性の良い石

アゼツライト
マイナスの波動を消し去り、輝く魅力を与える。

ダンビュライト
意識の中に存在する矛盾を消し、明るさを取り戻す。

ペタライト
心の重荷を優しく取り去り、生きている意味を知らせる。

同じグループの石
なし

✦ さらなる成長のために自己変革を促す

【板チタン石入り水晶（いたちたんせきいりすいしょう）】
プラチナクォーツ（ブルッカイトインクォーツ）

石の言葉	「仕事運、成長」
主な産地	ブラジル、パキスタン、アメリカ
硬度	7
結晶	六方晶系（三方晶系）
成分	SiO_2+TiO_2

【効果的な使い方】ブレスレット、ペンダント、原石
【処理の有無】特になし
【取り扱いの注意】特になし

石のいわれ　✦ 奇跡的条件が生む珍しい鉱物 ✦

　プラチナのような金属光沢を持つ「ブルッカイト（板チタン石）」を内包した水晶で、水晶に入り込んだチタンが地熱の低い環境でブルッカイトになり、その後の地熱の上昇によりブルッカイトを基盤とした針状のルチルへと変化した非常に珍しい成長過程を辿る鉱物です。ブルッカイトからルチルが結晶する様子を確認できる貴重な鉱物で産出量も少ないため、「奇跡の鉱物」と呼ばれています。繊細で美しいプラチナの火花が散るようなルチルは圧巻です。その中でも彩りが変化するキャッツアイ効果を持つものの存在感は格別。シルバールチルと混同されやすいのですが、結晶過程における地殻変動の激しさから、エネルギー面において大きな違いがあります。

石の特徴・効能　✦ ワンランク上へと押し上げるパワー ✦

　厳しい環境下で変化を遂げてきたこの石は、自己成長の象徴で、過去の自分を刷新する力が宿っています。これまでの生き方に行き詰まりを感じているときなど、この石に惹き付けられるかもしれません。ただステージが上がるというのではなく、大きく変貌しながらワンランク上に押し上げてくれるパワーを持っています。変化を怖れる臆病さを払拭し、欠点を克服して、変化を受け入れる心の強さも養ってくれるでしょう。また、環境の変化に対応する柔軟さも与えてくれます。進学や転職の際に身に付けていると心強いはず。
　高次なレベルでのインスピレーションをもたらし、人生の重要ポイントで、最善の判断を授け、羅針盤となってくれる石です。

相性の良い石

ルチルクォーツ
精神的、物質的豊かさへの道を示し、成功へ導く。

セラフィナイト
心身と魂を休息させ、エネルギーのフィールドを広げる。高い感受性を与える。

ファントムクォーツ
人生に不可欠な休息の時間を授け、次のステージへ成長を促す。

同じグループの石

- アナターゼ
- イルメナイト
- ルチルクォーツ

chapter.4 ✦ パワーストーンのデータベース

✦ 清らかに包みこむ穏やかな愛
【葉長石（ようちょうせき）】
ペタライト

石の言葉　「癒し、天使の領域」

主な産地	ブラジル、ミャンマー、オーストラリアなど
硬度	6.5
結晶	単斜晶系
成分	$LiAlSi_4O_{10}$

【効果的な使い方】 ブレスレット、ペンダント、原石
【処理の有無】 一部含浸処理
【取り扱いの注意】 一定方向に割れやすい

石のいわれ　✦「葉」を意味する名前 ✦

　リチウム、アルミニウム、ナトリウム、ケイ酸塩からなる鉱物でリチウム発見の鍵となった鉱物として有名です。名称は結晶が薄い葉片状に割れることからギリシャ語で「葉」を意味する「petalon」に由来。和名は「葉長石」ですが、長石グループには属しません。ガラス光沢を放つ美しい石ですが縦方向に完全に劈開する性質を持ち、ほとんどが繊維状の塊結晶で産出されます。透明度の高い原石はカットにより輝きが増し、稀少価値の高いジュエリーとして扱われます。無色、ピンク、黄色、青灰色、オレンジなど様々な色があり、産地も世界各地に分布。日本では福岡県などで産出されます。近年、ミャンマーでゴールドに輝くペタライトが発見され、話題になりました。

石の特徴・効能　✦ 天使の石とも呼ばれる高次な波動 ✦

　精神を穏やかにする治療薬として使われるリチウム。その発見に貢献したこの石にも、深いヒーリング効果があります。高く純粋な波動によって、持ち主の意識を上昇させ、天国のように清らかで平穏な精神をもたらすことから「天使の石」とも呼ばれます。心の奥に消せない恐怖心がある場合、まずその暗いエネルギーの原因を払拭。過去の悲しい経験やトラウマを解消し、心身の重荷を下ろしてくれます。クリアに浄化された精神は、魂と意識を神聖な次元へと高めてくれるでしょう。
　第8チャクラ及びあらゆるチャクラに働きかけますが、特にハートの第4、眉間にある第6、頭頂部の第7チャクラに強く作用し、霊性を高めサイキックな能力を授けると言われます。

相性の良い石

アゼツライト
自然、宇宙からメッセージを受ける能力を高める。

フェナカイト
心の迷いや重荷が消えて、自分の使命に基づく行動へと促す。

ペリステライト
閉塞感から脱し、清々しい気持ちで愛の幸せを受け入れるように変える。

同じグループの石

・ピンクペタライト

✦ 指導者の才能を生む

【緑柱石（りょくちゅうせき）】
ベリル

石の言葉	「耐える愛、永遠の若さ」

主な産地	ブラジル、パキスタン、マダガスカルなど
硬度	7.5〜8
結晶	六方晶系
成分	$Be_3Al_2[SiO_{18}]$

【効果的な使い方】リング、ブレスレット、ペンダント、原石
【処理の有無】一部加熱処理、一部照射処理
【取り扱いの注意】日光で褪色、衝撃に弱い

石のいわれ ✦ 温もりを感じる多彩な石 ✦

　ベリルはベリリウムを含む鉱物グループの総称。透明、半透明のガラス光沢があり、主に無色から淡青色の鉱物ですが、含まれる成分で次のように分類されます。「アクアマリン」の水色は鉄分、「エメラルド」の緑色はクロム・バナジウム、「モルガナイト」のピンク「レッドベリル」の赤色はマンガン、「ヘリオドール」の黄色から薄緑は鉄と酸化ウラン、「ゴシェナイト」の無色はアルミニウムなど、混入する成分によって様々な色に発色します。透明度の高いものは宝石としての価値も高く、ベリルから発見された卑金属のベリリウムは合金の硬化剤や宇宙望遠鏡の鏡など、航空宇宙産業、粒子物理学の世界で用いられ、その発展を支えています。

石の特徴・効能 ✦ カリスマ性を備える ✦

　柔らかく光を反射する優美な石ですが、そのパワーはとても力強いものです。この鉱物に属する「アクアマリン」「エメラルド」といった高いエナジーを持つ仲間を見れば、その懐の深さがわかるでしょう。後ろ向きな思考や感情を排除し、前に進む勇気と強い意志を授けてくれます。直感力・洞察力を高める力が強く、本来すべきことに気づかせてくれます。さらに行動力を与え、その目的に突き進むようにサポート。それに伴う信頼性、カリスマ性をも生み出します。すぐれた指導者、リーダー、先駆者などという地位へ導き、富と名誉を与え、保持させるようにします。
　それぞれの石の協調性が素晴らしい「ミックスベリル」は、愛、癒し、希望、勇気など、石たちが絶妙なエネルギーを生み出します。

相性の良い石

アイオライト
リスタートを応援する。生まれ変わったように生きていく人をサポート。

アメシスト
深い精神性を養い、他人の不安や悩みを理解させ、解決へ導く。

ロッククリスタル
心の中に蓄積されたマイナスのエネルギーを消し、優しさを生む。

同じグループの石

・アクアマリン
・エメラルド
・ゴールデンベリル
・ゴシェナイト
・モルガナイト
・ヘリオドール
・レッドベリル

✦ なりたい自分に変わる喜び

【菱苦土石（りょうくどせき）】
マグネサイト

石の言葉	「純粋な血筋、無垢」

主な産地	ブラジル、オーストラリア、中国
硬　度	3.5～4.5
結　晶	六方晶系（三方晶系）
成　分	$Mg(CO_3)$

【効果的な使い方】ブレスレット、タンブル、丸玉
【処理の有無】一部着色処理
【取り扱いの注意】一定方向に割れやすい

石のいわれ ✦ 染色してイミテーションに用いられる ✦

「カルサイト（方解石）」グループの一種で、マグネシウムを豊富に含む鉱物。石灰岩がマグネシウムを含む水の作用を受けて変化する等、様々な原因により生成されます。ごく稀に透明な菱面体（りょうめんたい）の形に結晶します。「ハウライト」と見た目がそっくりなことから、いつの間にか産出量が多く安価なこの石が「ハウライト」として長く流通。「ハウライト」の産出量が減り、貴重になったことから、現在では正しい鉱物名「マグネサイト」が徐々に定着しつつあります。ハウライトもマグネサイトも市場に出回るものの多くは白色で灰色の縞模様が入り、自然な風合いが好まれます。また、染色されて「ターコイズ」や「ラピスラズリ」のイミテーションとして用いられます。

石の特徴・効能 ✦ 心穏やかな状態になれる ✦

純粋を象徴する真っ白なパワーを秘めています。この石特有の他の石へと変化を遂げたり、どんな色にも染まる性質は、なりたいように自由に変化できる力を与えてくれます。また、染まるべき対象には馴染みますが、自分に合わないものは跳ね返す強さも授けます。素朴でピュアな力でネガティブな感情を鎮め、精神を安定させて前向きにしてくれます。利己的な感情を抑え心穏やかな状態で人と接することができるようになりますから、対人関係が苦手な人に自信を与えます。主成分であるマグネシウムには細胞を活性化させる作用があり、慢性的な疲労を抱えている人の健康のお守りとしても期待できます。

相性の良い石

ラピスラズリ
対人関係の不安を消し、自信と勇気を与える。他人を介して幸せが訪れる。

チャロアイト
精神が安定し肉体も思考も活性化、柔軟な対応ができる。

フェナカイト
他人の欠点を気にせず、長所を客観的に判断し交際できるようになる。

同じグループの石

・ガスペイト
・カルサイト
・シデライト
・ドロマイト

✦ 頑張りすぎて疲れてしまう人に

【乳石英（にゅうせきえい）】
ミルキークォーツ

石の言葉	「母性愛、旅のお守り」
主な産地	ブラジル、マダガスカルなど
硬度	7
結晶	六方晶系
成分	SiO_2
【効果的な使い方】	ブレスレット、丸玉、原石、ペンダント
【処理の有無】	特になし
【取り扱いの注意】	特になし

石のいわれ　✦ 内面から浮かぶ優しい白さ ✦

　結晶内部に微細な粒状の酸化アルミニウムが混在し、不透明または半透明の乳白色に見える石英で、結晶の奥から浮かび上がる透明感のあるミルク色が優しい印象です。石によっては、内包するルチル（金紅石）などの針状結晶に光が反射する、キャッツアイ効果や、光る条線がクロスし4条か6条に輝くアステリズム（星彩効果）と呼ばれる光を示すものも。透明度の高いものは「ムーンクォーツ」と呼ばれ、長石グループの「ムーンストーン」によく似た女性的なエネルギーを放ちます。

　マダガスカル産のミルキークォーツは、現地の言葉で「オパールのように輝く石英」という意味の「ジラソルクォーツ」と呼ばれています。

石の特徴・効能　✦ 調和の作用で心身を安定させる ✦

　いたわり、慈しむ深い愛ですべてを受容する優しい波動に満ちています。調和の作用で、乱れた心身を安定させ、短絡的な思考になってしまった人に心のゆとりを与えてくれます。感受性を豊かにし、他人に対する思いやりが持てるようにもなるはず。また、過去の痛みに働きかけ、原因をつきとめ修復する力があり、自分自身の価値を認め、愛情を豊かに表現できるようサポートし、素直に他人に甘える無邪気さも必要だと気づかせてくれます。

　古くから子どものお守りとしても知られており、不慮の事故から守り、豊かな感性を育てると言われています。

相性の良い石

エメラルド
人生の転換期に一歩を踏み出す勇気を与える。心身の癒し。

ラリマー
うまく愛情を表現できない人におすすめ。愛する人と意志を通じ合わせる。

ブラックオニクス
邪気を祓う。感情の起伏を抑え、精神的に安定する。

同じグループの石
・ジラソルクォーツ
・スノークォーツ

chapter.4 ✦ パワーストーンのデータベース

✦ 本来の自分へと導く変容の石

【石英（せきえい）】
メタモルフォーゼスクォーツ

石の言葉　「変革、幸福」

主な産地	ブラジル
硬度	7
結晶	六方晶系
成分	SiO_2

【効果的な使い方】ブレスレット、ペンダント、原石
【処理の有無】特になし
【取り扱いの注意】特になし

石のいわれ　✦ 変容、変革の石 ✦

　有名なクリスタルヒーラーで鉱物学者であるメロディー女史に命名され、知られるようになった水晶です。
　ブラジル・ミナスジェライス州ディアマンティーナの限られた鉱山で産出され、原石は透明や乳白色から白っぽいピンクの優しい色合いでミルキークォーツに似た高い透明度と輝きをもつ石英です。酸化アルミニウム、ニッケル、バリウムなどを内包、ガンマ線を照射するとブラックダイアモンドのように漆黒に輝きます。さらに300℃の熱を加えると神秘的なグリーンゴールド色のオウロヴェルデクォーツに変化するのが特徴で、その劇的な変貌から「変容・変革の石」と言われています。産出量が年々減っている貴重な水晶です。

石の特徴・効能　✦ 真実の姿への旅立ち ✦

　「変容・変革」を促す石で、真実の姿に変わり、果たすべき使命、真理に気づくように導きます。現在の生き方、時代の流れに追いつこうと焦る心に違和感があり、行き詰まりを感じている人の手を優しく引き、魂が求める方向へと案内します。今の自分を変える勇気と、人生の岐路において適正に判断できる力と決断力を与えてくれるでしょう。ネガティブな気分をポジティブに転換し、未来に希望を持つことができます。また変革期をスムーズにし、苦痛や不安、苦労を和らげてくれる働きもあり、あらゆる面から自分を変えたいという持ち主の気持ちをサポートし、次のステージへ導いてくれるでしょう。

相性の良い石

モルダバイト
宇宙的なインスピレーションでカルマを浄化する。上級者向けの組み合わせ。

クンツァイト
自分自身の変革を力強くサポート。自分の可能性を広げる。

アゼツライト
魂の成長を促す。本来の自分らしい生き方に軌道修正する。

同じグループの石

・オウロヴェルデクォーツ

✦ 美しい未来への架け橋

【虹入り水晶（にじいりすいしょう）】
レインボークォーツ

石の言葉　「希望、ポジティブ」

主な産地	ブラジル、インド、ネパール、アメリカ
硬度	7
結晶	六方晶系（三方晶系）
成分	SiO_2

【効果的な使い方】　丸玉、原石、ブレスレット、ペンダント
【処理の有無】　特になし
【取り扱いの注意】　特になし

石のいわれ　✦ 光の変化であらわれる虹の道 ✦

　虹色の光が現れる水晶を「レインボークォーツ」「アイリスクォーツ」と呼んでいます。水晶の生成過程で地殻などの変動により、急激に強い外圧や温度の変化が加わり、水晶に歪みや亀裂ができることで、本来の直線的な光の道に変化が起こり、屈折率に部分的な影響が生じ、虹色のスペクトルを発生させていると考えられています。内面の変化や周りの影響や障害を克服し、希望あふれる未来を迎えるエネルギーに満ちた石とされています。近年、インドで光の干渉作用で結晶の錘面や柱面などに虹色が映し出されるイリデッセンス効果により表面に虹が浮かぶ新しい水晶が見つかり話題となっています。

石の特徴・効能　✦ 愛や夢、願い事の成就 ✦

　「虹は愛の架け橋」と言うように、愛の成就を暗示しています。しかもレインボーという光は、無色透明な光のスペクトルですから、その収束はまさに「調和」と「安定」を意味しているのです。恋愛、結婚、就職といった人生の転換期にかかわる準備が整いつつある人のそばにやって来て、その成就を側面からバックアップしてくれる頼もしい石なのです。また嬉しいことに、夢や願い事を叶えてくれるパワーもあります。

　もしあなたがこの石に強く惹かれるなら、それはきっと恋愛や結婚、就職などの転機や夢が今、良い動きをはじめている暗示と考えてください。そのサポート役として、レインボークォーツを身近に置いておくと、きっと幸運が訪れるはずです。

相性の良い石

オーラクォーツ
困難に立ち向かう勇気を与え、自信に満ちた華やかな印象に。

カーネリアン
チャレンジ精神を高め、可能性を広げる。目的を達成させる。

レピドクロサイトインクォーツ
目標を成し遂げる信念を養い、未来への夢を大きく育てる。

同じグループの石

・アイリスクォーツ
・イリデッセンスクォーツ

chapter.4 ✦ パワーストーンのデータベース

✦ 確固たる信念を持って自己を貫徹
【鱗鉄鉱入り水晶（りんてっこういりすいしょう）】
レピドクロサイトインクォーツ

石の言葉　「確固たる思い、信念」

- **主な産地**　マダガスカル、ブラジル、スペイン、ナミビアなど
- **硬度**　7
- **結晶**　六方晶系（三方晶系）
- **成分**　SiO_2（内包物は $FeO(OH)$）

【効果的な使い方】ブレスレット、ペンダント、ポイント
【処理の有無】特になし
【取り扱いの注意】特になし

石のいわれ　✦ 透明な水晶に赤い破片が光る ✦

　鉄を主成分とする「レピドクロサイト（鱗鉄鉱）」が、水晶の内部に鱗状、または針状にインクルージョンしたもので真紅や赤褐色が代表的です。透明な水晶の中に赤い破片がキラキラと輝く様子から「レッドエレスチャルクォーツ」「ハーレクインクォーツ」とも呼ばれています。同質異像鉱物の「ゲーサイト（針鉄鉱）」などと共存する場合が多く、ピンク色から赤褐色、銀色、黒色に輝くものがあり、語源はギリシャ語で「鱗」を意味する「lepidos」と、「繊維」を意味する「kroke」に由来します。全体が苺のようにピンクがかった「ストロベリークォーツ」も同じ仲間。近年では、稀少価値の高さから模造ガラスの偽物も出回っているので注意が必要です。

石の特徴・効能　✦ 信念を固め突き進める ✦

　「ストロベリークォーツ」と姉妹のような石ですが、こちらのほうがより強く「自分」を持ち、信念を貫こうとする力を秘めています。直感力、洞察力、決断力を高め、持ち主に自己の本質を見極めさせます。信念を固めるように促し、固定観念や周囲の雑念などに動揺せずに突き進んでいけるように応援。ネガティブなものを撥ね退けるタフな精神力を培います。「我が道を行く！」と意志を貫徹する姿は堂々とした風格をもたらすはず。知らないうちに人々を引き付けるオーラも身にまとっていることでしょう。消極的な人や自分に自信を持てない人におすすめです。恋愛面では愛を告白する勇気を与えてくれるでしょう。

相性の良い石

クンツァイト
周りの環境から知識を得る感性を高め、霊感を目覚めさせる。

ベリル
自分本来の核が強固になる。自分の意見を明確に伝える能力を磨く。

ルチルクォーツ
自分の意志を貫くための信念を育てる。財運、仕事運を高める。

同じグループの石
- ストロベリークォーツ
- ハーレクインクォーツ
- ファイアークォーツ

✦ 万能のパワーストーン

【水晶（すいしょう）】
ロッククリスタル（クォーツ）

石の言葉　「浄化、癒し」

主な産地	ブラジル、アメリカ、インドなど世界各地
硬度	7
結晶	六方晶系（三方晶系）
成分	SiO_2

【効果的な使い方】ポイント、原石、ブレスレット、丸玉
【処理の有無】特になし
【取り扱いの注意】丸玉は直射日光を避ける（発火の恐れあり）

石のいわれ　✦ 最もメジャーで奥深い守護石 ✦

一般的に二酸化ケイ素で形成されている「クォーツ（石英）」の中でも、無色透明なものを「ロッククリスタル（水晶）」と呼びます。昔から世界各地で採掘され、パワーストーンの中で最もメジャーな存在の水晶は読んでその字のごとく「水の結晶」、すなわち「氷」を意味し「クリスタル」の語源もギリシャ語で「氷」を意味します。かつて日本では水の精霊が宿る「水精」と呼ばれた時代もありました。水晶は太古の昔から世界中で祈祷や儀式を司る道具、高い地位を象徴する装飾品、守護石として大切にされてきました。また、科学的な特徴として、一定の電圧をかけると安定した震動を発生することから、精密機械などにも使用され、社会の発展も支える万能の鉱物です。

石の特徴・効能　✦ 多岐にわたるパワー ✦

一言で水晶のパワーを語るのは難しく、仕事運、健康運、金運、恋愛運や結婚運など、その能力は実に多彩です。ただ、すべてに共通することは素晴らしい浄化と調整の作用で、肉体的には細胞を活性化し免疫力、治癒力と生命力をアップ、精神面ではストレスを軽減し情緒を安定させる強く清らかなエネルギーを持つということです。協調と保護の波動を放つ水晶は、穏やかな性質で持つ人を選ばず、インテリアからアクセサリーまで全てに使えます。どんな石とも相性が良く、組み合わせることで相乗効果を発揮。願望成就、厄祓い、守護、開運、出世、魔除けの力などに加え、霊的な領域に働きかけスピリチュアルな能力を高めるなど、まさに「万能の石」なのです。

相性の良い石

アメシスト
心身の疲れをいやし、精神的な安定をもたらす。恋人や家族との関係を良好にする。

ラピスラズリ
潜在的な問題を克服させ、本当の意味での幸せに導く。

ローズクォーツ
運気を整え、愛の幸せが訪れる。悪意を持つ人が自然に遠ざかる。

同じグループの石

・アメシスト
・ガネッシュヒマールクォーツ
・スモーキークォーツ
・ファントムクォーツ
・レインボークォーツ

その他の水晶

パワーストーンの代表的存在の水晶。
産地、形状、中に含まれる内包物によって、
さまざまな種類に分類され、
名前もそれぞれ違っています。
広く深い水晶の世界。
形状の違う種類を集めてみました。

01 ✦ アイリス（レインボウ）

　生成過程において鉱床内で圧力や温度の変化が加わり、結晶内部に歪みや亀裂が生じ、本来の光の屈折率が変化し虹色のスペクトルを放つ水晶です。虹の橋を渡り地上に舞い降り、神々の言葉を伝えるギリシャ神話の女神にちなみ「アイリスクォーツ」と名付けられました。夢を叶える架け橋と言われる虹は調和と安定を意味し、恋愛、結婚、就職など人生の転機にある人をバックアップする頼もしい石です。また、心を癒し、あらゆる夢を叶えるパワーがあると言われます。

02 ✦ ウィンドウ

　結晶上部の錐面と柱面の間に左右対称の菱形（ダイヤ形）の窓を持つ水晶を「ウィンドウ（窓）」と呼びます。異次元と繋がる「ウィンドウ」を通して、高次元から低次元まで自分自身が気づいていない内面深くまで理解することができると言われています。本来の自分の姿が潜在能力までわかるようになるので、人生の方向性に迷っている時、自分自身の存在意義について悩んでいる時などにバランスの取れた判断力を授け、希望に満ちた未来へと導きます。

03 ✦ エレスチャル

　複数の結晶が重なり合う水晶を「骸晶（骸骨水晶）」と呼びます。「エレスチャル」も骸晶の一種で、通常より長い歳月をかけ成長した「水晶の最終形態」と言われていますが、鉱床の変化と濃度の高い鉱液の影響を受け、部分的に異なる成長を遂げたためこのような形状になったと考えられています。異なる世界の存在と繋がり、時空、次元を超えた智慧を受け取る能力を養い、内面の成長を促すと言われます。ごく稀に結晶内の空間に太古の水や気体が閉じ込められた貴重な結晶がみつかります。

04 ✦ カテドラル

　たくさんの水晶が何層にも階段状に連なり成長した水晶を「カテドラル（大聖堂水晶）」と呼びます。「カテドラルライブラリー（神の知識の図書館）」とも呼ばれ、多次元の情報、知識、宇宙の全ての現象をあらかじめ記憶する「アカシックレコード」にアクセスする力があると言われています。宇宙的なバイブレーションが強く、高い智慧を授ける石とされますが、人間関係の絆を深め、グループワークを成功させるなどの現実的な面でも力を発揮します。

05 ✦ キャンドル

　白い小さな水晶が表面に結晶し、まるでろうそくが溶けだしたように見える水晶を「キャンドルクォーツ」と呼びます。結晶の表面を別の水晶が覆い、小さな結晶の頭部が多数、同じ方向に成長しています。キャンドルの炎のように柔らかく清らかで温かいエネルギーで、全身に安堵感が広がるのを感じます。絶望や不安、ストレスなどを消し、心身の緊張を優しく解きほぐし、心を豊かにしてくれます。

chapter.4 ✦ パワーストーンのデータベース

06 ✦ クラスター

　複数の単結晶が母岩を共有し並び立つ結晶の集合体を「クラスター（群晶）」と呼びます。平和と調和をもたらす浄化能力があると言われ、古代から宗教的な儀式などに用いられてきました。結晶が共鳴し増幅する強力な浄化力で、ネガティブな波動を排除するため、天然石の浄化やパワーチャージに利用されます。浄化以外にも、物事を調整し協調させる力に長けているため、淀んだエネルギーを感じる場所に置くと、環境や人間関係を調和し、安らぎを感じる新たな出会いをもたらします。

07 ✦ ジャパニーズローツイン

　二つの結晶が約85度（84度33分）の角度で結合するハート型の水晶です。日本で最初に発見されたため「ジャパニーズローツイン（日本式双晶）」と名付けられました。「夫婦水晶」という愛称もあり、西洋では「バタフライ・ツイン」と呼ばれます。心臓の位置にある第4（ハート）チャクラに優しく働き、心身を調和、安定させて、自己中心的な考えに偏っている自分に気づかせ、思いやりのある人間性、協調性を回復してくれます。

08 ✦ セプター

　成長過程において大小二つの結晶が結合しキノコのような形状となった水晶を「セプタークォーツ（王笏水晶）」と呼びます。セプターとは上部に飾りがついた地位や権威を象徴する杖のことで、日本ではその形状から「冠水晶」、「松茸水晶」とも呼ばれます。深い思考力、分析力を引き出し、的確な判断力を与えます。また、全体を把握し、組織をまとめるリーダーとしての資質を高めると言われます。この水晶を豊穣、繁栄のお守りとして大切にしている地域もあります。

09 ✦ セルフヒールド

　地殻変動などの外的要因で折れてしまった結晶を再び鉱液が覆い、まるで折れた断面の傷を修復するように新しい結晶が再結晶している水晶を「セルフヒールド」と呼びます。成長に必要な環境が奇跡的に整ったことで、断面に無数の結晶が生まれ、再び力強く成長しているのが特徴で、自己再生、修復を象徴する水晶です。セルフヒールドは深く強力な保護と修復のエネルギーで内面に働きかけ、新たな視点や才能を目覚めさせ、再生、復活、成長を助ける水晶です。

10 ✦ タイムリンク

　錐面と柱面の間に平行四辺形のウィンドウを持つ水晶を「タイムリンク」と呼びます。平行四辺形が左に傾斜するものはパストタイムリンク（過去）、右に傾斜するものはフューチャータイムリンク（未来）と呼ばれ、異なる時空へ導き、それぞれの意識と繋がると言われます。未来へリンクするものは、将来の自分から重要なメッセージを受信することができ、過去へリンクするものは記憶や思い出から知識を得て、過去のトラウマなどを解消します。ちなみにどちらにも傾いていないものは「ウィンドウ」に分類されます。

11 ✦ ダブルターミネーテッド (DT)

　結晶の両端がポイントになっている水晶を「ダブルターミネーテッド（両剣／両頭水晶）」と呼びます。地質的な障害をあまり受けず生成できたため、母岩から伸びる形でなく両端が水晶本来のポイントの形に結晶しました。精神、身体、感情、意識などのバランスを統合、調整し、二つのポイントからネガティブな気を取り込み、美しく輝く波動に浄化し放出します。心の奥に潜むマイナスの感情を消し、感性を高めるとともに、周囲をとりまく邪気を清らかに調整します。

12 ✦ トライゴーニック

　ファセット面に尖った結晶の先端方向とは逆の下向き三角形▽の窪みが無数に刻まれた蝕像水晶を「トライゴーニック」と呼びます。「レコードキーパー」より珍しく、とても貴重ですが、この水晶を必要とする持ち主の意識に働きかけ、その人の元へ現れる水晶です。強い霊的なエネルギーを持ち、逆三角形の窪みには大いなる宇宙の真理が刻まれ、魂を現世から霊界へ運ぶガイドとなり、さらに遥かな未来へと導いて意識の変容を促すと言われます。

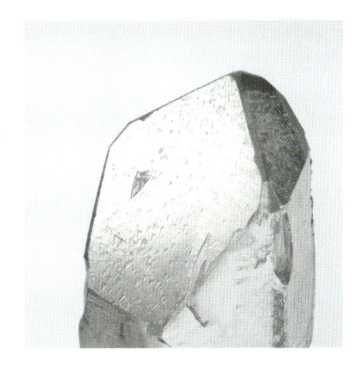

13 ✦ ファーデン

　ドイツ語で「糸」という意味を持ち、結晶内に白い糸状の模様を持つ平行連晶の板状水晶を「ファーデン」と呼びます。鉱床が過飽和状態の中、何らかの衝撃で筋状の白い泡が発生、そこを核として板状に成長し、中心に糸のように見える泡が残されたと考えられています。再生と復活の象徴と言われ、心の奥の痛みや喪失感を消し、本来の優しさを取り戻すパワーがあります。恋愛面でも効果を発揮、失恋のショックを和らげ、新しい恋を求める気持ちを高めます。また別れた恋人との関係を修復する、復活愛の力もあります。

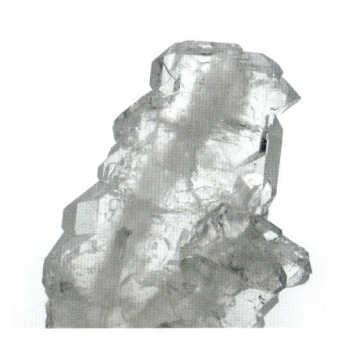

14 ✦ ライトニング（サンダーストーン）

　地中に成長した水晶に砂岩の層を通して落雷のエネルギーが伝わったものを「ライトニング（サンダーストーン）」、通称、カミナリ水晶と呼びます。激しい稲妻の電流で水晶が高熱になり表面が溶かされ、磨りガラス状に変化したり、電流の走った跡が残る大変珍しい水晶です。天上からのエネルギーを受けて変容したこの石は、自然の叡智を宿し、魂の奥に刻まれた記憶を思い出させ、知識として蓄え、内面に抱える痛みさえも人間的な深みに変えると言われます。

15 ✦ レーザー

　直線状の細長い結晶で、ファセット部分までの柱面が長く、先端にいくほど細くなっている水晶を「レーザー」と呼びます。安定した環境で永い時間をかけ成長したため、内包物が少なく、硬いため叩くと澄んだ音がします。特に音色が清らかな水晶は「シンギングレーザー」と言います。自然が創り出す細長い結晶は強い浄化の力があり、魔力を放つ「レーザーワンド（杖）」と呼ばれ、高いエネルギーでプラスのエネルギーを増幅し、乱れた波動を断つ聖なるツールです。

16 ✦ レコードキーパー

　ファセット面に小さな三角形の成長丘が浮き出た水晶がごく稀に見つかります。これは太古からの記憶を保管する特別な水晶として「レコードキーパー」と呼ばれます。高度な文明が発展した古代に栄えた幻のアトランティス文明の智慧が刻まれる石とされ、点在する無数の三角形は古代文明とつながる情報の扉と言われます。自己の本質を知る叡智と正邪を見抜く眼を授け、人生の岐路において賢明な判断を下せるようになります。

17 ✦ レムリアンシード

　レムリアンリッジと呼ばれるバーコード状の条線が三つの柱面に刻まれている水晶を「レムリアンシード」と呼びます。ブラジルのセーラ・デ・カブラル鉱山で発見され、その後、ロシア・ウラル山脈やコロンビアなどでも発見されました。伝説の古代人、レムリアの民が進化させた文明の記憶が宿り、高く清らかな霊性を秘めています。アトランティス文明とも深い関わりがあると言われ、古代の情報にアクセスし、真理と繋がる力を持つと言われます。

Chapter 5

パワーストーンを
使ったセルフケア

世界の国々での石を使ったケア

さまざまなパワーがつまった石を使ってのマッサージや
ボディケアは、世界中にあります。
温めた石を使ってマッサージをしたり、
曲線を描く石でリンパや老廃物を流したり、
石の重みや硬さの特性を活かしたマッサージとなっています。

✦ ストーンマッサージ ✦

　ストーンマッサージとは、アメリカやヨーロッパが発祥のマッサージです。オイルを体になじませたあと、温めた石を使ってマッサージをして、血液循環を促し、リンパの流れをよくし、筋肉のこりをほぐします。石を手のひらや、目の上にのせて石の重みでこりをほぐしたり、じんわりと温めたりする方法もあります。

　また、温めた石と冷たい石を交互に使いマッサージをする「ラストーンセラピー」と呼ばれるマッサージが、アメリカのアリゾナ州で1990年代に考案されました。石の温度差により、さらに血流を促したり、こりをほぐし、すっきりとさせる効果があります。

　ストーンマッサージで使う石は、活火山地域から運ばれてきた、鉄分、マグネシウムを多く含んでいる火成岩、玄武岩と呼ばれる石。これらの石は、温めると冷めにくく、遠赤外線も発生させるので体を温める効果があります。ゆったりとリラックスでき、まるで温泉に入ったあとのようなポカポカした心地良さに心身が包まれるでしょう。

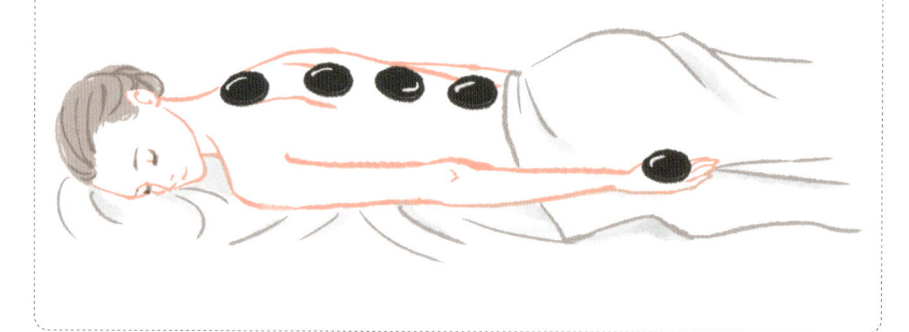

✦ 岩盤浴 ✦

　古代中国の医学書に、紀元前より前から「温石療法」という医療がおこなわれていたと記載されています。日本では、江戸時代の秋田県の玉川温泉が発祥の地とされています。地熱により温まった岩場の上に、ゴザをひいて服のまま横たわると、痛みや症状が緩和されるので、多くの人に親しまれていたとか。
　温められた天然石の上に横たわると、石からの遠赤外線によりじんわりと体の芯が温められます。そして、発汗作用があらわれて新陳代謝がよくなります。天然石の種類はさまざまで、トルマリン、北投石、玄武岩、石灰岩などが使われています。

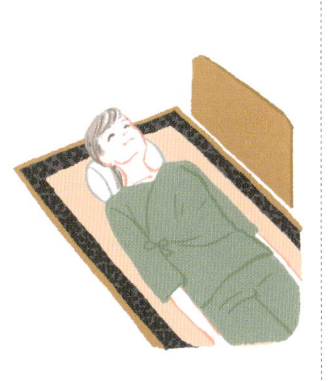

✦ かっさ ✦

　古来中国より伝わる民間療法のひとつ。水牛の角やプレートにした石を使い、経絡（気・血・水など代謝物の流れる体内の脈）、リンパの流れに沿って擦ることで、血液循環を促し、老廃物を流すことができるマッサージです。最近では、美顔マッサージのひとつとして紹介され話題になっています。
　天然石で作られたかっさプレートは、顔や体のラインに合うように優美な曲線を描いています。素材もさまざまにあるので、お好みのものを選んでください。
　顔や体にオイルをなじませてから、経絡・リンパの流れに沿って擦ります。自分自身で行なうので、気持ちがいいと思う程度で無理をしすぎないようにしましょう。

✦ チャクラストーンセラピー ✦

　体にある各チャクラに、石を置いてチャクラを活性化させていくセラピーです。
　チャクラを活性化させる方法はいくつかありますが、中でも石を使う方法が非常に有効とされています。対応している体の場所にそれぞれのチャクラと同調する波動を持つ石を置いて、リラックスするとチャクラが活性化して、体内のバランスを整えてくれます。
　チャクラが滞り、体内のバランスが崩れてくると、不調や病気などを引き起こす原因ともなります。不調を感じたらチャクラを活性化させるようにしてみましょう。

かっさマッサージのやり方

顔には、目元や眉間、口元など表情をつくるための細かい筋肉が多くあります。
それらの筋肉は、ストレスによる緊張から硬くなってしまいがち。
筋肉が硬くなると、老廃物がたまり、血流も悪くなり、
たるみ・くすみ・しわなどの原因となります。
その硬くなった筋肉を、かっさを使ってマッサージしてみましょう。
優美な曲線を描く石のプレートで、皮膚を気持ちよい程度に擦ります。
擦ることで、こりや血流をときほぐすことができるので、
穏やかに症状が改善されます。まず、オイルを顔や頭皮になじませて、
石のプレートのすべりをよくしてからそれぞれの方法のマッサージを
おこないましょう。マッサージのあとは、ゆったりと過ごしましょう。

✦ リンパかっさ ✦
(リンパの流れを促すマッサージ)

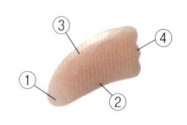

※プレートの①の部分を使います。
※事前に顔に保湿用のオイルやクリームなどをなじませて
　おきます。顔の両側を、それぞれ4～5回擦りましょう。

1 左耳の前側をあごの先に向かうように。左耳の後ろ側をあごの
　先に向かうように、それぞれ擦ります。

2 あごの左側の骨の下のくぼみの箇所を、あごの先から、左耳の
　下まで擦ります。

3 左耳の下から、左鎖骨のくぼみに向かって、擦りおろします。

4 左鎖骨のくぼみの、内側から外側へ向かって擦ります。

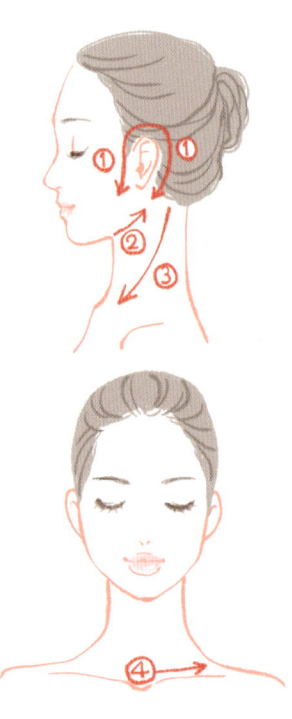

5 同様に、**1**～**4**を右側でも行います。

✦ 癒しかっさ ✦
(顔のこりを解きほぐすマッサージ)

※プレート①か③の部分を使います。
※事前に顔に保湿用のオイルやクリームなどをなじませて
　おきます。顔の両側をそれぞれ3〜4回擦りましょう。

1 眉間から額の左半分を、内側から外側に向けて擦ります。

2 鼻の左わきからこめかみ、耳の方向に向かって擦ります。

3 唇の下から、左耳に向かって擦ります。

4 同様に、**1**〜**3**を右側でも行います。

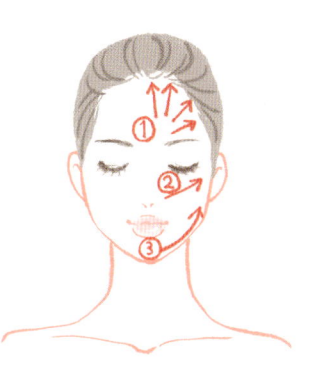

かっさプチ情報

　かっさは顔以外にも、もちろん使えます。体のこりや冷え、むくみなどが気になる部分から、心臓に向かって擦りあげます。顔と同様に、オイルを体になじませてから行いましょう。リンパの通るところ、血流が滞りやすいところである二の腕、くるぶし、ひざ裏、股関節などに使うと効果的。

　石にもこだわってみましょう。美しさと魅力を高めると言われるローズクォーツ、すべてを美しく浄化すると言われるロッククリスタル、肉体を浄化し肌の修復力をアップすると言われるアンバーなど石本来のもつパワーをうまく取り入れてマッサージをしてみると、より効果があります。

✦ 仕上げかっさ ✦
(筋肉とリンパの流れを整えるマッサージ)

※ 1 〜 3 まではプレート②の部分を使います。
※ 事前に顔に保湿用のオイルやクリームなどをなじませておきます。ゆるやかに大きく顔の両側をそれぞれ2〜3回、やさしく擦りましょう。

1 額の真ん中から、左のこめかみに向かって真横に擦ります。

2 鼻の左わきから、左耳に向かって擦ります。

3 唇の下から、左耳に向かって擦ります。

4 プレート④の部分を使い、あごの左側の骨の下のくぼみの箇所を、あごの先から、左耳の下まで擦ります。

5 プレート①か③の部分を使い、左耳の下から左鎖骨に向かって擦りおろします。

6 同様に、 1 〜 5 を右側でも行います。

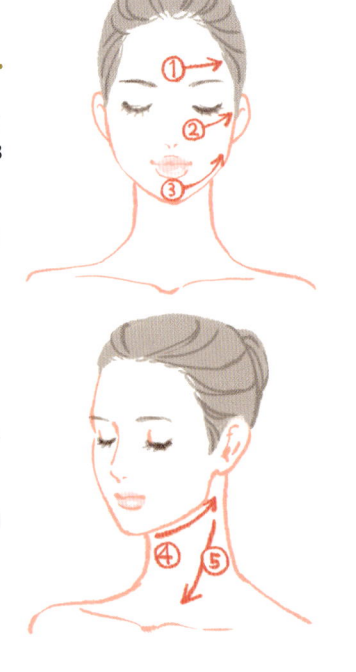

かっさのあとのケア&注意点

たっぷりと白湯を飲む！

かっさのあとは、温かい白湯をたっぷりと飲みましょう。マッサージをすると血液循環がよくなり、老廃物が腎臓へ運ばれ、ろ過されてやがて尿として体外に排出されます。腎臓へ運ばれる際に、老廃物が血液に溶けて流れるため、血液濃度が一時的にあがるので、白湯を飲み、血液濃度を下げる必要があります。

ゆったりと過ごす！

マッサージのあとは、老廃物などを体外に排出しようと血液やリンパ液などの循環がよくなっています。体がデトックスをしようとしているので、ゆったりと過ごしましょう。体質にもよりますが、マッサージのあとに運動や、ガツガツと動くともみ返しのようなことになり、だるくなることもあります。

強くやりすぎない！

「痛気持ちいい」程度で擦ります。強く擦ると、肌が赤くなり痛みを伴うことがあります。ほどほどにしましょう。また、肌に問題や異常がある場合は、使用をやめましょう。自分の体調と相談しながら、無理をせずに行うとマッサージのよい効果が出てきます。

chapter.5 ✦ パワーストーンを使ったセルフケア

美と健康に良い石たち

石たちは、美や健康にも効果的な働きをするものが
多くあります。前向きに物事を考えられるようになり、
心が活き活きとして見た目が若々しい印象になり、
アンチエイジング効果も期待できます。
中には子宝や安産のお守りになる石もあります。
また、血行を促進したり、体の部分に効果的に
働くことで、不調の改善につながることも。
症状の改善につながるとはいえ、石に依存しすぎてはいけません。
あくまでサポートをしてくれるだけと思いましょう。

✦ **アンハイドライト** 
自分を素直に表現できることで、心が活き活きとし、アンチエイジングに。

✦ **エメラルド** 
目を美しく見せ、異性を魅了するパワーも持てる。

✦ **ガーネット** 
深紅の色味から血を象徴とし、精力を活性化させ、落ち込んでいる気分を励ましてくれる。

✦ **サンストーン** 
自信のない人を元気づけ、前に進ませてくれる効果がある。

✦ **ストロベリークォーツ** 
愛と美の象徴。人を愛する気持ちが高まり、若々しい雰囲気にしてくれる。

✦ **ゼオライト** 
心身の疲れやストレスで曇った気持ちを明るい雰囲気にしてくれる。

✦ **パール** 
子宝の象徴でもあり、妊娠・安産祈願の効果あり。安らぎを与えてくれる。

✦ **ラリマー**（ブルーペクトライト） 
心身のバランスが整い、自分が自分らしくいられるようになる。

✦ **ロッククリスタル** 
浄化作用があるので、心身の調和をはかり情緒の安定に効果がある。

手作りアクセサリー＆小物

石のパワーや効果を知ったら、
普段使いに取り入れたいもの。
パワーストーンを日常に取り入れてみましょう。
ブレスレットやネックレスなどのアクセサリー、
ストラップやバックチャームなどの小物の簡単な作り方を紹介。
手作りすることで、愛着が湧くこと間違いなし。
パワーストーンの組み合わせは、お好みでOKです。
58ページの目的別の組み合わせもご参考に。

✦ ブレスレット ✦

簡単にできるシリコンゴムのブレスレット。
石にゴムを通すだけなので、すぐに出来上がります。
お好みの石のサイズ、色を選んでみてください。

- ローズクォーツ……………5個
- スターローズクォーツ………10個
- ロッククリスタル……………15個
- シリコンゴム…………好みの長さ
- ※パワーストーンは、種類も数もお好みで。

1 ゴムの片方をクリップなどで、留めておく。

2 石をすべて通す。通す石の数は、手首の太さ・好みのフィット感に合わせて調節する。

3 クリップを外し、ゴムの両端を片方の指で押さえながら、もう片方の指でゴムを少し伸ばす。

4 両端の石の間に隙間ができないように、2本のゴムをひっぱりながら固結びにする。固結びは2回以上結ぶ。

5 結び目から、3mmぐらいのところでゴムの端を切り、結び目を石の穴に隠す。

Point
- ✦ 最後にゴムの結び目を、石の穴に隠すので、ゴムに通す最初と最後の石は、穴の大きめのものを選びましょう。
- ✦ 隠した結び目が、穴から抜けないように、石の穴の大きさに合わせて、固結びの回数は加減しましょう。

応用編
シリコンゴムの代わりに、麻ひもやシルバーワイヤーを使うと、雰囲気も変わるのでおすすめ。

chapter.5 ✦ パワーストーンを使ったセルフケア

✦ ロングネックレス ✦

少し長めのチェーンに、石がバランスよく
並んでいるスタイル。細めのチェーンにすることで
華奢なイメージになります。

1. 9ピンに各石を通して先をまるめたものを、5つ作っておく。

2. 片方のチェーンとヒキワ、もう片方のチェーンと留め具をそれぞれ丸カンでつなげる。

3. 石を配置したいところでチェーンを、カットしておく。

4. 1のパーツを丸カンを使って、それぞれチェーンとつなげる。

アクアマリン	1個
ラリマー	2個
ブルーレースアゲート	2個
チェーン（シルバー）	60cm
9ピン	5本
ヒキワ	1個
留め具（板ダルマ）	1個
丸カン	12個

※パワーストーンは、種類も数もお好みで。

Point
✦ 石の色味によって、チェーンの色もゴールドなど変えるとよいでしょう。

✦ ワンポイントネックレス ✦

ペンダントヘッドが付け替え可能なタイプ。
いろいろな石で作って、気分によって付け替えてみましょう。
チェーンは短めにします。

1. Tピンに石を通して先をまるめて、丸カンとつなげておく。

2. 片方のチェーンとヒキワ、もう片方のチェーンと留め具をそれぞれ丸カンでつなげる。

3. 1のパーツをチェーンに通す。

Point
✦ 石とつなげる丸カンをデザイン性のあるものにしてもよいでしょう。
✦ チェーンの代わりに皮ひもを使うと、ナチュラルな印象になります。

サンストーン	1個
チェーン（ゴールド）	50cm
Tピン	1本
ヒキワ	1個
留め具（板ダルマ）	1個
丸カン	1個

※パワーストーンは、種類も数もお好みで。

✦ ピアス ✦

小ぶりの石たちが、耳元でキラキラするピアス。
長さの違うチェーンが動くたびに揺れて、
エレガントな印象に。

1. Tピンに各石を通して先をまるめたものを、10個作っておく。

2. チェーンを4cmを2本、5cmを2本にカットしておく。

3. 1を4cmのチェーンに2個（アメシスト2個、5cmのチェーンに3個ラベンダーアメシスト3個）をそれぞれつなげる。

4. ピアス金具と、4cm、5cmのチェーンをそれぞれ丸カンでつなぐ。同様に片耳分も作る。

Point
- チェーンの長さに差をつけることで、揺れたときの動きがきれいになります。
- ラベンダーアメシストの代わりにロッククリスタルでもよいでしょう。

アメシスト……………………4個
ラベンダーアメシスト…………6個
ピアス金具カン付（シルバー）
………………………………1ペア
丸カン…………………………10個
チェーン（シルバー・細め）……20cm
Tピン（シルバー）……………10本

✦ イヤリング ✦

耳元にコロコロと存在感のある石がかわいいイヤリング。
存在感があるのにシンプルな作り方なので、
石をいろいろと種類を変えてそろえたいものです。

1. Tピンに各石を通して先をまるめたものを、4個作っておく。

2. 1のパーツの各種1つずつ丸カンにつなぐ。

3. 2をイヤリング金具のカンとつなぐ。同様に片耳分も作る。

Point
- 石の個数を増やす場合は、大きめの丸カンにするとよいでしょう。

フローライト……………………2個
ホワイトオーラクォーツ………2個
イヤリング金具カン付（シルバー）
………………………………1ペア
丸カン……………………………2個
Tピン（シルバー）………………4本

chapter.5 ✦ パワーストーンを使ったセルフケア

オリジナル小物を作ってみよう

アクセサリー以外にも簡単に作れる小物があります。手芸屋、ホームセンターなどでは、さまざまなパーツが売られています。それらとパワーストーンを組み合わせて、オリジナルな小物を作ってみましょう。

【バックチャーム】 
バックチャームカン付の金具に、石を通したチェーンをつなげるだけ。ロードナイト×パールで作ると女性らしい華やかな印象になります。チェーンの代わりに、テグスでもよいでしょう。

【ヘアゴム】 
カン付のヘアゴムに、Tピンを通した石を丸カンでつなぎます。大きめのもの1個、小ぶりのものを2個など、石のサイズに差をつけるとコロンとして、かわいい仕上がりになります。

【サンキャッチャー】 
窓際などに吊るして、太陽の光と幸せも呼び込むお守り。先端には大きめのロッククリスタル。チェーンにはローズクォーツ、エンジェライトなどをTピンに通してつなげます。

株式会社グランド
代表取締役 西田智清

GRAND RINO ®

　天然石との出会いは幼い頃に夢中で集めた水晶。19歳、単独で南米に渡りクリスタルの鉱山を巡り、再び石の美しさとエネルギーに魅せられる。その後、世界各地に築いた人脈を活かし天然石を輸入、多彩な魅力を日本に紹介し、80年代、パワーストーンブームの火付け役となる。以来、三十年余、世界の鉱山、取引の最前線に出向き、品質・価値・稀少性の高い石を提供するとともに、異業種との交流を発展させ、天然石を使った、癒し、浄化、ヒーリング、風水、健康、美容アイテムなどを開発している。
天然石に対する深い知識と真摯な態度は、日本だけでなく海外の天然石関係者、バイヤー、クリスタルヒーラーから強い信頼を得ている。

〒230-0051　神奈川県横浜市鶴見区鶴見中央4-36-1ナイス第2ビル
http://www.grand-co.jp/

※通常、卸販売のみですが、一部展示会では小売販売もしております。HPでご確認ください。

おわりに

　これまで60数冊の単行本を上梓しておりますが、パワーストーンに関しては、雑誌やウェブの連載「親愛なる石たち」や、単行本の「わたしの水晶」がある程度。パワーストーンをこよなく愛し、日々、石とお付き合いしているものの、鉱物学的な専門知識はあまり豊富とは言えず、本書の執筆のご依頼があったときは、正直どうしたものかと思いました。

　でも、これは前にも申し上げましたが、「パワーストーン」を生きた石としてとらえている書物が少ないんですね。効能だけが紹介された本が大半のようにも見受けられました。もちろん石の効能については必要不可欠ですが、うっかりすると、パワーストーンのカタログのようにもなりかねません。

　そうしたことから、「パワーストーンとは何なのか？」という命題に正面から取り組んでみたいという思いになり、執筆をお受けすることにしました。そのような折り、不思議なことが起こりました。ツイッターで株式会社グランドの社長・西田智清さんがお声をかけてくださったのです。しかもグランドさんは、パワーストーンの会社だったのです。何という偶然でしょう！　いえ、これは決して偶然ではないのですよね。私の愛する石たちが、この良いご縁を呼んでくれたのだと直感し、即座に「本に掲載する石は、西田さんにお願いしよう」と心に決めました。

　それからほどなく、横浜にあるグランドさんの会社にお伺いしたのですが、ショールームには想像をはるかに超える素晴らしい石たちが、それこそあふれるほど展示してありまし

た。何よりも感激だったのは、その展示からは如何に石たちが愛され大切にされているかが伝わってきたこと。良質な石から発せられる良いエネルギーに、身も心も包まれたことです。西田智清社長さん、西田悦子専務さんご夫妻、社員の皆様のお人柄に応えて、石たちがのびのびと素晴らしいエネルギーを発しているのではないか、そんな思いにもなりました。

こうして執筆が始まったのですが、本当に、西田さんご夫妻にはお世話になりました。石の写真のご協力だけではなく、データベースの専門的チェックや修正、加筆など全面的なご支援を賜りました。言葉にならないほど、感謝の気持ちでいっぱいです。

また、本書が出版までこぎつけられたのは、新星出版社の皆様、オメガ社の石島隆子さんの辛抱強いご努力があったからこそのこと。深く感謝申し上げます。

考えてみますと、「パワーストーンの教科書」の出版までには、大変長い時間がかかりました。本書は多くの方のお手を煩わせただけでなく、ひとりひとりの熱意と根気、ご努力がなければ、日の目を見なかったものなのです。そうした関係者や私の思いが、読者の皆様に温かさとなって伝わりますように、また、石たちが皆様のもとに希望と幸せを届けてくれますように、心より願いお祈りしております。

結城モイラ

石の索引

▶あ
アイオライト	p.182	チャクラ6
アイスクリスタル	p.197	チャクラ8
アイリス（レインボウ）	p.229	水晶
アクアマリン	p.167	チャクラ5
アクチノライト	p.132	チャクラ4
アゲート	p.97	チャクラ1
アズライト	p.183	チャクラ6
アゼツライト	p.198	チャクラ8
アパタイト	p.168	チャクラ5
アベンチュリン（クォーツ）	p.133	チャクラ4
アポフィライト	p.199	チャクラ8
アマゾナイト	p.134	チャクラ4
アメシスト	p.189	チャクラ7
アメトリン	p.191	チャクラ7
アラゴナイト	p.120	チャクラ3
アルマンディン	p.102	チャクラ1
アンデシン	p.99	チャクラ1
アンドラダイト	p.102	チャクラ1
アンバー	p.113	チャクラ2
アンハイドライト	p.169	チャクラ5
アンモライト	p.100	チャクラ1

▶い
イエローオパール	p.202	チャクラ8
インパクトガラス	p.121	チャクラ3
インペリアルトパーズ	p.119	チャクラ2

▶う
ウィンドウ	p.229	水晶
ウバロバイト	p.102	チャクラ1

▶え
エピドート	p.135	チャクラ4
エメラルド	p.136	チャクラ4
エレスチャル	p.230	水晶
エレスチャルアメシスト	p.190	チャクラ7

▶お
オウロヴェルデクォーツ	p.122	チャクラ3
オーラクォーツ	p.200	チャクラ8
オパール	p.201	チャクラ8
オブシディアン	p.78	チャクラ0
オプティカルカルサイト（アイランドスパー）	p.205	チャクラ8
オレンジカルサイト	p.205	チャクラ8

▶か
ガーデンクォーツ	p.137	チャクラ4
ガーネット	p.101	チャクラ1
カーネリアン	p.114	チャクラ2
カイヤナイト	p.170	チャクラ5
カテドラル	p.230	水晶
ガネッシュヒマールクォーツ	p.203	チャクラ8
カバンサイト	p.171	チャクラ5
カルサイト	p.204	チャクラ8
カルセドニー	p.172	チャクラ5

▶き
キャストライト	p.79	チャクラ0
キャッツアイオレンジルチルクォーツ	p.130	チャクラ3
キャンドル	p.230	水晶
キューブライト	p.103	チャクラ1

▶く
クォーツァイト	p.206	チャクラ8
クォンタムクワトロシリカ	p.174	チャクラ5
クラスター	p.231	水晶

248

	グリーンアゲート	p.98	チャクラ1
	グリーンカルサイト	p.205	チャクラ8
	グリーンクォーツァイト	p.207	チャクラ8
	グリーンフローライト	p.157	チャクラ4
	クリソコラ	p.138	チャクラ4
	クリソプレーズ	p.139	チャクラ4
	クリソベリル	p.140	チャクラ4
	グロッシュラーライト	p.102	チャクラ1
	クンツァイト（スポジュミン）	p.141	チャクラ4
▶こ	コーラル	p.104	チャクラ1
	コスモクロア（ユレーアイト）	p.142	チャクラ4
▶さ	サーペンチン	p.143	チャクラ4
	サファイア	p.184	チャクラ6
	サルファー	p.123	チャクラ3
	サンストーン	p.115	チャクラ2
▶し	シーブルーカルセドニー	p.173	チャクラ5
	ジェダイト	p.144	チャクラ4
	ジェット	p.80	チャクラ0
	シトリン	p.116	チャクラ2
	シャーマナイト（ブラックカルサイト）	p.81	チャクラ0
	ジャスパー	p.105	チャクラ1
	シャッタカイト	p.185	チャクラ6
	ジャパニーズロウツイン	p.231	水晶
	シュンガイト（シュンギット）	p.82	チャクラ0
	シルバールチルクォーツ	p.130	チャクラ3
	シンナバー	p.106	チャクラ1
▶す	スキャポライト	p.208	チャクラ8
	スギライト	p.192	チャクラ7
	スタウロライト	p.83	チャクラ0
	スティブナイト	p.84	チャクラ0
	ストロベリークォーツ	p.145	チャクラ4
	スピネル	p.107	チャクラ1
	スフェーン（チタナイト）	p.146	チャクラ4
	スペサルティン	p.102	チャクラ1
	スミソナイト	p.147	チャクラ4
	スモーキークォーツ	p.85	チャクラ0
	スレイマンアゲート	p.86	チャクラ0
▶せ	ゼオライト	p.210	チャクラ8
	セプター	p.231	水晶
	セラフィナイト（クリノクロア）	p.148	チャクラ4
	セルフヒールド	p.232	水晶
	セレスタイト	p.175	チャクラ5
	セレナイト（ジプサム）	p.211	チャクラ8
▶そ	ソーダライト	p.176	チャクラ5
▶た	ターコイズ	p.177	チャクラ5
	ダイアモンド	p.212	チャクラ8
	ダイオプサイト	p.149	チャクラ4
	ダイオプテーズ	p.150	チャクラ4
	タイガーアイ	p.124	チャクラ3
	タイムリンク	p.232	水晶
	ダブルターミネーテッド（DT）	p.232	水晶
	タンザナイト（ゾイサイト）	p.151	チャクラ4

	タンジェリンクォーツ	p.117	チャクラ2
	淡水パール	p.216	チャクラ8
	ダンビュライト	p.213	チャクラ8
▶ち	チャルコパイライト	p.126	チャクラ3
	チャロアイト	p.193	チャクラ7
▶て	テクタイト	p.87	チャクラ0
	デザートローズ	p.88	チャクラ0
	デュモルチェライト	p.178	チャクラ5
	デンドライト	p.108	チャクラ1
▶と	トパーズ	p.118	チャクラ2
	トライゴーニック	p.233	水晶
	トルマリン	p.152	チャクラ4
	トルマリン（イエロー系）	p.153	チャクラ4
	トルマリン（グリーン系）	p.153	チャクラ4
	トルマリン（ピンク＆グリーン系）	p.153	チャクラ4
	トルマリン（ピンク系）	p.153	チャクラ4
	トルマリン（ブラック系）	p.153	チャクラ4
	トルマリン（ブルー系）	p.153	チャクラ4
▶ぬ	ヌーマイト	p.89	チャクラ0
▶ね	ネフライト	p.154	チャクラ4
▶は	パープルフローライト	p.157	チャクラ4
	ハーライト（ロックソルト）	p.214	チャクラ8
	パール	p.215	チャクラ8
	バイオレットカルサイト（コバルト）	p.205	チャクラ8
	ハイパーシーン	p.194	チャクラ7
	パイライト	p.127	チャクラ3
	パイロープ	p.102	チャクラ1
	ハウライト	p.217	チャクラ8
▶ひ	ピーターサイト（テンペストストーン）	p.125	チャクラ3
	ピクチャーサンドストーン	p.90	チャクラ0
	ピンクオパール	p.202	チャクラ8
	ピンクカルサイト（マンガン）	p.205	チャクラ8
	ピンクカルセドニー	p.173	チャクラ5
▶ふ	ファーデン	p.233	水晶
	ファイヤーアゲート	p.98	チャクラ1
	ファントムクォーツ	p.218	チャクラ8
	フェナカイト（フェナサイト）	p.219	チャクラ8
	フォスフォシデライト	p.195	チャクラ7
	プラシオライト（グリーンド・アメシスト）	p.190	チャクラ7
	プラチナクォーツ（ブルッカイトインクォーツ）	p.220	チャクラ8
	ブラックオニクス	p.91	チャクラ0
	ブラックスキャポライト	p.209	チャクラ8
	ブラックマトリックスオパール	p.202	チャクラ8
	ブラッドストーン	p.109	チャクラ1
	フリント	p.92	チャクラ0
	ブルーカルサイト	p.205	チャクラ8
	ブルーカルセドニー	p.173	チャクラ5
	ブルークォーツァイト	p.207	チャクラ8
	ブルートパーズ	p.119	チャクラ2
	ブルーフローライト	p.157	チャクラ4
	ブルーレースアゲート	p.179	チャクラ5

	ブルズアイ（レッドタイガーアイ）	p.125	チャクラ3
	プレシャスオパール	p.202	チャクラ8
	プレセリブルーストーン（ドレライト）	p.186	チャクラ6
	プレナイト	p.155	チャクラ4
	フローライト	p.156	チャクラ4
▶へ	ペタライト	p.221	チャクラ8
	ペトリファイドウッド	p.110	チャクラ1
	ヘマタイト	p.93	チャクラ0
	ベリステライト	p.180	チャクラ5
	ペリドット（オリビン）	p.158	チャクラ4
	ベリル	p.222	チャクラ8
▶ほ	ホークスアイ（ブルータイガーアイ）	p.125	チャクラ3
	ホワイトクォーツァイト	p.207	チャクラ8
▶ま	マグネサイト	p.223	チャクラ8
	マザーオブパール	p.216	チャクラ8
	マスコバイト（モスコバイト）	p.159	チャクラ4
	マラカイト	p.160	チャクラ4
	マリアライト	p.209	チャクラ8
▶み	ミルキークォーツ	p.224	チャクラ8
▶む	ムーンストーン	p.128	チャクラ3
▶め	メタモルフォーゼスクォーツ	p.225	チャクラ8
	メテオライト	p.94	チャクラ0
▶も	モスアゲート	p.98	チャクラ1
	モッカイト	p.111	チャクラ1
	モリオン（ケアンゴーム）	p.95	チャクラ0
	モルダバイト	p.161	チャクラ4
▶ゆ	ユーディアライト	p.112	チャクラ1
	ユナカイト	p.162	チャクラ4
▶ら	ライトニング（サンダーストーン）	p.233	水晶
	ラヴァ	p.96	チャクラ0
	ラピスラズリ	p.187	チャクラ6
	ラブラドライト	p.188	チャクラ6
	ラベンダーアメシスト	p.190	チャクラ7
	ラリマー（ブルーペクトライト）	p.181	チャクラ5
▶る	ルチルクォーツ	p.129	チャクラ3
	ルビー	p.163	チャクラ4
▶れ	レインボークォーツ	p.226	チャクラ8
	レーザー	p.234	水晶
	レコードキーパー	p.234	水晶
	レッドアゲート	p.98	チャクラ1
	レッドサンドストーン（セドナストーン）	p.90	チャクラ0
	レピドライト	p.196	チャクラ7
	レピドクロサイトインクォーツ	p.227	チャクラ8
	レムリアンシード	p.234	水晶
	レモンクォーツ	p.131	チャクラ3
▶ろ	ローズクォーツ	p.164	チャクラ4
	ロードクロサイト（インカローズ）	p.165	チャクラ4
	ロードナイト	p.166	チャクラ4
	ロッククリスタル（クォーツ）	p.228	チャクラ8

全国のおすすめパワーストーンショップ (2015年5月現在)

北海道・東北

アナヒータストーンズ 発寒店	北海道札幌市西区発寒8条12-1-1 イオンモール発寒SC2F ☎011-668-0555 http://www.anahitastones.com　info@anahitastones.co.jp
アラジンコレクション	北海道旭川市豊岡4条5丁目7-15　☎0166-34-8088 http://www.aladdin-co.com　arajin@coral.ocn.ne.jp
STONE MARKET 札幌ステラプレイス店	北海道札幌市中央区北5条西2-5 ステラプレイスイースト内B1F ☎011-209-5383 http://stone-m.com　info@stone-m.com
ストーンマルシェ	青森県平川市岩館山の井127-3　☎0172-44-0181 http://oyustone.ocnk.net/　shop@os-net.jp
アトリエ金と銀	岩手県釜石市大町1-2-10 タウンポート大町2F　☎0193-22-4197 http://kintogin.net/　kintogin@me.com
パワーストーン　ミュー	岩手県陸前高田市竹駒町仲の沢9　☎0192-55-6888 http://www.shop-lemieux.com　shop_lemieux@yahoo.co.jp
atelier (アトリエ) M	宮城県名取市増田4-1-13 3jewel-B ☎022-384-3907※予約制
からさて イオンモール名取店	宮城県名取市杜せきのした5-3-1 イオンモール名取1F　☎022-382-2926 http://www.anahitastones.com　info@anahitastones.co.jp
アトリエ*ジェムカフェ	山形県山形市嶋北1丁目20-30　☎023-682-8330 www.facebook.com/a.gemcafe　gemcafe-3@train.ocn.ne.jp
Power Jewel KISEKI	山形県酒田市法連寺村前三　☎0234-64-4268 http://www.kiseki7.com/#　power-jewel.kiseki@docomo.ne.jp

関東

パワーストーン専門店 エルドラード	茨城県水戸市小吹町2572-6　☎029-244-7577 http://eldorado-s.com　info@eldorado-s.com
STONE MARKET 宇都宮ベルモール店	栃木県宇都宮市陽東6-2-1 ベルモール内2F　☎028-689-7314 http://stone-m.com　info@stone-m.com
セラピーストーン	群馬県北群馬郡榛東村山子田南野2546-30　☎090-3202-5051 http://therapy-stone.com/　therapy-stone@kpb.biglobe.ne.jp
Tiare Stone (ティアレストーン)	群馬県高崎市連雀町12-1 アイディーコート高崎103　☎027-388-0647 http://www.tiarestone.com/　shopmaster@tiarestone.com
有限会社　器	埼玉県和光市本町12-33 ☎048-461-5055
Happyストーンショップ　母家	千葉県袖ケ浦市神納185-1　☎0438-62-2207 http://ohmoya.shop-pro.jp/　ohmoya39@yahoo.co.jp
LAPIS&ROSE 南柏本店	千葉県柏市南柏中央6-7 フィールズ南柏モール2 2F　☎04-7171-3378 http://www.lapis-rose.jp/
ぎおん石　銀座店	東京都中央区銀座5-6-5　すずらん通り　☎03-3569-7775 http://www.gionishi.com/　ginza-staff@gionishi.com

	ザ・ホワイトマジック （THE WHITE MAGIC）	東京都港区南青山5-4-44 ラポール南青山54 B105　☎03-6427-1154 🖥http://thewhitemagic.cart.fc2.com/　✉crkaren33@yahoo.co.jp
	茉莉花　～ jasmine ～	東京都大田区西蒲田5-3-21　☎03-6424-8067 🖥http://www.jasmine-time.com　✉info@jasmine-time.com
	STONE MARKET アクアシティお台場 メディアージュ店	東京都港区台場1-7-1　アクアシティお台場メディアージュ 3F3-A ☎03-3599-7030 🖥http://www.stone-m.com　✉info@stone-m.com
	STONE MARKET 原宿アルタ店	東京都渋谷区神宮前1丁目16番4号 竹下通りスクエア 原宿アルタ1F ☎03-3478-0038 🖥http://www.stone-m.com　✉info@stone-m.com
	たまゆらby アナヒータストーンズ 東京ソラマチ店	東京都墨田区押上1-1-2　東京スカイツリータウン・ソラマチ1F ☎03-5809-7073 🖥http://www.anahitastones.com　✉info@anahitastones.co.jp
	Bloomkei（ブルームケイ）	東京都品川区小山4-1-2　☎080-4375-3779※予約制 🖥http://bloomkei.com/　✉info@bloomkei.com
	MIHO KOMINE Healing Salon	東京都目黒区目黒本町3-5-9　Libre1F　☎03-6712-2933 🖥http://www.webshop-mk.com　✉info@miho-komine.com
	屋久杉・天然石ギャラリー 東京仏壇のさかた　麻布十番店	東京都港区麻布十番2-12-5　コンフォート麻布101　☎03-6809-4009 ✉sakata-azabu@uspot.com
	LAPIS&ROSE 横浜店	神奈川県横浜市港北区新横浜3-4 新横浜プリンスペペ1F ☎045-477-1514 🖥http://www.lapis-rose.jp/
信越北陸	アナヒータストーンズ イオン高岡店	富山県高岡市下伏間江383 イオン高岡SC2F　☎0766-32-1235 🖥http://www.anahitastones.com　✉info@anahitastones.co.jp
	宝石・天然石専門店 STONES SHOP	富山県高岡市片原町155-11 ハクサンビル1F　☎0766-25-1518 🖥http://stones-shop.jp　✉stones-shop@jade.plala.or.jp
	アナヒータストーンズ アピタ松任店	石川県白山市幸明町280 アピタ松任2F　☎076-277-6986 🖥http://www.anahitastones.com　✉info@anahitastones.co.jp
	天然石　あしや	福井県坂井市三国町安島東尋坊64-1　☎0776-81-2792 🖥http://www.ashiyax.jimdo.com/　✉ashiyax@gmail.com
	Lys blanc（リ・ブラン） ～ HealingShop & Space ～	山梨県中巨摩郡昭和町西条5287　TWIN M　110　☎055-298-6516 🖥http://lysblanc418.wix.com/lysblanc　✉lysblanc418@gmail.com
	ギャルリ蓮（れん）	長野県長野市元善町465　善光寺白蓮坊内　☎026-238-3928 🖥http://www.iikoto.net/　iikoto@sky.plala.or.jp
中部東海	ストーンガーデン アクアウォーク大垣店	岐阜県大垣市林町6-80-21　アクアウォーク大垣2F　☎0584-84-7980 🖥http://www.stonesquare.co.jp/　✉sekigahara@stonesquare.co.jp
	Fairy Rose （フェアリーローズ）	静岡県静岡市駿河区高松2-23-46　☎054-238-0277 🖥http://www.fairy-rose.info　✉aqulus@aqulus.jp
	アナヒータストーンズ イオンモール岡崎店	愛知県岡崎市戸崎町字外山38-5　イオンモール岡崎3F　☎0564-59-1325 🖥http://www.anahitastones.com　✉info@anahitastones.co.jp
	アナヒータストーンズ イオンモール木曽川店	愛知県一宮市木曽川町黒田字ハッケ池25-1 イオンモール木曽川2F ☎0586-84-3170 🖥http://www.anahitastones.com　✉info@anahitastones.co.jp

	STONE MARKET イオンモール大高店	愛知県名古屋市緑区大高町字奥平子1-1　イオンモール大高内3F ☎052-626-2872 http://www.stone-m.com　info@stone-m.com
	パワーストーンのとわの石	愛知県豊橋市宮下町26　☎0532-35-7868 http://www.towa-stone.com/　info@towa-stone.com
	有限会社　マコト宝石	愛知県名古屋市中区大須2丁目18-8 ☎052-211-4715
近畿	伊勢宮忠 外宮せんぐう館前本店	三重県伊勢市岡本1丁目2-38　☎0596-28-0412 www.ise-miyachu.co.jp　info@ise-miyachu.co.jp
	ポケットうさぎ	滋賀県長浜市元浜町6-1　☎0749-65-6262 usagi@p-usagi.com
	ぎおん石　祇園店	京都府京都市東山区祇園南側555 ☎075-561-2458 http://www.gionishi.com/　gion-staff@gionishi.com
	アナヒータストーンズ イオンりんくう泉南店	大阪府泉南市りんくう南浜3-12 イオンりんくう泉南SC2F ☎0724-80-6235 http://www.anahitastones.com　info@anahitastones.co.jp
	STONE MARKET イオンモール大日店	大阪府守口市大日東町1-18 イオンモール大日内3F　☎06-4252-3655 http://www.stone-m.com　info@stone-m.com
	天然石のお店 Magical Snow***	大阪府大阪市中央区島之内1-12-30 長堀橋リバーライズ1F ☎06-6241-0016 http://magicalsnow.com　info@magicalsnow.com
	Magic Wands	大阪府茨木市主原町3-7-209　☎072-664-8727 http://www.magicwands.jp/　info@magicwands.jp
	アナヒータストーンズ イオンモール伊丹店	兵庫県伊丹市藤ノ木1-1-1 イオンモール伊丹3F　☎072-782-8586 http://www.anahitastones.com　info@anahitastones.co.jp
	チェカチェカ	兵庫県姫路市飾磨区阿成鹿古404　☎079-233-2360 http://cheka2.com　cheka@cheka2.com
	アナヒータストーンズ イオンモール橿原店	奈良県橿原市曲川町7丁目20番1号 イオンモール橿原1F ☎0744-29-0608 http://www.anahitastones.com　info@anahitastones.co.jp
	数珠・パワーストーン専門店 はな花	奈良県桜井市粟殿1005-3 1-C　☎0744-35-4595 http://www.rakuten.ne.jp/gold/nenjyu-hana/　info@nenjyu.com
	ショッピングプラザ たけよし	奈良県奈良市都祁白石町1016　☎0743-82-0878 http://www.e-takeyoshi.jp　info@e-takeyoshi.jp
	勘弥　KANYA	和歌山県橋本市小原田64　☎0736-33-4488 http://www.kanya348.sakura.ne.jp/
中国	アナヒータストーンズ イオン鳥取北店	鳥取県鳥取市晩稲348 イオン鳥取北SC1F　☎0857-38-3492 http://www.anahitastones.com　info@anahitastones.co.jp
	Aura-Sophia	島根県松江市学園南2-12-5 HOYOパークサイドビル1F ☎090-8362-0016 http://www.aura-sophia.com/　aurasophia@icloud.com
	めのや　出雲大社店	島根県出雲市大社町杵築南731　☎0853-31-4675 http://www.anahitastones.com　info@anahitastones.co.jp

	店舗名	住所・電話・URL・メール
	STONE MARKET アリオ倉敷店	岡山県倉敷市寿町12-2 アリオ倉敷内2F ☎086-434-1350 http://www.stone-m.com info@stone-m.com
	アナヒータストーンズ イオンモール広島府中店	広島県安芸郡府中町大須2-1-1 イオンモール広島府中3F ☎082-561-0070 http://www.anahitastones.com info@anahitastones.co.jp
	風水生活	広島県広島市中区三川町10-17 ☎082-504-7778 http://www.fusuiseikatsu.jp/ info@fusuiseikatsu.jp
	アナヒータストーンズ ゆめシティ下関店	山口県下関市伊倉新町3-1-1 ゆめシティ下関1F ☎083-250-7178 http://www.anahitastones.com info@anahitastones.co.jp
四国	パワーストーン＆金・銀 ジュエリー ブルーブラッド	徳島県徳島市寺島本町西1-59 JR徳島駅前 ポッポ街商店街 ☎088-625-2126 http://www1.enekoshop.jp/shop/blue-blood rin-sohgetu@lake.ocn.ne.jp
	Crystal Garden （クリスタルガーデン）	香川県綾歌郡宇多津町浜二番丁19-10 ☎0877-59-9323 http://www.crystalgarden.co.jp shop@hs-tao.com
	ピクシーストーンズ	愛媛県松山市朝生田町5-1-25 ジョー・ブラ2F ☎089-989-1178 http://pixystones.com/ pixy@space.ocn.ne.jp
	アナヒータストーンズ イオンモール高知店	高知県高知市秦南町1-4-8 イオンモール高知2F ☎088-875-1853 http://www.anahitastones.com info@anahitastones.co.jp
九州・沖縄	天然石・パワーストーンショップ レディラック	福岡県北九州市小倉北区室町2-1-4-1F ☎093-383-8920 http://www.ladyluck.jp/ shop@ladyluck.jp
	Brillante キャナルシティオーパ店	福岡県福岡市博多区住吉1-2-22 キャナルシティオーパ ラ・フェスタ内B1F ☎092-263-2035 http://www.stone-m.com info@stone-m.com
	STONE MARKET ゆめタウン佐賀店	佐賀県佐賀市兵庫北5-14-1 ゆめタウン佐賀2F ☎0952-33-8610 http://www.stone-m.com info@stone-m.com
	STONE MARKET ゆめタウン夢彩都店	長崎県長崎市元船町10-1 ゆめタウン夢彩都店内1F ☎095-829-0390 http://www.stone-m.com info@stone-m.com
	不思議な石の店 ヒラソル	熊本県熊本市中央区新町4-1-19 長崎次郎書店中庭 ☎096-352-2388 http://www.girasol-1.com/ girasol-1@amber.plala.or.jp
	アナヒータストーンズ イオン三光店	大分県中津市三光佐知1032 イオン三光SC1F ☎0979-26-8291 http://www.anahitastones.com info@anahitastones.co.jp
	椿や	宮崎県延岡市北方町椎畑未66-14 ☎0982-48-0506 http://www.tsubakiya.shop-site.jp tsubakiya@dolphin.ocn.ne.jp
	Lumiére ールミエルー	鹿児島県鹿児島市東千石町17-3 ☎099-807-2014 http://www.quartz-lumiere.com e_lumiere_e@yahoo.co.jp
	癒しの広場 なんくる	沖縄県那覇市安謝1丁目22-17 苺ビル ☎098-866-4563 http://www.nankuru-dr-keiko.jp/ info@nankuru-dr-keiko.jp

著者　結城モイラ

占い研究家、エッセイスト、童話作家。東京都出身。ロシア系クォーター。白百合女子大学国文学科卒。占いのキャリアは30年以上で、今日の占いブームの草分け的存在の一人。占いのレパートリーは広く、西洋占星術、手相術、タロット、夢占い、おまじない等。単行本をはじめ児童向け学年誌から成人向け週刊誌、雑誌、新聞等への執筆活動を中心にテレビ、ラジオに出演。長いキャリアと温かみのある語りや文章によって、子供から大人まで、中には親子二代にわたる幅広い支持層を持つ。「癒し系占い」の代表格と評されている。

http://www.moira-net.com/

監修・協力

一般社団法人日本天然石協会代表理事／
株式会社グランド代表取締役　西田智清

天然石との出会いは幼い頃に夢中で集めた水晶。19歳、単独で南米に渡りクリスタルの鉱山を巡り、再び石の美しさとエネルギーに魅せられる。その後、世界各地に築いた人脈を活かし天然石を輸入、多彩な魅力を日本に紹介し、80年代、パワーストーンブームの火付け役となる。以来、三十年余、世界の鉱山、取引の最前線に出向き、品質・価値・稀少性の高い石を提供するとともに、異業種との交流を発展させ、天然石を使った、癒し、浄化、ヒーリング、風水、健康、美容アイテムなどを開発している。

〒230-0051　神奈川県横浜市鶴見区鶴見中央4-36-1ナイス第2ビル
http://www.grand-co.jp/

本書の内容に関するお問い合わせは、書名、発行年月日、該当ページを明記の上、書面、FAX、お問い合わせフォームにて、当社編集部宛にお送りください。電話によるお問い合わせはお受けしておりません。
また、本書の範囲を超えるご質問等にもお答えできませんので、あらかじめご了承ください。
　　FAX：03-3831-0902
　　お問い合わせフォーム：http://www.shin-sei.co.jp/np/contact-form3.html

落丁・乱丁のあった場合は、送料当社負担でお取替えいたします。当社営業部宛にお送りください。
本書の複写、複製を希望される場合は、そのつど事前に、出版者著作権管理機構（電話：03-5244-5088、FAX：03-5244-5089、e-mail：info@jcopy.or.jp）の許諾を得てください。
[JCOPY]＜出版者著作権管理機構　委託出版物＞

パワーストーンの教科書

著　者	結城モイラ
発行者	富永靖弘
印刷所	公和印刷株式会社

発行所　東京都台東区　株式　新星出版社
　　　　台東2丁目24　会社
　　　　〒110-0016　☎03(3831)0743

© Moira Yuki　　　　Printed in Japan

ISBN978-4-405-07581-8